我很高興我媽死了

原來，不原諒媽媽也沒關係

美國國民童星珍妮特·麥考迪
走過創傷的自癒與成長之路

珍妮特·麥考迪 著
Jennette McCurdy

劉曉米 譯

I'm Glad My Mom Died

獻給馬庫斯、達斯汀和史考蒂

目次

Prologue

序幕

真奇怪，我們老把重大消息告訴昏迷的親朋好友，彷彿那人是因為生活缺乏刺激才會陷入昏迷。

媽正在醫院的加護病房裡。醫生告訴我們，她只剩四十八小時的壽命。外婆、外公和爸都在家屬休息室，打電話給親戚，吃著販賣機裡買來的零食，外婆說花生醬夾心餅乾能安撫她焦慮的情緒。

我和三個哥哥——馬庫斯（成熟懂事的那個）、達斯汀（聰明機靈的那個）和史考特（敏感細膩的那個）一起站在我媽不省人事的瘦小身軀旁。我用塊碎布擦了擦她結痂的眼角，然後準備開始。

「媽，」成熟懂事的哥哥俯身，趴在媽耳旁低語：「我就快搬回加州了。」

我們重拾希望，興奮地看媽是否會突然醒轉。什麼反應也沒有，然後換機靈鬼上前。

「媽，呃，凱特和我要結婚了。」我們再次滿懷希望，但還是沒有反應。

敏感細膩的哥哥上前。

「媽咪……」

我沒注意聽敏感細膩的傢伙說了什麼來讓媽清醒，因為我正忙著想，輪到我時，該說些什麼。

現在換我了。我等到其他人都下樓去找些食物填飽肚子，這樣我就能和她獨處。我嘎吱作響地拖來一張椅子，在她床邊坐下。我微笑。我要祭出非常手段了。婚禮，搬家，全都閃邊。我有大招可放。我百分百確定這才是我媽此生最最在意的事。

「媽咪，我……我現在真的很瘦，我終於瘦到四十公斤了。」

我在加護病房，和我垂死的母親一起，我確信這是唯一能讓她醒轉的事。打從媽住院以來，我的恐懼和悲傷交互疊加，逐漸演變成完美的厭食動機，最後終於，達到媽為我設定的理想體重標準，四十公斤。我是如此確定，這件事一定會奏效，我不慌不忙地靠坐在椅子裡，還傲慢地蹺起二郎腿。我等著她醒來。等了又等。

但她沒有，完全沒有醒來的跡象。我不懂。假如我的體重都不足以讓媽清醒，那麼這世上就沒別的事情可以了。假如沒有任何事情可以讓她醒來，就表示她真的要死了。假如她真的會死，那我該怎麼辦？我的人生一直以讓媽快樂為目標，成為她想要我成為的人。而如果媽不在了，我又該變成誰呢？

前塵

1

雖然現在是六月底，我面前的禮物卻仍用聖誕節的包裝紙包裝。聖誕節後，我們還剩下這麼多的包裝紙，因為外公從山姆會員商店（Sam's Club）買了一整組十二捲，儘管媽已經跟他說了上百萬次，那一點都不划算。

我剝開——不是撕開——包裝，因為我知道媽喜歡保留每份禮物的包裝紙，如果我用撕的，包裝紙就不能如她所喜歡的完好無損。達斯汀說媽是囤積狂，但媽卻說，她只是喜歡保存物品的回憶。所以我小心剝開禮物。

我抬眼望向正看著我的每個人。外婆是其一，她頂著一頭蓬鬆的捲髮，小巧的鼻子，一臉認真，她每次看別人打開禮物時，都會流露出這種認真的神情。她對禮物是誰送來的、多少錢、是否正特價如此關注，她得知道這些細節。

外公也在看，邊看邊拍照。我討厭照相，但外公喜歡拍。沒有人阻擋得了一個對某事充滿熱情的外公。就像無論媽怎麼跟他說，不要在睡前吃滿滿一大碗的蒂拉穆克（Tillamook）香草冰淇淋，對他衰弱的心臟不好，但他從來不聽。他不會停止吃他的蒂拉穆克，也不會停止拍他的相片。要不是我這麼愛他，我都快瘋了。

爸也在，一如往常地昏昏欲睡。媽不斷用手肘輕推他，並悄聲對他說她真的不信他甲狀腺沒問題，然後爸會惱怒地回答「我甲狀腺很好」，但五秒鐘後，又回到昏昏欲睡的狀態。這是他們的日常互動。不是這樣就是火力全開地大吵大鬧，我比較喜歡前者。

馬庫斯、達斯汀、史考蒂也在。我因為不同的理由愛他們每個人。馬庫斯非常有責任感、非常可靠。我想這很合理，因為他基本上算是個成年人——他十五歲——但即使如此，他身上似乎有種堅毅，我在身邊許多成年人身上都不曾見過。

我愛達斯汀，就算他大部分時間似乎都對我有點不耐煩。我喜歡他繪畫、歷史和地理都很厲害，而這三樣都是我不擅長的。我試著在他拿手的事上多加稱讚，但他總叫我馬屁精。我不太確定那到底是什麼意思，但我可以從他說的語氣感覺那是種侮辱。即使如此，我十分確定他在心裡對這些稱讚暗自高興。

我愛史考蒂，因為他念舊。我從媽每天讀給我們聽的《詞彙漫畫》（*Vocabulary Cartoons*）裡學到這個詞，她讓我們在家自學，而現在我試著至少每天講一次，以免我忘記。這個詞用來描述史考蒂真的很貼切，「對過去抱持懷舊的情感」講的絕對就是他，雖然他只有九歲，還沒有太多的過去。聖誕節、他生日和萬聖節過完時，史考蒂都會哭，有時候，尋常的一天結束時他也會哭。他哭是因為結束令他感到悲傷，儘管事情才剛結束，他就已經開始渴盼著再體驗一次。「渴盼」是我從《詞彙漫畫》裡學到的另一個詞。

媽也在看我。哦，媽媽，她是如此美麗。她自己不這麼認為，這可能是她每天花一小時整理她的髮型和妝容的原因，就算她只是出門去趟雜貨店。我完全不理解。我發誓，沒有那些額外的修飾，她會更美，顯得更自然。你可以看見她的肌膚，她的眼睛，她這個人。但她卻把這些完全遮掩住了。她在臉上塗滿古銅色液體，又用鉛筆沿著淚溝描畫，並在雙頰塗抹大量乳霜，最後再敷上厚粉。她挽起頭髮，弄得蓬鬆。穿上高跟鞋，如此一來就有一五七點五公分，因為她說一五〇——她的實際身高——根本不夠。這些全都是多餘的，我希望她不要用，但我還是可以看見藏在底下的她，那個很美的她。

媽正看著我，我也看著她，總是如此。我們向來親近，密不可分，成為一體。她用那種帶有催促意味的微笑望著我，於是我照辦。我加快手上的動作，成功剝下禮物的包裝紙。

看到我的六歲生日禮物時，我當下感到很失望，甚至有點震驚。我當然喜歡《尿布一族》（*Rugrats*），但這套兩件式的服裝——T恤加短褲——正面是安潔莉卡（我最不喜歡的角色），她身邊環繞著小雛菊（我討厭衣服上有花），而且袖口和褲腳鑲滿荷葉邊。如果要我說出這世上有哪樣東西與我的靈魂相剋，那絕對是荷葉邊。

「我好喜歡！」我興奮地大叫。「這是我收過最愛的禮物！」

我拋出我最棒的假笑。媽沒發現那笑容是假的。她認為我真心喜歡這個禮物。她要我穿上這套衣服去參加我的生日派對，同時開始動手脫下我的睡衣。在她脫我的衣服時，感覺更像是撕開而非剝除。

派對在兩小時後舉行。我穿著我的「安潔莉卡戲服」站在東門公園，身邊站著我的朋友，更確切地說，是我人生中僅有的其他同齡人。他們全都是我教會主日學的初級班同學。其中有卡莉·萊澤爾，戴著她的鋸齒形髮箍。梅德蒸·托默也在，說話結巴，我真希望我能像她一樣，因為那實在酷到不行。還有泰倫·佩吉，在那裡聊著粉紅色——他過度喜歡而且只喜歡這個顏色，令他身邊的大人沮喪不已。（起初我不明白這些大人幹嘛要如此在意泰倫的粉紅偏執，但後來我綜合所見所聞，推斷出一個結果：他們認為他是同性戀。我們是摩門教徒，基於某種理由，你不能同時是同性戀又是摩門教徒。）

蛋糕和冰淇淋擺上桌，我興奮極了。我從一開始決定好要許什麼願時，等待這一刻來臨已經等了整整兩星期。生日許願是我現在生活中最大的權力，也是我能掌控的最佳機會。我不會將這個機會視為理所當然，我要充分利用，絕不浪費。

每個人都走音地唱起生日快樂歌，梅德蒸、泰倫和卡莉還在每行歌詞後面加上「恰恰恰」——這實在太令我生氣了。我看得出他們都覺得配上「恰恰恰」很酷，但我卻認為這麼做反而破壞了生日快樂歌的純粹。他們為什麼就是不能讓一件好事維持原樣呢？

我把視線鎖在媽身上，這樣她才會知道我在乎她，她是我最重要的人。她沒有唱「恰恰恰」，這點我尊敬她。她皺起鼻子，向我拋來她的招牌大微笑，那能讓我放心，彷彿一切都不會有問題。我回她一個微笑，試著盡可能一點不落地將這瞬間收在心底，感覺雙眼開始湧出淚水。

我兩歲大的時候，媽被診斷罹患乳癌第四期。我對這件事幾乎毫無記憶，不過卻有些零星印象。

有個片段是媽織了一條白綠相間的毛線毯給我，說她在醫院時，這條毯子可以陪伴我。我討厭這條毯子，或者我討厭她交給我的態度，或者我討厭她拿給我時我所接收到的情緒——我不記得我到底討厭什麼，但在那一刻，絕對有什麼令我討厭的東西。

還有個外公牽著我橫越應該是醫院草坪的片段。我們本來要摘些蒲公英送給媽，結果卻撿了這些細瘦的野草，因為我比較喜歡它們。媽把它們收在電視櫃上的一個繪兒樂（Crayola）塑膠蠟筆杯裡好幾年，為了保存回憶。（或許史考特的懷舊本能就是從這裡來的？）

另外還有個片段發生在教堂大樓的邊角房間裡，我坐在起毛球的藍色地毯上，看著兩名年輕英俊的傳教士把手放在媽的光頭上，給予聖職祝福，而家裡其他人都坐在沿著房間邊緣擺放的冰冷折疊椅上。一名傳教士以橄欖油祝聖，使油成為全然神聖之物或類似的東西，然後倒在我媽頭上，讓頭顯得更光亮了。隨後另一名傳教士念誦祝福禱文，祈求媽的生命得以延長，如果那符合上帝旨意的話。外婆從她的座位上跳起來說：「就算不符合上帝的旨意也得要，他媽的！」她的行為干擾了聖靈，所以傳教士必須重念一次禱文。

雖然我幾乎不記得那段時光，好像也沒必要記得，但麥考迪家總念著那些事，你甚至不必在現場，那些經驗也會刻入你的記憶中。

媽很喜歡講述她的罹癌故事——化療、放射性治療、骨髓移植、乳房切除、義乳植入、癌症第四期，以及她在年僅三十五歲時就得了病。她講述的對象包括任何固定上教堂的教友、鄰居或在艾伯森超市（Albertsons）巧遇的客人，只要對方正好願意聆聽。雖然這件事如此哀傷，但我感覺到這故事的存在讓媽深感自豪。一切不是無端發生的。她，黛伯拉·麥考迪，來到人世成為一名癌症倖存者，就是為了要對每個人述說這個故事……至少五到十次。

媽用大多數人懷念假期的方式來懷念癌症。她甚至每週主持一次家庭感恩聚會，定期重看她得知診斷結果後不久所拍攝的家庭錄影帶。每週日上教堂後，她會叫其中一個哥哥把ＶＨＳ錄影帶放入錄影機，因為她不知道如何操作機器。

「好啦，大家，噓——保持安靜。讓我們開始觀賞，並且對媽咪現在人在這裡心存感激。」媽說。

雖然媽說我們看著這錄影帶，就會覺得她現在沒事了，真是令人感謝，但不知為何我就是不喜歡看這個影片。我看得出哥哥們覺得很不舒服，我也一樣。我不認為有誰想重溫自己母親光頭、悲傷、垂死的記憶，但我們誰都沒說出口。

錄影帶開始播放。媽在沙發上對著我們四個蘿蔔頭唱搖籃曲，我們全都圍坐在她身邊。如同每次播放的錄影帶內容，媽的評語也千篇一律。每次我們重看這捲錄影帶時，媽都會評論說：這份沉重的負擔「對馬庫斯來說實在太難以負荷」，所以他必須不斷離開到走廊上恢復鎮定再回來。她說這句話的語氣讓我們感覺這是最高的讚揚。媽的絕症讓馬庫斯心痛不安，這也證明了他是一個多棒的人。然後她評論我真是個「淘氣鬼」，但她說「淘氣鬼」三個字的口吻，夾帶著強烈的惡意，像是罵我的髒話。她接著說，她不敢置信我在這麼哀傷的氣氛裡，還不停扯著嗓門大唱「叮叮噹，叮叮噹，鈴聲多響亮」。她無法相信我怎麼一點都不明白，在明顯凝重的氛圍中，我怎麼還能如此輕鬆歡快？那時我才兩歲。

年紀不是藉口。每次我們重看家庭錄影帶時，我都背負著極大的罪惡感。我為什麼就不能懂事一點？真是個愚蠢的白癡啊。我怎麼都感覺不到媽的需要？她需要我們每個人都嚴肅以待，盡可能認真地看待這個狀況，她需要我們被痛苦擊垮。她需要我們沒有她就一無是處。

即使我知道媽罹癌故事的細節——化療、骨髓移植、放射治療——全是些舉凡聽見的人，無不感覺震驚的詞彙，彷彿他們無法相信媽曾熬過這麼艱難的歷程，但對我來說，這些就是細節，不具備任何意義。

讓我**真正**有感的是麥考迪家的整體氛圍。就我記憶所及，我能做出最貼切的描述是，當時家裡的氣氛就像暫時停止呼吸，我們都處在待機模式，靜候媽的癌症再次登門。在不斷重演媽第一次癌症發作的情形，以及頻繁找醫生報到、做後續追蹤之間，家裡的沉默氣氛相當沉重。媽媽生命的脆弱成了我人生的核心。

而我認為我可以藉由生日許願，為那脆弱做點什麼。

生日快樂歌終於唱完，那一刻到來了，我的重大時刻。我閉上雙眼，深吸口氣，同時在心中許下我的願望。

我希望媽媽能再多活一年。

2

「再夾一排就好了。」媽說，她講的是細心別在我頭上的蝴蝶髮夾。我討厭這種髮型，緊緊扭絞在一起的頭髮，用小夾子成排扣住，扯得頭皮發麻。我寧願戴棒球帽，但媽喜歡這種髮型，還說這讓我看起來很漂亮，蝴蝶髮夾也是。

「好的，媽咪。」我坐在闔起的馬桶蓋上，雙腿前後晃盪，晃腿是個不錯的巧思，她信了。

家裡電話響了。

「該死。」媽打開浴室門，探出上半身，伸長了手去撈廚房牆上的電話。她另一隻手仍拽著手上正在編的我的頭髮，因此我整個身體也隨著媽的動作，朝同一方向斜傾。

「喂？」她接起電話就說，「嗯。嗯哼。什麼？晚上九點？那是最早的？！隨便吧，看來小鬼們又要過**一個老爸不在的夜晚**。這是你的錯，馬克，這都是你的錯。」

媽用力掛上電話。

「你爸打來的。」

「我知道。」

「那個男人，妮特，我告訴你，有時候我真的……」她焦慮地深吸一口氣。

「有時候你真的怎樣？」

「呃，我本來可以嫁給一個醫生、律師，或者一個——」

「印地安酋長。」我替她把話說完，因為我太清楚她常掛嘴邊的這句口頭禪。我有次問她，和她約會的是哪位酋長，她說那句話不是字面上的那個意思，只是一種說法，一種表達方式。在生小孩前，她想要誰都可以，孩子讓她的魅力減損。我跟她說我很抱歉，但她說沒事，她更情願要我而非男人。然後她告訴我，我是她最好的朋友，還親吻了我的額頭，接著像是又想起了什麼，說她其實和某位醫生約過幾次會：「高大、紅髮，經濟條件非常穩定。」

媽繼續替我夾頭髮。

「也有製作人，電影製作人，音樂製作人。有次在一個街角與昆西．瓊斯（Quincy Jones）擦身而過時，他還多看了我兩眼。老實說，妮特，我不僅可以嫁給這些男人中的任何一位，我也**應該**這麼做，我註定該過好日子，有名望、有財富，你知道我有多想成為一名女演員。」

「但外公、外婆不會答應。」我說。

「但外公、外婆不會答應，沒錯。」

我好奇外公、外婆為什麼不答應，但我不會問。我沒笨到去問某些特定類型的問題，那種會涉入太多細節、過於具體的問題。我就讓媽自己講她想講的內容，同時我也仔細聽，並試著完全按照她希望的方式去理解。

「嘶——！」

「抱歉，我夾到你耳朵了嗎？」

「是啊，不過沒關係。」

「從這角度很難看到那邊。」

媽開始搓揉我的耳朵，我立刻感到安慰。

「我知道。」

「我要讓你過我從未過上的生活，妮特。我要給你我理應擁有的生活，我父母不讓我有的生活。」

「好。」我對她接下來要說的話感到緊張。

「我覺得你應該要去表演。我認為你會是個很棒的小演員。金髮，藍眼。那地方的人愛的就是你這樣的孩子。」

「哪個地方？」

「好萊塢。」

「好萊塢不是很遠嗎？」

「一個半小時。當然了，中途要走高速公路。我得學會開車上高速公路，但為了你，我願意做出犧牲。妮特，我不像我父母，我想要你擁有最好的，一直都是，你懂的，對嗎？」

「沒錯。」

媽突然停下不說話，每當她覺得這是一個需要先做些鋪陳的重要時刻，她就會這樣停頓。她彎腰凝視我的雙眼——手裡仍抓著我頭上未編完的幾撮頭髮。

「所以你覺得呢？你想表演嗎？你想成為媽咪的小女演員嗎？」

正確答案只有一個。

3

我不覺得自己準備好了，我知道我還沒準備好。我前面的小孩雀躍跳下舞台台階的姿態讓我感到困惑，他似乎一點都不緊張，這只是他尋常的一天。他在其他大約十二名小孩的隔壁坐下，他們全都已經上場演過獨白，現在全坐在那裡等。

我環顧這間四面白牆、毫無裝飾的單調房間，以及成排坐在金屬折疊椅上的小孩。我緊張地翻著手上的紙，我是下一個，我排在最後，這樣才有更多時間練習。現在我很後悔沒早點排隊，因為這只會讓我越來越緊張。

「換你了，珍妮特。」綁著黑馬尾、蓄著山羊鬍，即將決定我命運的男人對我說。

我朝他點點頭，爬過台階，登上舞台。我放下手中的紙，這樣我的雙手才能不受限地做出誇張的手勢，這是媽教我做的，然後演起關於果凍的獨角戲。

剛開始，我連聲音都在發抖，它響亮地在我腦海中迴盪，我試著不加理會，但它卻越來越大聲。我拚命微笑，希望山羊鬍沒有注意到。終於，我念到最後一句台詞。

「……因為果凍讓我咯咯笑！」

說完我就咯咯傻笑，就像媽教我的那樣——「聲音清脆、可愛地笑，最後還要皺起鼻子。」我希望這個假笑不會帶給人不舒服的感受，我自己發出時就是那感覺。

山羊鬍清清喉嚨——這絕不是好兆頭，他讓我再念一次獨白，但要「放鬆一點，就像只是在和你的朋友說話……，哦，還有，別再做那些手勢」。

我很掙扎，那手勢完全是媽要我做的。如果我回到等候室，跟她說我沒做那些手勢，她一定會失望。但如果我到了等候室，告訴她沒有經紀人要我，她會更失望。

我又念了一次獨白，放棄那些手勢，感覺稍微好些，但我可以感覺得到這還是沒達到山羊鬍的要求。我讓他失望了，感覺很糟。

等我結束，山羊鬍叫了九個名字，包括我，然後告訴其他五個小孩可以回去了。我看得出來，只有一個小孩知道她被拒絕了，其他四個悠哉地走出房間，就像是要去吃冰淇淋。我為她感到難過，卻為自己感到高興，我被選中了。

山羊鬍告訴我們所有人，學院小童星經紀公司（Academy Kids）會代我們尋找群眾演員的工作，意思是我們會在節目和電影的場景中飾演群眾。透過山羊鬍過於生動的表情，我立刻明白他是想讓壞消息聽起來像好消息。

山羊鬍讓我們去告訴等候室裡的媽媽，同時叫出三個小孩的名字，要他們留下。我故意逗留，排在最後面走出房間，這樣就能聽見那三個特別的小孩要幹嘛——這三個才是**天選之子**。山羊鬍說他們被選中擔任「主要演員」，意指有台詞的演員。他們的獨白表現出色，所以不必擔任人形道具，而是真正的、受認可的、值得開口說話的**演員**。

我感覺自己的內心正醞釀著某種不舒服的東西，嫉妒攙雜著拒絕和自憐。為什麼我沒好到能說話？

我進到等候室，跑向媽媽，她正在核對支票帳戶的餘額，這已是本週的第四次。我跟她說我被選中當群眾演員，她似乎很開心。我知道，這只是因為她不知道還有我沒選上的更高等級，我擔心她會發現。

媽媽開始填寫代理合約文件。她用筆指著我要簽名的虛線處。旁邊是她已經簽好的名字——她也必須簽，因為她是我的監護人。

「我們簽的是什麼？」

「合約上說經紀人拿兩成，我們拿八成。其中有百分之十五會放入一個叫庫根（Coogan）的帳戶*，等你滿十八歲後才能提取。這就是大多數父母留給孩子的錢。但你很幸運，除了我的薪水還有必要開銷，媽咪不會拿你半分錢。」

「什麼必要開銷？」

「你怎麼突然開始拷問我？難道你不信任我？」

我連忙簽名。

山羊鬍過來給每位父母回饋。他先走到媽面前，告訴她我擁有擔任主要角色的潛力。

「潛力？」媽挑剔地問。

「是啊，尤其她才六歲，算是比別人都早起步。」

「但為什麼是潛力？她為什麼不能現在就擔任重要角色？」

「呃，我看得出來，她在獨白時很緊張。她似乎很害羞。」

「她是害羞，但她可以克服，她會克服的。」

山羊鬍抓了抓他手臂上的樹木刺青，深吸一口氣，就像準備說出什麼令他緊張的話。

「重要的是，珍妮特得自己**想要**表演，這樣她才能好好發揮。」他說。

「哦，她最想做的事就是這個。」媽邊說邊在下一頁的虛線上簽名。

這是**媽**最想做的事，不是我。這一天我過得好有壓力，一點都不好玩，如果能有選擇，我再也不想做類似的事。但另一方面，我**確實**希望媽媽得償所願，所以她也算有點說對了。

＊ 編註：庫根帳戶以美國童星傑基・庫根（Jackie Coogan）命名，用於保護兒童表演者的收入。美國庫根法案（Coogan Law）規定，兒童演員的合約收入歸其所有，但因未成年無法自行支配財產，雇主必須將至少百分之十五的收入存進信託帳戶（庫根帳戶），委由父母或監護人管理。

山羊鬍對我微笑，我真希望我能看懂那微笑的含義。我不喜歡大人們做些我無法理解的表情，或說些我聽不懂的話，那會讓我感到沮喪，覺得自己好像錯失了什麼訊息。

「祝你好運。」他語帶沉重地對我說，然後轉身離開。

4

與學院小童星經紀公司簽約後的週五凌晨三點，媽叫我起床，我第一天的群演工作開始了，那是一個叫《X檔案》（*The X Files*）的節目。我的報到時間是早上五點，但媽因為第一次開車上高速公路而感到害怕，想早點出發，為自己保留充裕的時間。

「你看，我為了你克服了我的恐懼。」匆匆爬上我們一九九九年的福特穩事達（Ford Windstar）休旅車時，媽對我說。

我們提前一小時抵達二十世紀福斯影業（20th Century Fox studios），所以摸黑在附近逛了逛。當我們在其中一間攝影棚的外牆上看見巨大的天行者路克（Luke Skywalker）對抗達斯．維達（Darth Vader）的壁畫時，媽高興地尖叫，火速掏出她的即可拍傻瓜相機，拍了張我站在壁畫前的照片。我覺得尷尬，像是我們不屬於這裡。

早上四點四十五分，媽算著我前往片場的時間快到了，於是我們向站在攝影棚外的一個又矮又禿的製片助理報到。他說我們來早了，但我們可以在群演休息區待著，等時間到再前往拍攝現場。

群演休息區是個很酷的地方，一個搭在攝影棚邊緣的棚子，裡面到處都是食物。麥片、糖果和一壺壺的咖啡、柳橙汁，銀盤上放滿早餐——煎餅、鬆餅、炒蛋和培根。

「而且全都免費。」媽興奮地說，同時用餐巾紙包了各種馬芬和可頌，塞入她特大的派勒斯（Payless）皮包，準備晚點拿給我的哥哥們。托盤裡還立著一大堆雞蛋，媽說它們是水煮蛋，我拿起一顆嘗嘗看。媽教我如何在一塊堅硬的平面上滾動雞蛋，弄破蛋殼，再把它剝下。我在上頭灑些鹽和胡椒，咬下一大口，我喜歡。我還抓了一袋麗滋迷你起司夾心餅乾，我想我能習慣這樣的生活。

等我吃下最後一口蛋時，其他所有的群演小孩——我們總共三十人——都出現了，馬上就全被叫到片場去。

我們尾隨禿頭的製片助理，他帶著我們前往拍攝的攝影棚。一走進攝影棚，我忍不住心生敬畏。天花板非常高，上面掛著數百盞燈和燈桿。空氣中飄來新鮮木料的味道，充斥著榔頭和電鑽的聲音。許多穿著工裝褲的人從我們身邊經過，有些腰帶上掛著工具，有些手上拿著記事板，有些對著對講機急切地低聲說話。這一切有種魔力，彷彿很多事正在發生。

我們抵達片場，導演——一個小個子男人，他的淡棕色頭髮長得足以塞到耳後——帶領我們進去，語速飛快又焦急。他看著我和其他二十九名小孩，興奮地告訴我們，我們要扮演被困在毒氣室窒息而死的小孩。我點點頭，試圖記住每一句話的每一個字，這樣在開車回家的路上，媽問起時，我就能轉述給她聽。窒息而死，記住了。

導演告訴我們每個人該站在哪裡，我站在整群小孩的後面，直到他要求較矮小的孩子站到前面去，我才移動過去。然後他迅速指著我們，一個緊接一個，要我們給他一個最害怕的「被嚇死」的表情。我是第九或第十個被他指到的小孩，在我做出我的表情後，他要他身旁站著的攝影師給我來個特寫。我不知道這是什麼意思，但我覺得應該是好事，因為導演說完話還對我眨了眨眼。

「再來一個，更驚嚇一點！」導演對我大吼，我把眼睛再睜大，希望這樣有用。我想確實有用，因為他說：「可以了，下一個！」然後拍拍我的背。

剩下的時間由零碎的劇組工作和學校作業所組成，我們得在片場做作業，於是我們在兩者之間往返穿梭。由於我是在家自學，媽用迴紋針把我當天的功課和所有學習單夾起來弄成一疊。教室裡坐我隔壁的十二歲女孩，一直用手肘碰我，跟我說我們不必寫任何功課，因為我們是臨時演員，而且負責教臨時演員的老師也不在乎我們做完多少作業，因為他們只想教主要演員。我盡全力試著忽視她，然後把紙上的各州首府填寫完。做了半小時左右的作業後，我們再次被製片助理從教室帶去片場拍戲。同一場戲，一整天都是同一場戲。

我不懂我們為什麼必須不停重複拍同一場戲，我想我最好不要問問題，但我發現每次我回到片場時，攝影機都會換到新的位置，所以我猜應該是與這件事有關。算了，至少每次我被帶回片場，都能看見媽。

每次製片助理帶我們這群小鬼走回片場時，我們會經過「臨演家長的等候室」，那是間小屋，所有家長都擠在裡面。我對媽揮揮手，每次她都有注意到我。無論她正多專心地看著她的《女性世界》（*Woman's World*）雜誌，她都會折起她讀到的那一頁，抬眼看向我，給我個大大的微笑，並對我豎起拇指。我們是如此親密。

等到一天結束時，我已經精疲力盡。在片場工作八個半小時，又要寫作業、從片場走去教室、聽從指示，鑽孔機的聲音不斷，還吸進煙霧（為了增加氣氛，毒氣室的片場有一台煙霧機）。這真是漫長的一天，我並不特別喜歡，但我確實很愛水煮蛋。

「窒息而死，」回家的路上，媽熱切地複述我告訴她今天發生的所有事。「而且還是**特寫**。這將真正展現你有多優秀。我敢打賭，一旦播出，學院小童星那群人一定會求你當主演。**求你**。」

媽激動地輕拍方向盤，難以置信地搖搖頭。這一刻她看起來是如此暢快、無憂無慮。我試著深深記住她的表情。我希望她能常常這樣。

「你一定會成為一個明星，妮蒂。我就是知道。你一定會成為一個**明星**。」

5

「我們十五分鐘內就要出發去教堂！」媽從另一個房間大喊，然後我聽見化妝刷清楚砸在鏡子上的聲音。她一定又把眼線畫歪了。

我們家去的教會是園林市第六區耶穌基督後期聖徒教會（Garden Grove Sixth Ward of the Church of Jesus Christ of Latter-day Saints）。外婆八歲就受洗成為摩門教徒，然後媽也在八歲時受洗成為摩門教徒——就像我也會在八歲時受洗成為摩門教徒。因為約瑟夫·史密斯（Joseph Smith）說，八歲是你能為自己的罪負起責任的年紀。（在那之前，你都無罪一身輕。）雖然外婆和媽都受洗了，但她們卻沒去教堂。我想她們希望享受上天堂的好處，卻不想付出努力。

但在媽被診斷出罹癌之後，我們又開始上教堂做禮拜。

「我就知道，假如我是個忠實的好僕人，主一定會幫助我好起來。」媽對我解釋。

「喔，所以當我們想向上帝那裡祈求什麼時，就要開始上教堂，對嗎？」我問。

「不是。」媽說話的時候雖然笑了，但她的聲音聽起來有點緊張，可能還有點惱怒。

然後她換了話題，說起湯姆・克魯斯（Tom Cruise）在新的《不可能的任務2》（*Mission: Impossible 2*）預告片中看起來有多帥。

在那之後，我再也沒問過什麼時候或者為什麼我們要開始上教堂。我不需要知道我們上教堂的具體原因，就知道我喜歡上教堂。

我喜歡禮拜堂裡的氣味——地磚清潔劑的松木香和淡淡的粗麻布氣味。我喜歡我的主日學初級班課程與所有關於信仰和耶穌的歌曲，像〈我希望將來去傳教〉（I Hope They Call Me on a Mission）和〈摩門經故事〉（Book of Mormon Stories），以及我個人的最愛——〈爆米花爆開了〉（Popcorn Popping），不過仔細想想，我不確定它和信仰或耶穌有任何關係。（它講的是爆米花在一棵杏樹上爆開。）

但我最愛教會的原因是可以逃離一切。待在教堂的三小時美麗又平靜，它是每週開放一次的避難所，讓我能擺脫我最討厭的地方——家。我家和教會一樣，都在加州園林市（Garden Grove），一個居民不太親切地稱之為「垃圾林」（Garbage Grove）的小鎮。因為，就像達斯汀總在媽叫他閉嘴前說的那樣：「這裡有很多白垃圾（white trash）。」

我們用很划算的價格租到這間房子，因為那是我爸父母的，但顯然還不夠划算，因為媽總是抱怨。

「我們應該半毛錢都不要付，家人的功用不就是這個？」她會在洗碗或修指甲時對我發洩，「要是他們沒在遺囑中把房子留給你爸，我發誓一定不會就這麼算了。」

我們每個月都遲繳房租——媽總是為此哭哭啼啼。付款時，帳戶餘額經常不足——媽也老是為此哭哭啼啼。儘管媽、爸、外公、外婆全把錢湊了進去，有時還是差了一點。媽在抗癌期間，外公和外婆「暫時」搬來和我們同住，但即使媽病況緩解，他們最後還是留了下來，因為這樣對大家都好。

媽說這叫「最低工資的詛咒」。外公在迪士尼樂園擔任收票員，外婆在一間養老院當接待，爸替好萊塢影碟出租店（Hollywood Video）裁切各種紙板立牌，並在家得寶（Home Depot）廚房設計部門工作。媽念的是美容學校，但她說小孩耽誤了她的事業生涯——「而且漂染頭髮的氣味是有毒的」——所以她假日前後（含假日）都在目標百貨（Target）打工排班，但她說她的主業是確保我能在好萊塢闖出成果。

雖然房租經常沒繳足全額，而且幾乎都遲交，我們卻從未被趕出去。我覺得房東如果不是爸的爸媽，我們現在可能已經被踢出去了。某部分的我還幻想著那個情景。

假如我們被趕出家門，那表示我們得搬去其他地方。假如我們得搬去其他地方，那表示我們得把要帶走的東西打包裝箱。假如我們要把東西裝箱，那表示我們必須把這屋裡的所有東西整理分類，丟棄其中一些物品。這聽起來很美妙。

我們家並非一直是這副模樣。我看過我出生前的照片，家裡看起來相當正常——一間不起眼的房子，有些凌亂，但毫無異常。

哥哥們說，是媽生病後才變成這樣的；從那時起，她就抓著每件東西不放。那表示，一切是從我兩歲時開始的。在那之後，情況變得越來越嚴重。

我們的車庫從地板到天花板都堆滿了東西。堆疊的塑膠收納箱裡塞滿舊文件、收據、嬰兒衣物和玩具，還有纏在一起的珠寶、日誌、聖誕節裝飾品、巧克力棒包裝紙和過期的化妝品、空的洗髮精瓶，以及裝在夾鍊袋裡的馬克杯碎片。

車庫有兩個門——後門和車庫大門。想從後門進入車庫是不可能的，因為幾乎找不到足夠的空間可供行走，就算能勉強擠出一條路來，你也不會想走進去。我們家有老鼠和負鼠的問題，因此你在那條狹窄的通道上只會看見困在陷阱裡的死老鼠和負鼠，爸每隔幾週就會換一次。死老鼠和負鼠臭死了。由於你根本不可能真的穿過車庫，我們的第二台冰箱便策略性地放在車庫的最前面，這樣我們就能輕鬆打開車庫的正門，取用冰箱裡的東西。

說輕鬆有點過頭了。

整條街上只有我們家車庫的門是手動開啟的，而且這門這麼重，重到把自己的絞鍊都弄斷了。每次爸爸和馬庫斯——家裡唯二壯到可以抬起門的人——把門往上推得夠高時，門都會發出巨大的喀擦聲響。發出喀擦聲後，車庫門就可以自行保持開啟的狀態。

呃，再也不能了。幾年前，車庫的門喀擦響起後，又馬上砸落地面，從那時候開始，它再也無法撐起自己了。

所以現在進入車庫非得有兩個人不可，無論是誰打開了那扇沉重的門——通常是馬庫斯——就必須一直用整個身體撐住它，以避免門砸在他頭上；同時另一個人——通常是我——負責從車庫裡取出需要的東西。

每次馬庫斯和我被叫去車庫拿東西時，我都非常害怕。馬庫斯高舉車庫門時，整張臉在那重量的壓迫下緊皺扭曲，而我則飛快打開塞得過滿的冰箱，在眼花撩亂的一堆食物中，鎖定需要的物品。我感覺自己就像印第安納．瓊斯（Indiana Jones），巨石就要滾過來了，我得趕在巨石砸到身上前，迅速奪取藏起的寶藏。

臥室也很糟糕。我記得曾經有段時間，馬庫斯、達斯汀和史考特睡在他們的上下鋪雙層床上，我睡在我的嬰兒房裡。但現在，我們的臥房都塞滿東西，你甚至無法確定床在哪裡，更別提睡在床上了；我們不再睡臥室，從好市多買來的三折床墊，成為我們在客廳裡的床。我很確定那些床墊是設計給小孩練習體操用的。我不喜歡睡在我的墊子上。

這房子就是尷尬，這房子就是可恥。我恨這間屋子。我恨在裡面時，它是如此令我感到緊張和焦慮，整週我都在期待那三小時的解脫時間，可以逃入充滿見證和松香味地磚清潔劑的國度。

這就是無論我多努力也無法讓家人準時出門時，我會這麼沮喪的原因。

「拜託，大家，快點，快點，快點！」我一邊扣好左腳的鞋子，一邊大喊。

達斯汀和史考特才剛醒。外公笨拙地踩過他們的好市多墊子「床」時，他們正揉掉眼角的眼屎。外婆和外公睡在房間裡的沙發上，那原本是我的嬰兒房，後來變成他們的臥房兼儲藏室，好存放更多的東西。

「你們每個人只有十分鐘吃早餐、換衣服和刷牙。」我對達斯汀和史考特說，他們正往廚房去隨便給自己倒些麥片——達斯汀吃的是幸運符（Lucky Charms），史考特吃的是巧古拉公爵（Count Chocula）。從他們翻白眼的表情，我知道他們覺得我在對他們發號施令，但對我來說這不是發號施令，比較像是絕望。我想要秩序，我想要平靜。我想要可以逃離這地方的三小時。

「你們都聽見了嗎？」我問，沒人回應。外公站在廚房角落替他的吐司塗上奶油，而他塗的奶油量讓我很緊張——好大一塊，要不少錢，媽總跟我說他「每天都要用掉半條奶油，我們根本負擔不起，他的糖尿病也承受不起」。

「外公，你可以少用一些奶油嗎？你會讓媽不高興的。」

「蛤？」外公大聲說。我向神發誓，每次我問他什麼他不想答的事時，他就「蛤」我。

我氣得轉身往外走，打開客廳灰色地毯上「白色的東西」。名字取得很爛的「白色的東西」是個薄薄的、有花紋、展開後會出現三個二十五公分乘二十五公分的小正方形白色方塊。這個三折方塊就是我們的「桌子」。看來我們家特別喜歡三折式的物品。

我拉開「白色的東西」，達斯汀和史考蒂也陸續走入客廳。他們走路的模樣像是在走鋼絲，就和走鋼絲的人一樣全神貫注，因為他們碗中的牛奶和麥片裝得太滿，滿到牛奶隨時會從碗的兩側潑出來，落在灰色地毯上。媽每天都告訴他們，她有多討厭他們把牛奶灑在地毯上，那會留下一股酸味，然而不管她跟他們說過多少次，他們還是繼續倒過多的牛奶和麥片。這屋裡沒人會聽話。

媽還沒穿上她去教會的鞋子，她總是等到最後一分鐘才穿，因為那鞋會讓她外翻的腳拇指抽痛，所以我知道她一踩上這張被牛奶浸濕的地毯，她就會脫掉褲襪，突然歇斯底里起來，並且要求我們在路上的來德愛（Rite Aid，連鎖藥妝店）停車，她好去買雙新的褲襪。假如我們要在來德愛停車，我的三小時放風時間就會縮減，我們不能在來德愛停車。

我衝向毛巾櫃，經過浴室的時候，我把耳朵貼在關起的門上，聽見外婆在電話裡和她的一名朋友抱怨。

「珍給我的毛衣還留著價格標籤，她每次從拍賣會上買到什麼東西都會假裝她是用原價買的。她實在很卑鄙。總之，我去了趟莫文百貨（Mervyn's），看見那件毛衣打三折。

她在我身上甚至花不到十五塊美金……」

「外婆，出來！哥哥們要進去！」我邊咆哮邊猛捶浴室的門。

「你為什麼就是討厭我！」外婆吼叫。她每次在和某人講電話時都這樣，試圖讓自己看起來像個受害者。

我走到毛巾櫃前，抓下那條有聖誕裝飾彩燈圖案的紅色小擦碗巾，然後在廚房的水龍頭下弄濕尾端，把濕的那頭按壓在濺到牛奶的地毯上，我抬頭看見達斯汀和史考蒂正在「白色的東西」上吃麥片，史考蒂無聲嚼著，每一口都平均而且節制地緩慢咀嚼，像是慢動作影片。不是要趕快嗎？這麼做到底有什麼意義？達斯汀張著嘴巴大聲咔滋咔滋嚼著，急迫卻沒效率。

我看了時鐘一眼。十一點十二分。無論用什麼方式，我們都得在八分鐘內出門上車，這樣我們才能趕到教堂，參加十一點半的教會禮拜。

「快點，烏龜！」我對哥哥們怒吼，同時用全身的重量，把濕毛巾按壓在沾了牛奶的地毯上。

「閉嘴，玩大便的死小鬼！」史考蒂回罵我。

外公跨過我，他包著吐司的紙餐巾掉出一堆麵包屑。外婆從房間的另一頭走過來，身上裹著一條破毛巾——破爛到幾乎透明——噁心。她的捲髮用了衛生紙和髮夾做成的臨時頭巾固定住。

「你高興了吧，小丫頭！我現在出來了。」她邊說邊朝廚房走去。

我無視外婆，告訴哥哥們浴室現在沒人了，他們可以趕快去刷牙，然後把他們的麥片碗拿去水槽。靠神的保佑，或許我們能勉強準時抵達教堂。

我興高采烈，把按在牛奶汙漬上的毛巾拿起來，往廚房跑去，把毛巾再次弄濕，準備再擦一次。就在這時，媽穿過廚房，朝客廳走去。瞬間，我渾身上下的每個細胞都焦慮起來。我剛要警告媽，但從她走出廚房的那一刻起，我就知道已經晚了。

「這是什麼？」媽問，聽那口氣我知道她完全清楚她剛踩上了什麼。

我跟媽說我已經在清了，所以這潮濕只是水，不要緊的。但她的心情已經徹底受到影響。她扯掉她的褲襪，並高聲喊爸，要他在路上的來德愛停車，她要買雙新褲襪。

我不知道還有什麼方法能讓我們快點出門，我不知道下次我還能做些什麼。我們全都一窩蜂擠進車裡，朝來德愛出發，或許我們還能趕在唱〈爆米花爆開了〉前趕到教堂。

6

「爸比！」他一走進門我就高喊。我撲進爸懷裡，他每次下班回家我都這麼做。我聞了聞他的法蘭絨襯衫——嗯，剛鋸下的木頭味和一點新鮮油漆味，這是他的招牌氣味。

「嗨，妮特。」他說，語氣比我所期望的更缺乏情感。我總祈禱能聽見大笑聲，或者搓揉我的頭髮，或者一個擁抱，但從未出現，或者至少現在還未出現。我依然期待著。

「今天工作怎麼樣？」

「還好。」

我拚命找其他話題跟他說，試著建立某些連結。和媽，那是毫不費力，但為什麼和他，每件事都這麼卡？

「還開心嗎？」我們從玄關走進客廳時，我問。

他沒回答。當他的眼神落在某處時，臉上閃現一絲擔憂。我轉頭看他在看什麼。是媽。我可以立刻從她的肢體語言和臉部表情——挺直的身姿，上揚的下巴，咬牙切齒，張大的雙眼——看出她不是難過，她不是生氣，她是暴怒，她就要爆炸了。哦不，我非得做點什麼不可。

「馬克，」她說，發出咂嘴聲，用力強調她的憤怒。機不可失，是我介入的時候了。

「我愛你，媽咪！」我大喊，跑向她，抱住她。

我能搞定這個，我可以讓她冷靜下來。但就在我想出下一句要說什麼之前……

「馬克．尤金．麥考迪，」媽說，音量提高。

哦不。一旦「尤金」出口，情況就差不多沒救了，只能等待怒氣爆發。

「我晚了一點下班，因為一名客戶需要幫忙，我走不開。」爸試著解釋，聲音聽起來很害怕。

「晚了三小時，馬克……」

我探頭望向達斯汀和史考蒂尋求援助，但他們正在玩任天堂64的《黃金眼〇〇七》（GoldenEye 007），當他們在玩這遊戲時，什麼事都無法打擾他們。外婆和外公還在工作，此刻我只能靠自己。

「媽咪，我們怎麼不看傑．雷諾（Jay Leno）？你想看傑．雷諾吧？今晚有頭條新聞。」

「安靜，妮特。」

於是我閉上嘴。她說了，我就安靜，我以為傑會有用。當然，我更喜歡看康納

（Conan Christopher O'Brien），但看傑是我們家的家庭活動。（當我在教堂裡提起這個時，霍夫米爾姊妹說傑講話有點粗俗，而且我應該在十一點前上床睡覺，但媽告訴我霍夫米爾姊妹愛批評別人，所以不管她說什麼，我都可以直接忽略。）

我仔細觀察媽。她的胸口開始起伏，緊張情緒加劇，雙耳變紅了。她撲向爸，爸退後了幾步，導致媽絆倒，跪跌在地上，她開始尖叫：「虐待！虐待！」爸抓住她的手腕，試圖讓她冷靜。媽朝他的臉吐口水。某人贏了這一回合的〇〇七，揮拳慶祝勝利。

「黛比，我不過是晚幾小時回家，這沒什麼大不了的！」爸試圖壓過她的尖叫聲。

「不要質疑我！**不要質疑我！**」媽的手腕掙脫，開始打他。

「加油，媽！你可以的！」一旦克服了恐懼，我總是這樣逗她開心。

「黛比，這很不講理，你需要幫助！」爸哀求。哦不，他難道不知道這幾個字只會更激怒她嗎？每當他或外公和媽起爭執，一旦說出「你需要幫助」，就只會讓她更崩潰。

「**我不需要幫助，你才需要幫助！**」媽尖叫。她衝進廚房，爸開始脫鞋，默默以為風暴已過，媽的心情或許已經轉變，回復正常。他為什麼就不明白？他怎麼就永遠都搞不清楚？

一，二，三，我在心裡默數。不到十秒，她就會回來。四，五，六，七。她回來了，帶著把菜刀，大的那把，外公每晚用它來切菜。

「滾出我的房子！」她大喊，**「滾出去！」**

「黛比，拜託，你不能一直這樣……」

上次媽逼迫爸去睡車裡是幾個月前的事。這次的週期比較久，通常他每隔一週左右就會被趕出去，而且都有充分的理由。媽說他對家裡不夠盡責，他總是晚下班，他可能有外遇，他對他的孩子不感興趣，他是個缺席的父親等等。事實上，這次能撐這麼久才被踢出去已是奇蹟，他應該要心存感激。

「滾出去，馬克！」

「黛比，把刀放下，這很不安全，對孩子們太危險了。」

「不會。我永遠不會傷害我的寶貝們，我永遠不會傷害我的寶貝們。你竟敢這樣指控我！」

眼淚潰堤般滑下媽的臉頰。她雙眼睜得大大的，渾身顫抖且模樣嚇人。

「滾出去！」

她再次撲向他，他後退。

「好，好，我出去。我這就走。」

他連忙套上鞋子，匆匆離開。媽走回廚房，把刀放回抽屜。她跪在地上，開始痛苦地哭泣，發出哀嚎。我在她身邊蹲下，抱住她。某人又贏了一回合的〇〇七。

7

自從早上六點我的上工時間開始後，我就一直站在一堆塵土前。現在是中午，太陽高掛天空，毒辣的陽光直射在我身上。我身邊的主要演員在拍攝空檔都有傘可以遮陽，能坐在折疊椅上讓雙腿休息，還有剛從放滿冰塊的冰桶中拿出來的水瓶，能喝幾口清涼的水。但那不是我，我沒有那種奢侈的待遇，因為我只是個臨時演員。

我和其他臨演站在塵土堆中，就在蘭開斯特郊外的熾熱沙漠裡，沒有傘、沒有水瓶，身上每一層扎人的、飄著霉味的大蕭條時代戲服都濕透了。穿著這些衣服是因為我們在某部叫做《黃金夢》（*Golden Dreams*）的短片裡，飾演經濟大蕭條時期的窮人。這部片以不同的故事片段呈現加州歷史，據說將在迪士尼新開幕的加州冒險樂園播放。媽在早上四點半開車到這裡的路上，興致勃勃地告訴我這個訊息，但只有即將多了一個新的迪士尼主題公園這件事讓我興奮。

這整件事最糟的部分是我的牙齒。這天早上，當我在做造型和化妝時，他們把我的頭髮梳成兩股辮子，然後要我張大嘴巴，我照他們說的做了。化妝師把一種果汁般的棕色骯髒黏稠物滴進我嘴裡，向我說明這樣能讓我看起來有一口爛牙。黏稠物很快就乾了，感覺很噁心，我猜這感覺就像我有一個月沒刷牙。之後一整天都是這種感覺，我討厭這種感覺。我忍不住用舌頭順著牙齒去舔那團黏糊糊的東西，因為那真的很煩人，而且讓人分心。

「你看起來很不情願來這裡，試著表現得快樂一點。」走進臨演專用的拖車廁所時，媽對我說。我已經憋大號憋了一小時，再也忍不住了，於是我終於用對講機問了一個人，我是否可以離開一下，即使媽說我這麼做可能會被貼上難搞的標籤。

「抱歉。」我邊上邊說，媽把一條紙巾沾水弄濕，她依然堅持替我擦屁股，我覺得很尷尬。最近我試著跟她說，我已經八歲了，我想我可以自己做，但她一副快要哭出來的樣子，然後說她必須這麼幫我，至少直到我十歲，因為她不想要我的寶嘉康蒂內褲上有屎痕。我知道我自己擦也不會有屎痕，但我更擔心媽流眼淚。

「別再皺眉了，好嗎？」媽問，確保我有聽見她的要求，「你的眉毛都皺起來了，一副在生氣的樣子。」

擦。擦。擦。

「好。」

我回到我的塵土堆裡，試著做出和內心感受相反的表情，但太陽過於刺目，我忍不住瞇起眼睛。

「那個一臉傷心的小孩在哪裡，我先前指的那個？我們用她試試看。」導演對著副導喊。

副導指了好幾個小孩，導演一直搖頭，直到他指到我。

「就是她。」導演點頭。

「快點，跟我來。」副導說，牽起我的手朝導演走去。

導演要我坐進一輛老爺車裡，稍微看向我的右側，然後「什麼都不做」。我點頭。拍了幾個鏡頭後，他說他拍到了想要的畫面。

副導帶我回到媽那裡，她正在背景道具桌附近等。他告訴媽我今天的工作已經結束，因為他們在一個重要鏡頭裡用了我，所以我不能再擔任臨演了。

「重要鏡頭？」媽問，無法掩飾她的興奮。

「是啊，沒錯，我得拿些新的文件過來，因為嚴格來說，這算主要角色。」

媽歡喜得幾乎發抖，「這是怎麼回事？」

「呃，我們找來的那個小女孩不聽從指示——無論我們跟她說多少次要看起來很悲傷，她就是不停地微笑。但你的女兒不是，她可以擺出一張非常悲傷的臉。」他大笑。

「她確實是，她確實有張很悲傷的臉。」媽說，點點頭並且眉開眼笑，似乎忘記半小時前，她最想擺脫的就是那張悲傷的臉。

「總之，我們改用你女兒替代了那個角色，所以現在嚴格來說，她是主要的演員了。」

副導暫時離開，去拿新的文件，媽轉過身來緊緊握住我的手。

「他們用你了，妮特！他們用你了！」

媽回到家就立刻打電話給學院小童星，滔滔不絕地吹噓我的主要演員合約。他們跟媽說這是大好消息，表示我是一個懂得合作且能聆聽指示的小孩，這是一名兒童演員最有利的兩種特質，而我正建立起口碑。他們告訴媽，他們將替我尋找較長期的臨演工作——「核心臨演」。這是你剛開始擔任臨演時接不到的工作，因為選角導演還不清楚你的聲譽。媽聽了這消息一臉不安。

「核心臨演？聽起來不就只是被誇獎的臨演嗎？那主要角色呢？他們剛聘用她擔任《黃金夢》的主要演員，難道她不能開始參加主要角色的試鏡嗎？」

「呃，還不太能。我們想讓她累積更多的經驗，然後我們會重新評估。」

媽說好吧，但我可以看出她不喜歡這個回答。

「重新評估個屁。」掛斷電話時，她說。我總是擔心另一頭的人還沒掛掉電話，會聽見媽的抱怨，但幸好目前為止從未發生過。

媽整晚都有點緊張，但第二天早上，學院小童星來電告知他們替我找到了一個新工作，我會在即將開拍的電視劇試播集裡擔任「核心臨演」，為期八天，媽的心情又飛快轉好。

「寶貝，你也許暫時是個被誇獎的臨演，」媽在刷牙時對我說，「但只要我們繼續加油，你很快就會是個『bona fide』*的主要演員。」

她對著水槽吐出泡沫。

「我不太確定，但我想『bona fide』這個詞就是這樣用的。」

---

* 譯註：拉丁文詞彙，意指「真正的」、「真實的」。

8

電視劇試播集的拍攝進行順利，雖然我還未從被誇獎的臨演升級，但拍攝過程中發生了一件事，讓我離媽希望我成為主要演員的目標又更近了些。

主要演員中有個與我同齡的女孩，她的媽媽很喜歡我媽，所以把她女兒的經紀人芭芭拉．卡麥隆（Barbara Cameron）的電話給了媽。

「芭芭拉．卡麥隆，妮特！我的天，是那個芭芭拉．卡麥隆！」

「太棒了！」

「你知道那是誰嗎？」

「不知道。」

「她是好幾個有名小孩的媽媽，《歡樂家庭》（*Growing Pains*）的柯克．卡麥隆（Kirk Cameron），《俏皮老爸天才娃》（*Full House*）裡的坎蒂絲．卡麥隆（Candace Cameron）。她是他們的媽媽，也是他們的經紀人。後來她開始擔任其他小孩的經紀人。現在她是業界最大牌的青少年經紀人之一。非常厲害的女人。」

媽立刻打給芭芭拉，替我和我年紀最大的哥哥馬庫斯安排試鏡，儘管馬庫斯一開始很抗拒，但她說服他嘗試看看。

「拜託，你有這麼迷人的微笑，又大又白的牙齒，」她說，「還有這些痣，根本是年輕版的麥特．戴蒙（Matt Damon）。」

我偷偷羨慕達斯汀和史考蒂。我不懂，媽為什麼對他們與對我和馬庫斯有不同期望。我真希望我能知道答案，但又感覺那是家人間不會談論的事，就像大家默許了。

芭芭拉在家工作，試鏡就在她家舉行。當我們抵達時，馬庫斯和我各自拿到一段獨白，我們有半小時的時間準備，再回來表演。我不知道那段獨白出自哪部電影，但馬庫斯要演一個高中二年級的學生，他的女友自殺了，而我要演一個試圖勸說雙親不要離婚的小女孩。

媽在車裡與我們練習獨白，然後我們一前一後進去試鏡。

馬庫斯先進去。他在裡面待了大約半小時。出來時，他心情很好。他說芭芭拉和屋裡另一個女人都很健談，笑得很開心。

我走進去，全身發抖。我表演了一次獨白，芭芭拉和另一個女人互看一眼，然後要我再做一次，但要「拋開一切」。我很困惑。

「就更隨意一點。」芭芭拉解釋。

我又試了一次。另一個女人對芭芭拉聳聳肩，芭芭拉做了個「呃」的表情。

「謝謝你。」兩人同時說。

我盡可能緩慢地走出去，希望能為我的出場多加幾分鐘，因為我知道如果試鏡的時間這麼短，媽一定會很失望。但即使我已經盡全力放慢腳步，也只增加了一分鐘。我回到車上，媽一臉擔憂。

「怎麼樣？」

「還算順利。」

「她們聊了很多嗎？」

「不太……」

「她們聽了你說的話有大笑嗎？」

「不太……」

「喔。」

開車回家的路上，我感覺到媽的失望。她似乎對馬庫斯感到驕傲又興奮，但我能讀懂她的表情，我知道那是強裝出來的。她對馬庫斯的驕傲和興奮，因為對我的失望而蒙上陰影。

「我們很喜歡馬庫斯；我們想要簽下他，但珍妮特──她就是……缺少個人魅力。」

告知訊息的人是蘿拉，就是之前和芭芭拉一起在房間裡的那個女人。蘿拉是芭芭拉的副手，也是這家公司裡唯一的另一位經紀人。她精明果斷，是那種務實嚴肅的類型，嗓門大到我都能隔著電話聽見她講的內容，媽邊攪拌我們的泡麵晚餐邊和她聊。

「馬庫斯的消息真的太棒了，但你們也簽下珍妮特如何？要是她在接下來的六個月內，都沒有接到任何演出機會，你們就放棄她。」媽懇求道，然後對我豎起拇指，似乎對她的主意感到相當興奮。

「我們公司已經有許多年輕又有天分的的女孩……」蘿拉的聲音漸漸減弱。

「她學習力很強，而且很會聽從指示。」媽用一種唱歌般的語調說，彷彿試圖誘惑蘿拉。這種口氣與乞求實在太不搭了。

蘿拉說她要徵詢芭芭拉的意見，有結論後再立刻回電。媽轉向我。

「妮特，快做個簡短的禱告，希望芭芭拉能接受你，還要替我們兩人交叉雙臂*，因為我的手要攪拌泡麵。」她說。我採用正確的摩門禱告形式，我們都閉上了眼睛。

「親愛的天父，」我開始念，「謝謝祢賜下這美好的一天，和所有給予我們的美好祝福──」

「靠！」媽說。

我猛地張開眼。媽扔下她攪拌的湯勺，開始吮她的手指。她打開水龍頭，往手指上沖冷水。

「燙到我的手指了，」她對我說，「繼續啊，親愛的，繼續念。」

我點點頭，回到我的禱告上。

「請保佑芭芭拉．卡麥隆能接受我，請保佑我們有個平安的夜晚，好好休息。請保佑我媽咪能睡得好，因為有時候她會失眠。謝謝祢，天父。奉耶穌基督之名，阿們。」

「阿們，甜心，做得好。」

媽開始把泡麵倒入碗裡，電話又響了。她把鍋子扔進水槽，發出巨大的悶響，一些泡麵湯還濺到流理台上，但媽沒發現。她太專注了。

「嗯哼，」她說，聲音聽起來很輕快。這次我聽不到電話那頭的蘿拉說了些什麼，因為媽正來回踱步，緩解她的焦躁不安。

「嗯哼，」她又看著我說了一遍。這整件事讓我感覺很不舒服。

「太好了，這個決定不會讓你後悔的。」媽說完便掛斷電話。她凝視著我好一陣子，眼底盛滿純粹的喜悅。

＊ 譯註：摩門教徒祈禱時的姿勢。

「怎樣？」我問。

「芭芭拉．卡麥隆接受你了。她要你一週去上一次表演課，好讓你更自在地面對自己之類的，但她接受你了。」

媽驚嘆又驕傲地搖搖頭，她釋懷地鬆了口氣，然後把我拉進懷裡。

「你現在是主要演員了，我的寶貝再也不是臨演。」

9

我討厭表演課。兩個月來，我都得去上芭芭拉·卡麥隆堅持要我報名的課程，否則她就不做我的經紀人。每週六早上十一點到下午兩點半，即使這段時間可以逃離家裡，我仍舊對這堂課毫不期待，和去教堂不同，因為我發現表演課甚至比困在家中更讓我不舒服。

每堂課開始都要先做「放鬆」。我們十幾個人走來走去，模仿萊斯基小姐。那是蘿拉的姓，她不只是芭芭拉的副手，還是我們的表演老師。她會把她的臉歪扭成詭異的樣子，嘴巴張大到極為誇張的程度，不然就是讓雙眼外凸。我不懂這些為何能幫助我們更會表演，但我懂得不要當個亂問問題的惱人小孩。

「你在班上要保持專注，『在狀況內』。」媽每次在開車回家的路上都會這麼提醒我，「萊斯基小姐都在看。那些討厭的、不聽指示、問問題的小孩，都不會被送出去參加試鏡。那些乖乖閉嘴、說什麼就做什麼的小孩才會得到試鏡機會。」

在臉部體操後，我們要假裝成各種動物。某些小孩似乎很樂在其中，但那只讓我覺得自己像個傻瓜。我不知道如何像大象般長嘯，像小貓般打呼嚕，或者像猴子般發出哼聲，而且坦白說，我也不想學。我們何不把動物的聲音留給動物。

有時候，萊斯基小姐會叫每個人都不要動，然後指到誰，那個人就得獨自發出動物的聲音。據說，這麼做有助於克服我們的拘謹之類的東西。

「長嘯，珍妮特！就像你真是一隻大象，使出吃奶的勁，完全放開地嘯！」

我不是，但我盡力而為。我覺得很丟臉。

在令人害怕的動物聲音練習之後，我們接著學習記憶技巧。每個人會被分配一個場景，用三十分鐘背好我們的角色台詞，然後一個接一個「冷讀」——演藝圈的術語，意思是「快速而不帶情緒」——吐出我們的台詞。老師說這技巧很重要，尤其對小孩更是如此，這樣我們就不會在試鏡時過度詮釋素材，也不會聽起來太像排練過。看來，以「冷淡」的方式記住一個東西，熟練掌握後再加入情感，是保持表演新鮮度的最佳方式。

記憶是表演課裡我最不討厭的部分，或許因為它是我最擅長的。我通常十五分鐘內就能背好我的台詞，然後用剩下的十五分鐘複習、強化記憶。我也不介意用毫無情感的聲調念出台詞。情感才是問題，不是台詞。首先，把情感強行灌注到一件事裡就讓人不舒服，接著還要把這些情緒演給其他人看，這令我覺得噁心，感覺無力、脆弱又赤裸。我不想別人看見那樣的我。

記憶之後是場景表演，這是我最不喜歡的課程，因為這部分需要演出。在準備每週的場景表演時，我們會各自分配到一場必須記住和分析的場景。在分析場景的過程中，我們會問一些關於角色、場景的問題，以及台詞背後真正要說的是什麼。我的角色到底想要什麼？與我互動的角色到底想要什麼？這些事情如何相互矛盾？我的角色對與我互動的角色有什麼感覺？場景分析完後，我們就得充分排演、準備就緒，以便週六在全班同學面前演出。

我們一次一個，輪流站起來表演自己的場景，然後和萊斯基小姐一起討論我們對角色的分析。我好希望我不必參與這部分。我不喜歡高坐在表演教室的小舞台上，對著每個人表演一場戲。我不喜歡被人觀察，我喜歡觀察別人。

萊斯基小姐在第一堂課說過，場景表演課程不允許家長參加，但媽堅持要來。「我得了第四期的乳腺管癌——也就是乳癌，因為化療，我的骨頭很脆弱。在車裡坐太久會痛，而且我也不該在豔陽下到處走。」

「呃，街角正好有一家咖啡店。」萊斯基小姐說話時笑得有些僵硬。

「我不想花兩塊五買杯咖啡。」媽用更僵硬的語氣說。

討論就這樣結束了。媽是開課至今，唯一在分析場景時坐在現場的家長。我很高興媽爭取到她想要的——看我表演，但這的確令我更緊張。我可以感覺到她對我表現的評判，我會用眼角餘光瞄她的反應。當我念台詞時，她也用嘴型跟著默念，當我需要模仿某個表情時，她還會誇張地做示範。一邊表演還要一邊應付媽的場外指導，這實在太難了。

課一上完，我全身每個毛細孔都感到解脫，因為當天剩餘的時間媽都放我假，在明天到來前，我都不必再看我下週的場景表演功課。至少今晚，我是自由的。

10

「我不想說那個字。」我對媽說，我們正在翻看我即將參加的《瘋電視》（*Mad TV*）試鏡台詞。這短劇是在惡搞凱西・李・吉福德（Kathie Lee Gifford）和她的兩名小孩——我要試鏡的是惡搞版的凱西女兒。

「『gay』這個字有很多不同的意思，有時它的意思只是『歡樂』。拜託！聖誕歌裡就有——『穿上我們喜慶的衣裳』。」媽像在唱歌那樣對我說。

我知道媽也懂我的感受，不然她不會像現在這樣過度解釋。

「我非說不可嗎？」

「對，妮特，這是其中一個你第一次有對白的角色試鏡。我們必須全都參加，這樣芭芭拉才會知道你不是難搞的孩子。而且，我們需要你成功拿到一些角色，這樣她才會繼續為你安排試鏡。」

我翻著眼前的劇本。

「這樣吧，如果你表現好，我們結束後就去吃冰淇淋，好嗎？主日學初級班的強森姊妹給了我們優惠券。」

「好吧。」

／

第二天，我等著進去參加試鏡。房間很小，牆壁是白色的，上頭什麼裝飾也沒有。其他參加試鏡的人和他們的媽媽不是坐在折疊椅上，就是背靠牆站著。在場所有的女孩都是金髮，所有的媽媽都焦慮不安。

選角人員出來找我。我的嘴巴很乾，每次試鏡前都是如此，而且即使我已經上了四次廁所，我還是想再去一次。我想這是因為喜劇試鏡前，媽都要我喝無糖紅牛（Red Bull），她說我就是缺少喜劇需要的活力。

「珍妮特．麥考迪！」選角人員喊。我吞了吞口水。

「這裡！」我興奮地說，照著媽教我的那樣。

「跟我來吧。」選角人員比著手勢說。

媽鼓勵性地拍了一下我的屁股。

「你可以的，妮特。你比其他所有女孩都優秀！」

我看見我的其中一名競爭對手沮喪地垂下眼簾，她的媽媽安慰著她。我跟著選角導演進入試鏡室，兩個男人坐在裡頭。

「準備好就隨時開始。」其中一人說。

選角導演念出她的台詞，然後我念出我兩句台詞的第一句。

「你老了。」

男人們大笑出聲，我一定表現得很好。我的嘴巴還是很乾，即將要說出那個字讓我很緊張。接下來是我的下一句台詞，就是有那個字的台詞。

「蓋爾曼，你好『gay』。」

又是一陣笑聲。我念完了，出去和在等候室的媽會合。

「他們怎麼說？」我們排隊買三一冰淇淋（Baskin-Robbins）的時候，媽問我。

「他們說我很搞笑。」

「沒錯，我的寶貝很搞笑，但需要的時候，她也可以很正經，什麼都完美。你要堅果椰子口味嗎？」

「嗯，不，我想要奶油餅乾。」

媽驚慌地轉向我。

「你不要堅果椰子？」

我僵住了，不知道該說什麼。如果我不選堅果椰子，媽似乎會很難過。我停頓了一下，等著看她的反應再決定下一步。我們就那樣站在冰淇淋櫃檯前，看著對方，而不是冰淇淋。然後，媽的姿態變得柔軟，雙眼蓄滿淚水。

「這八個月，堅果椰子一直是你的最愛，你變了，長大了。」

我握住她的手。

「算了，我要堅果椰子。」

「你確定？」

「完全確定。」我點頭。

媽替我們點了一個兒童分量的冰淇淋一起分享，然後把優惠券遞給那位高中生店員，她的眼睛周圍塗了厚厚的黑色彩妝，看起來像隻浣熊。我們坐在店內的一個小卡座內享用冰淇淋。我其實暗地裡厭倦了椰子口味，但我必須吃得津津有味，嘴巴咂咂作響，才能讓媽覺得我愛死這個口味了。才咬了幾口，媽的灰色小呼叫器就嗡嗡響。那是她買給自己的聖誕禮物，這樣芭芭拉需要聯絡她的時候，她就能第一時間知道，好比現在。

「是芭芭拉！芭芭拉呼叫我了！」

媽跳起來，躍至冰淇淋櫃檯前。媽一不看我，我就不吃冰淇淋了。

「你這裡有沒有電話？」媽問店員。

「有，但那是員工專用的。」浣熊眼聲音毫無起伏地說。

「我女兒是演員，她可能剛拿到她第一個有台詞的角色，是叫《瘋電視》的節目，《瘋電視》你聽過嗎？聽說是個非常搞笑的節目，比較另類的《週六夜現場》（SNL），有沒有什麼辦法可以讓我用你的——」

「沒問題，儘管用吧。」店員慨慨地說。

媽把手伸進櫃檯，開始撥打芭芭拉的號碼，她早已熟記在心。媽手指交叉看著我。我咬了一口冰淇淋。

「啊啊啊啊啊！」媽尖叫。店員塞住自己的雙耳。「妮特，你拿到了！你拿到《瘋電視》的機會了！」

媽結束與芭芭拉的通話，衝過來緊緊抱住我。我喜歡她的展翅（Wings）花香調淡香水和溫暖的肌膚混合在一起的味道，她開心我也好高興。

「這實在太棒了，妮特。你第一個有台詞的角色。這是大事，天大的事。」

媽興奮地親吻我的額頭，然後用她的湯匙挖起冰淇淋，把剩下的堅果椰子全吃光了。我很高興我不必再吃了。

11

「你看起來好漂亮。」我對媽說。

她站在浴室鏡子前化妝，而我替她梳著頭髮。她喜歡我這麼做，她說這讓她感覺很舒適，心情平靜。

「謝謝你，小天使。不過，凱倫真的很美，她看起來就像選美皇后。」媽蓋上口紅蓋，雙唇抿起揉搓，讓莓果色口紅均勻抹開。我覺得她天然的唇色要美多了。

「你看起來也像選美皇后。」我說，我確實這麼想，但更想讓媽放心。她沒什麼同齡的朋友，僅有的少數幾位，她也很不常見到。所以今天她要與其中一人碰面吃午餐，實在是件大事。

凱倫從高中時就是媽最好的朋友，她們畢業後一起去了美容學校，不過媽與她的關係似乎有些微妙。上一分鐘，媽還說凱倫是個不可思議、令人讚嘆的人，而且非常甜美迷人，但下一分鐘，又說凱倫是個徹頭徹尾的貝戈戈人。

「我們不應該說那個字。」

「我沒說，我只是在念部首，妮特，假如主認識凱倫，祂會理解的。我有跟你說過她偷了我想好的嬰兒名字嗎？」媽噴著香水問我。

「嗯哼。」我說，繼續梳她的頭髮。

媽垂下眼簾，我可以看出我傷害了她的感情。這故事她從前跟我說過許多遍，但現在她想要再告訴我一遍。其實無所謂，她只是想要有人聽她說。

「但我可以再聽一次。」

「我本來已經都把名字挑好了，」媽立刻開啟故事，「傑森，我覺得那是個好名字，很有分量，又不那麼常見，但也不會太奇怪，不像現在有些新的小孩名字，叫什麼勒古恩之類的。而且取好的名字你不該告訴任何人，因為那會讓你倒楣，你明白嗎？你不該把選好的名字告訴別人。」

「嗯哼……」

「你在聽嗎？妮特？你好像有點恍神。」

「我在聽。」

「所以你不該告訴任何人，但我說了，我告訴了凱倫，因為我覺得她是我最好的朋友，而且她想知道，再加上我們又同時懷孕，所以我們正一起經歷這所有過程。呃，結果怎樣也沒料到，她的孩子竟會像放屁一樣噗地就先冒了出來，然後瞧瞧她選了什麼名字？傑森。她偷了我的名字。」

「不管怎樣，我都更喜歡馬庫斯，」我告訴她，「更獨特。」

「哦，我知道，但這是原則問題。」

「哦，我明白。」我同意。

媽深吸了口氣，再替她的睫毛刷上第三層睫毛膏。

「總之，我一點都不信任她，但她還是一個好朋友。」

我不懂這邏輯，於是我只說了「嗯哼」。

「不過她不是我最好的朋友，」媽繼續說，「你才是我最好的朋友，妮特。你是媽咪最好的朋友。」

我露出燦爛的笑容。能成為她最好的朋友、成為她在這世上最親近的人，我好高興。這是我的目標，我感覺自己完整了。

「你怎麼不梳了？」

我繼續完成我的任務。

12

「唉，今天早上真是一團糟！」媽一邊吼，一邊把盤子用力扔進水槽。那聲音讓我嚇得抖了一下，但還是走向廚房。得有人幫忙媽，其他人都還在睡覺。

「如果有人能偶爾洗洗這些該死的盤子就好了！」她又再次大吼，隨手甩了一個馬克杯，把手斷了。她把碎片裝進一個夾鍊袋，要保存回憶。

「媽咪，我來洗吧。」我小心翼翼地說，不想再加深她的怒火。

「哦不，不是你，親愛的，」媽說，伸出她沾有洗碗精泡沫的手輕撫我的頭髮，「我不想讓你的手指因為泡水太久而變得皺皺的，那對你不好。哪個選角的人會挑上一個手指皺皺的小女孩呢？」

「好的。」

「馬克！你可以帶珍妮特去跳舞嗎？我得先洗完這些碗盤，才能帶她去上表演課！」

爸從客廳走過來，跨過正睡在好市多墊子上的達斯汀和史考蒂。

「蛤？」他一走進廚房就問。

「珍妮特的舞蹈課，你可以帶她去嗎？」

「當然。」他淡淡回答。

「你可以再冷淡一點。」媽說。

「抱歉。」

「不用每件事都道歉，動作快點就好。你們得在二十分鐘內離開，這樣她才不會遲到。」

自從我在寶拉．阿巴杜（Paula Abdul）的舞蹈特別節目試鏡表現得很糟後，媽就替我安排了嚴格密集的舞蹈課程。試鏡時，所有女孩都在劈腿，還連續旋轉三到四圈，但這些我全都不會。他們編了一分鐘的舞，教我們怎麼跳，雖然我很會背台詞，但這兩種類型的記憶顯然不相關，因為我一個動作也記不住。媽告訴我，她再也不想我受到那樣的羞辱，所以替我報名了一週十四堂的舞蹈課——爵士、芭蕾、抒情舞蹈、音樂劇舞蹈、街舞各兩堂，加上一堂拉筋和三堂踢踏舞——並告訴我每個月接兩份臨演工作就能支付這些費用。

我其實很喜歡跳舞，非常喜歡。我喜歡舞動我的身體，那能讓我擺脫腦海裡的思緒。我也很喜歡大部分和我一起跳舞的女孩們——她們人都很好，也很歡迎我的加入。我還偷偷喜歡這段可以遠離媽的時間——她不會像看我表演時那樣看著我跳舞。也許是因為她小時候並不想當舞者，她想當女演員，也許媽只有在我成為她想成為的人時，才會陪伴在我身旁。我不知道。無論如何，我永遠都不會對她提起這件事，她不在旁邊的感覺真好，讓我如釋重負，不必擔心自己總是受到監控。

爸先前帶我去上過幾次舞蹈課——我很興奮，因為媽帶我去時，我永遠不知道她是否會對哪個人大喊大叫、對舞蹈教室的班主任抱怨我分配到的芭蕾舞角色不夠有分量，或者其他類似的事；但爸不會做那種事，他甚至像是完全沒覺察到那類的事，他就只是……在場。

「你想騎腳踏車去上舞蹈課嗎？」爸問我。

「要！」我說，無法掩飾地激動起來。我想過要不要問媽一聲，但隨即決定不要，因為我不想給她說不的機會。

自從爸開始同時在家得寶和好萊塢影碟出租店工作後，我和他就沒有太多時間相處。他通常很晚才回家，回來後會直接去後面房間補眠，即使房間塞滿東西，但床上還是有一小塊空間，剛好夠一個人睡，所以爸都去那裡。他之所以睡那裡，也是因為媽說她沒辦法跟一個她那麼憎惡的人睡同一張床——甚至同一個房間。因此，自從媽也開始和我們一起睡在客廳的沙發或好市多墊子上之後，從邏輯上來看，爸盡可能選擇離得最遠的房間相當合理。

此外，我的表演生涯和學校課業都很忙（雖然媽讓我們在家自學，我們每個月還是得呈交學習成果給政府，證明我們有在學習），現在還多了舞蹈課。

我們一起度過的時間很少，由於不常發生，所以記憶格外鮮明。像是我八歲時在公立游泳池舉辦的生日派對，爸難得能出席，因為工作排班的緣故，這是他那幾年第一次參加我的生日派對。他給了我一張生日卡片，以前他從未做過這種事，信封上我的名字還拼錯。人們老是把我的名字寫錯，我通常都不當回事，但這次卻讓我感到傷心。我打開卡片，想看他寫了什麼。無論如何，內容才是最重要的部分。「愛你的爸爸」，卡片印刷的詩句下，那是他唯一寫上的字。我更傷心了，不過有價值的是這份心意，他有這心意的事實對我來說意義重大。直到我們返家途中，我聽見媽說：「你有照我交代的送給她一張生日卡嗎？你應該多和她培養感情，像一名**父親**會做的事。」所以那張生日卡片其實是媽的心意。

其餘我們共度的時光則稍微更日常一點，像是爸比較早下班時，會和我們一起看重播的《馬蓋先》（*MacGyver*）或《吉利根島》（*Gilligan's Island*），或者週日上教堂回來後他會做一鍋燉菜。他每次煮的都是不同的燉菜——燉牛肉、玉米巧達濃湯、辣肉醬、去皮乾燥豌豆濃湯——但我發誓，它們嘗起來全像小扁豆。這些和爸相處的時光都還不錯，但從來沒什麼特別的。我希望我能和爸也很親，就像我和媽那樣。和媽相處很累，毫無疑問，不過至少我知道如何讓她快樂。但爸，我還真不知道該為他做什麼。和他相處比較不耗心力，卻也比較沒成就感。

但今天我很興奮，因為他提議要騎腳踏車。我知道他喜歡騎他的腳踏車，那是爺爺過世後留給他的。

「腳踏車又不是房子，」媽抱怨道，「我猜我們得等到費伊奶奶也過世，不過看起來還早著呢。八十二歲，比以前年輕時還健康。」然後她發出咂舌的嘖嘖聲，每回她惱怒時都如此。

我也喜歡騎我的腳踏車，那是七歲生日時琳達嬸嬸送我的，但現在我得稍微彎腰拱背才能騎。也許今天爸和我能一起創造出美好的回憶，也許今天我們能共度一段快樂時光。

於是我們跨上腳踏車，騎往位於洛斯阿拉米托斯的舞蹈工廠，就在隔壁鎮。我們在橘林的公園停下，迅速玩了一輪單槓。爸爸微笑著，看起來玩得很開心，我知道我也玩得很開心，這感覺真好。

我們晚了十分鐘才到舞蹈班。遲到超過十五分鐘他們就不讓你進去，所以我還是進去了，除了得被老師瞪，我無所謂。

課程很快結束，我們被帶到等候區去找爸媽。我看見爸坐在一張長椅上，腿還以媽不喜歡的方式蹺著，正在大嚼能量棒。

「你怎麼會有那個？」我問，害怕聽見我已經知道的答案。

「工作室前面的點心桌。」

「媽說不可以吃點心桌上的任何點心，因為很貴。」

「一塊錢。」

「真的很貴。」

「昨天是發薪日。」爸揮揮手，然後領我出去，走向我們的腳踏車。

我們跳上車騎回家，經過空蕩蕩的洛斯阿拉米托斯高中和波莉家的派。爸右轉彎進一間戶外購物中心，在一家奶昔店前停下。

「我們要去哪裡？」

「喝點奶昔。」

「奶昔很——」

「發薪日。」爸提醒我。

爸點了份香蕉草莓奶昔，我們兩人一起吃。就在等奶昔做好的某個時間點，我突然胃一沉地意識到我忘記了，沉浸在和爸親密互動的興奮中，忘了我還有表演課。我忘記如果我們不騎上腳踏車趕快出發，絕對會遲到。

但現在我想起來了，就在攪拌機刺耳地攪打不同水果的過程中，我想起來了。我看著爸爸。

「可以的話，麻煩再多加些檸檬汁。」他朝著櫃檯裡做奶昔的人說，眼睛盯著他手上的檸檬。

我在想爸到底知不知道。他是不是故意要我們騎腳踏車，然後半途停下喝奶昔，因為他知道我討厭表演課。也許他想幫我。也許他想救我。

「再多——加一點檸檬。」他重申。

我覺得自己是瘋了才會這麼想，爸顯然更在意他奶昔中的檸檬汁分量而不是我過得幸不幸福。

我在心裡斟酌要不要提醒他還有表演課，我們得趕快走，就算現在趕過去，我還是會遲到。但我決定不要說。我為什麼要？我很享受與爸在一起的時光，雖然心意不通，但我享受這份悠閒自在，所以我什麼也沒說。

我們喝完奶昔，慢慢踩著腳踏車回家。途中又在公園停下，盪起鞦韆。等我們到家時，已經是十一點零五分。媽在前院踱步，手中鑰匙像威脅似地晃得匡噹響。

「**你們去哪裡了？！**」她尖叫。

我看見愛八卦的鄰居巴德把頭探出圍籬。我懷疑他是否又想揚言要打電話給社會局，像上次媽在前院草坪尖叫時那樣。我默默祈求媽放低音量，以免他真的那麼做。

「我們停下來喝了杯奶昔。」爸聳聳肩，反應遲鈍地說。

「**你們停下來喝奶昔？？**」媽怒不可遏。

我對巴德揮揮手，讓他知道有人看見他在注意我們。他把頭縮回圍籬下。

「對啊……」爸說，想弄明白媽為何生氣。

媽衝進屋內，砰地甩上她身後的門。爸尾隨在後，我則不情願地慢慢跟在爸後頭。

「黛比，別這樣……」

這時媽在廚房，不停拉開、關上電器的門——先是冰箱，然後是烤箱，再來是微波爐。我不知道她為什麼要這樣做，是在找什麼嗎？但她的動作裡有種讓我驚恐的瘋狂。

「我告訴過你，珍妮特有表演課，但她**現在錯過了**。他們這週要排練《他不笨，他是我爸爸》（*I Am Sam*）的一場戲。《他不笨，他是我爸爸》欸，馬克，珍妮特本來能**完美**詮釋那個角色。」

媽一腳踢進碗櫃門，她的腳卡在木頭裡。她猛地把腳拽出來，木頭碎裂，滿地尖銳的碎片。

「我很抱歉。」爸說。

「我猜那種戲她也不必演，因為那就是她的**真實人生**，一個**聰明的小女孩**，卻有個**弱智老爸**。」

13

在好萊塢，大家經常討論重大突破的機會，但目前為止，我都不曾體歷過。相反地，我經歷過許多小突破，每當我幾乎認定我再也不會碰上半個機會時，它就悄然出現。媽說，好萊塢就像個很渣的男友。

「他們會不斷哄騙你，卻不做任何形式的承諾。」

我不太確定這是什麼意思，但聽起來很有道理。自從演過《瘋電視》後，我經歷的小突破包含：

●為知名牙醫診所牙科樂園（Dental Land）拍攝一支商業廣告。拍攝地點位於威斯特菲爾德購物中心（Westfield Shopping Mall）裡的牙醫診所，所以我們趁著午休時間逛了商場，媽還因為我是「團隊中最最優秀的演員」而買了一個三麗鷗福袋給我。拍這支廣告時，我們唯一要做的就只是坐著，不太確定媽是從什麼地方判斷出我比其他人更優秀，但假如這能讓我得到三麗鷗福袋，我很樂意接受這份讚美。

● 一部低成本的獨立電影《絕命複製人》（*Shadow Fury*）。媽因為我連主要演員的酬勞都沒拿到而抱怨連連，「我的寶貝理當獲得像樣的薪水，因為她整個萬聖節都蜷縮在一個假的死人身旁，雙臂流滿糖血。」在這場戲中，我的假爸爸中槍，我從樓上聽見槍聲就跑下樓來，把他的頭輕輕抱起，直到他在我懷裡斷氣。糖血還不是最糟糕的部分，儘管那真的很黏又很不舒服。最糟的顯然是麥克風發射器，預算太低了，所以他們沒有合適的腰帶可以固定我身上的麥克風發射器，直接用大力膠帶黏在我身上。當天晚上拍完，他們把膠帶從我身上撕下時，我哭了。但我們及時在凌晨兩點半趕回家看了康納．歐布萊恩的重播，我們邊看電視，媽邊把蘆薈膠糊在我身上，所以一切也不算太糟。

● 在《左右做人難》（*Malcolm in the Middle*）的一集中客串了一個角色。演這個角色讓我很興奮，因為這是我第一次擔任客串嘉賓而非聯合主演，過去我聯合主演的角色通常不超過十五句台詞，名字會出現在每集末尾的演職員列表上；客串嘉賓往往更重要，而且名字一開始就會列出。我客串的這集故事是關於媽媽夢想有個女兒而不是兒子。我扮演兒子杜威（Dewey）的女性版本，名字是黛西（Daisy）。他們把硬蠟塗在我耳後，讓耳朵更外翻凸出點，因為他們說杜威的招牌特徵就是有雙大耳朵，而我耳朵太小了。那蠟很大一塊，弄得我耳朵後面很痛，但我喜歡這集的拍攝場景，製作人也對我非常和藹。我覺得弗蘭奇・莫尼茲（Frankie Muniz）很帥，我喜歡我們在走廊相遇時，他都會對我說「嗨」。我認為自己一直很謹慎隱藏自己的情感，直到媽對我發火：「想都別想，他配你太老了。更重要的是，他不是摩門教徒。」

●為斯普林特（Sprint PCS）電信公司拍攝廣告——我的第一支全國性廣告，那表示會有……重播費！足以支付我為自己買的橡木上下鋪床架。媽實現她答應的承諾，真把外婆和外公的房間清出了可以放我新床的空間。不過，上鋪最後還是塞滿成堆的紙張、舊玩具、書和其他物品，這令我有點沮喪，因為我原本打算睡上鋪的。媽說那太危險了，反正她絕不會答應。「我們不能冒讓你掉下來、摔破腦袋的風險，就像當年達斯汀在諾氏草莓樂園（Knott's Berry Farm）從嬰兒車上摔下來那樣！我永遠無法原諒自己竟讓那件事發生，如果你摔下來，我也絕對不會原諒自己的。雖然他們的確給了我們一些免費的波森莓果汁，那還不錯。」

除了這些小突破，還有許多小小突破，或是小突破的暗示。我的試鏡大概有七成五左右都會收到複試通知，芭芭拉說這是個好現象，即便我最終沒有獲選。

「她顯然抓到了方向。」芭芭拉在電話裡對媽說。（媽已經不用透過蘿拉，可以直接和芭芭拉通話。一步一腳印！）

「還有進步空間。」媽總是會加上這句。

「她會成功的，我告訴你，她會成功的，」芭芭拉說，「你只需要再多點耐心。」

媽惱怒地掛上電話。

「天上的父，請賜予我耐心，而且要快。」

14

「好，珍妮特，我們先和導演簡短討論一下，然後再過來找你。」選角導演對我說。我的腿開始緊張地抖動，無法讓它們停下來。

我正坐在房間裡等待第四輪試鏡，為的是現在最受歡迎的家庭劇《公主天堂樂園》（*Princess Paradise Park*）電影版，七到十歲之間的女演員都可以參加甄選。顯然已經有數千名女孩前來試鏡，而角色很可能落在我和另一名女孩頭上，這是我第一次與這麼大的案子如此接近。

多虧有媽幫忙，我已經把十七頁的台詞都背得滾瓜爛熟。有時我們一起出門辦事，她只要說「開始！」，我就明白那是什麼意思，因為在這長達一個月的「公主」試鏡過程中，儘管還有其他幾個試鏡機會，這卻是其中要求最高的，也是我最有機會得到的角色。這是媽最在乎的一個。

「芭芭拉說，這是大製片公司的電影，這個角色能讓你成為明星，」當我每次又得到一次複試機會，媽都會這麼告訴我，「在那之後，就會有人自己找上門，不用再參加任何試鏡了。」

不用參加試鏡確實聽起來很好。當我坐在這裡等待進場時，我開始幻想，如果不必做那些會讓我緊張得要命的事該有多好，不用再承受被選上必須不斷背負的壓力，以及沒被選上所帶來的悲傷。當我沉浸在幻想之中，我聽見了祂，聲音響亮清楚地在我心裡說話。

「珍妮特，我是聖靈，我命令你把你的名字從簽到表上劃掉，去洗手間，連續觸碰你內褲的鬆緊帶五次，單腳旋轉，打開並重新鎖上洗手間的門五次，回來後重新在簽到表上簽名。」

我歡欣鼓舞，祂說話了。聖靈，又稱為我的**內心小聲音**，終於對我說話了。從我八歲生日受洗過後，我就一直在等著祂對我說話。

聖靈的恩賜絕對是我最期待的禮物。教會的一位朋友曾送給我黏糊糊的史萊姆，那是堪比第一的第二名。

聖靈是偉大的好人，在天上幫忙天父和耶穌。祂的精神和態度上有些像祂們；但又不完全一樣，因為祂住在我們每個摩門教徒的心中。每天只要想就能和祂說話，祂也能和我們說話，引領我們做正確的事，也就是祂告訴我們該做的事。我們真的很幸運。

剛獲得聖靈恩賜的最初幾週感覺平淡無奇，甚至有點失望，但我從未把這些話告訴教會裡的任何人。每當有人問我是否和我的**內心小聲音**、我內在的聖靈交流時，我都說有，我們進行了各種各樣精彩的對話，然後他們會問我是什麼樣的對話、我學到了什麼，我會說我不能告訴他們，因為對話是私密的。

但那不是事實。事實是，假如我真的與聖靈進行了對話，我會很樂意告訴任何人我和聖靈的對話。但我就是沒有，我也不知道原因。每天早上、下午和晚上，我都暗自禱告，甚至跪下來，希望能聽見聖靈的聲音。即使摩門教認為八歲以前的罪都不算數，因此我知道我能真正把事情搞砸的時間還不算多，但我懷疑也許我曾經以什麼不知道的方式犯了錯。

我在禱告時問：我為什麼還沒聽見聖靈說話？是不是我做錯了什麼事，所以不配擁有祂？是我對弗蘭奇·莫尼茲的不潔念頭嗎？請原諒我，並在祢方便的時候，把聖靈的恩賜送來給我。我知道祢很忙，但我真的迫切渴望。我想聽聽祂的聲音，聽祂告訴我該怎麼做。謝謝。

我的禱告很長一段時間都沒有獲得回應。好幾個月。但此刻，今天，在我參加《公主天堂樂園》最後一輪的試鏡時，祂來了。

好的，聖靈，但祢為何要我這樣做？我在心裡問。

「為了確保你在《公主天堂樂園》的最後試鏡中表現良好。如果你照我說的做，你最後將會得到這個角色。若真如此，不但你的媽媽高興，你家的所有問題也將得到解決。」

哇！我喜歡祂的直接。我從座位上跳起來，開始完成祂指示我做的一連串任務。

「你要去哪裡？」媽問我。

「我要去尿尿，」我一邊在簽到簿上劃掉我的名字，一邊對她說。她跟著我走進洗手間，然後進了隔間。我碰了我的內褲鬆緊帶五次。

「妮特，你在做什麼？」媽看著我，一臉擔憂。

「聖靈對我說話了！」我興奮地告訴她，確定這會消除她的憂慮，然後用左腳單腳旋轉。

「嗯哼。」媽說。

「祂跟我說話了！」我又跟她說了一次，她一定是沒聽清楚我的話，不然她一定會和我一樣興奮。我在她的注視下，打開又鎖上洗手間的門五次。

「你為何那樣看著我？」我問她。

她沒馬上回我，看起來有點哀傷。「沒事。」

我們返回等候室，我重新在簽到簿簽上名字。

謝謝祢，聖靈，謝謝祢。

15

「你的睫毛根本都看不見了，好嗎？你以為達科塔・芬妮（Dakota Fanning）沒有染她的睫毛嗎？」

媽正在用藥妝店櫃檯邊販售的棕色睫毛染劑染我的睫毛，她每個月會去一次來德愛藥妝店，每次去還會挑一些萊雅（L'Oréal）的淺金色挑染膏、三塊美金一支的透明睫毛膏，和商家自有品牌的佳潔士牙齒美白貼片（Crest Whitestrips）。她說這叫「維修之旅」——專門用於提升我「自然美」狀態的採購之旅。

媽聲稱我的長相屬於「自然美」類型。她說我的睫毛很長，但顏色太淺，看起來像是沒有睫毛。她說我的頭髮有金色的閃亮光澤，但只在髮根處，所以讓臉部周圍也帶些金色的亮點就很重要，可以襯托我的臉型。她說我髮量豐厚，這很好，但它有自己的脾氣，這不好，所以需要馴服。她說我有好看的微笑，但牙齒不夠白。在媽口中，我「自然美」的每項「優點」都伴隨著缺點，需要藉助一些商店購買的美容產品加以提升，理由很是正當。由於我身上每一項「自然美」的特點似乎都需要藉由美容產品提升不足之處，我開始懷疑我是否真的擁有自然美，還是媽用「自然美」這個詞，其實和其他人在同樣情況下用「醜」這個詞，是一樣的意思。

「哎呦！」

「哎呦什麼？」媽問，因為現在有好幾樣東西都可能讓我發出哎呦聲。

小張的睫毛隔離貼紙塞到我的眼睛下，緊挨著整排睫毛的根部，一不小心就會戳到眼球，這足以讓我哎呦。（媽用凡士林把它們緊密地貼好，因為她不想讓棕色的睫毛染膏滴到我的皮膚上，把皮膚染成棕色。）

頭上像是有一千片折起的鋁箔紙掛在我一層層的頭髮上。掛上這麼多的鋁箔紙、分成這麼多層，弄得頭髮幾乎呈水平狀，從我的頭向周遭放射而出。這裡有兩個潛在的哎呦點——鋁箔紙可能拉扯到我的頭皮，或者漂髮的濃烈氣味會燻到我的眼睛。

仿冒版的佳潔士美白貼片包覆住我的牙齒，雖然它們只該停留十五分鐘，但為求最好的效果，媽堅持要我貼四十五分鐘。

雖然我試著每隔一段時間就吐出噁心的美白液體，但有時那些液體還是會從我齒縫中滲出，跑到牙齦上，那不僅會讓牙齦也變白，也會感到刺痛，可能也會讓人哎呦。

「懶竟跑套俺機惹。」我在牙齒貼滿貼片的情況下，盡可能把話說清楚。

「吐掉，然後再說一次。」媽催我。

我照她說的做。

「染劑跑到眼睛了！」

「可惡。可惡可惡可惡！你為什麼不早點告訴我？這東西可能會讓你瞎掉，往後仰！」

我把頭向後仰，砰的一聲敲在馬桶座的靠背上，我又哎呦了。媽開始把眼藥水猛擠進我眼睛裡。混合著眼淚和眼藥水的液體沿著臉頰流下。我試圖再次坐起來，但我的頭髮鉤住了馬桶沖水把手，於是媽又開始替我解開頭髮。我感覺自己被困住了，動彈不得。

媽向來很重視我的外表，甚至在我開始拍戲前就是如此。

在我最早的幾段記憶裡，當時的我都穿有著泡泡袖的巨大蓬蓬裙。這些洋裝刮得我皮膚癢，而且樣式都好蠢又誇張。媽總是跟我說，我看起來好漂亮，雖然每次她說我漂亮時，我都竭盡全力大聲尖叫著說我不漂亮，我很「捧」。那時的我還太小，無法標準說出「帥」這個字，但卻已經大到能了解，我希望大家用讚美我哥哥們的話來讚美我，而不是用那些愚蠢、次等，指定給女孩用的形容詞。

演戲只是讓媽對我外表的執念更加執迷，尤其在我沒能參加電影《傻狗溫迪克》（*Because of Winn-Dixie*）的主角試鏡後更是如此。

「給我接梅若迪絲．范恩！給我接梅若迪絲．范恩！」媽在電話中對著全美才藝經紀公司（Coast to Coast Talent Group）害怕的年輕櫃檯總機尖叫。幾個月前，媽說芭芭拉・卡麥隆過氣後，我們就轉到梅若迪絲這裡，媽說全美是家新的經紀公司，旗下年輕的藝人都是菁英中的菁英。梅若迪絲就是這家公司的經紀部門總監。

「喂，梅若迪絲，我是黛伯拉・麥考迪。你怎麼能不選珍妮特參加《傻狗溫迪克》的試鏡？怎麼可以？！她是那個角色的完美人選，你根本不夠在乎她，也不優先考慮她，事情就是這樣。」媽叫嚷著。

「黛伯拉，黛——」

「我敢打賭你選了泰勒・杜莉！」

「黛伯拉，你冷靜點，別再對我做出這些瘋狂的指控。我有推薦珍妮特去參加試鏡，但他們不想見她，因為他們尋找的是一種空靈的美，珍妮特看起來比較樸實。」

媽瞠目結舌，然後掛斷電話，開始痛哭，哭得像是有人死了。這是我生平第一次希望自己能更漂亮一點，而不是「捽」。

16

「你確定我應該穿這件？」

我低頭看著攤開平放在家裡破沙發上的衣服。自從《傻狗溫迪克》事件後，我每次試鏡都穿這套服裝：毛茸茸的粉紅色襯衫，正中央有顆鑲著水鑽的愛心，還有黑色合成皮短褲裙和黑色高筒靴。

「對，我確定。」

「但我覺得穿成這樣看起來像阻街女郎。」我說，頭上的髮捲因碰撞而嗒嗒響。這些捲子也是《傻狗溫迪克》事件後的衍生物。

媽大笑出聲。

「你怎麼知道那是什麼？」

「就你讓我看的《計程車司機》（*Taxi Driver*），裡頭有演。」

「哦，沒錯，」媽想起來，「茱蒂・佛斯特（Jodie Foster）是個——」

「無與倫比的兒童演員。」我替她說完，因為每次提到茱蒂・佛斯特的名字時，她都這麼說。

「沒錯，寶貝。無與倫比，無與倫比，除了你之外。」

我點點頭，並且再度看向那套裝扮。我很怕穿上那套衣服，它讓我感到尷尬，不像自己。

「你確定我真的應該這樣穿？」

「是啊，這樣打扮讓你看起來很漂亮，不是阻街女郎的那種漂亮，就是非常漂亮。」

「但漂亮是——？」

「**手臂**。」媽命令道，打斷我的話。我抬起手臂，她脫下我的襯衫，把我套進那套衣服裡。

我正想問漂亮是我應該追求的目標嗎？我正在試鏡《實習醫生》（*Grey's Anatomy*）裡的一個雙性人角色，我不知道那是什麼，直到我問媽，媽說那代表一個人同時是女孩也是男孩。假如某部分的我應該是個男孩，那麼我不確定鑲著水鑽的襯衫是不是能表達這項特質的最佳選項。

儘管穿著這身裝扮，當天我還是拿到了複試的機會。之後，選角導演出來，要求和我媽談談。

「我們想讓珍妮特參加最後一輪試鏡，只有她和另一名女孩。」

媽拚命點頭，極為興奮。

「但你能幫她換套不同的服裝嗎？比較……中性的衣服？」

「呃，我們住得相當遠——園林市，你知道在哪裡嗎？沒人知道那是哪裡，真的很遠。我們得走一〇一號公路，轉一一〇號，再上四〇五號公路。我們是可以走五號公路，但那條高速公路上的車總是一輛緊挨著一輛，很堵。沒有足夠的車道——」

「葛雷格？」選角導演打斷媽的話，喊她的助理。葛雷格匆匆趕來。「可以把你的法蘭絨襯衫借給珍妮特，讓她複試時穿嗎？」

葛雷格脫下他的法蘭絨襯衫，他裡面穿著一件素面T恤。選角導演把襯衫遞給媽。

「搞定，問題解決。」

「哦，太謝謝你了。我很高興我們不必走五號公路！」

媽牽著我的手，我們一起走進洗手間，她替我換上法蘭絨襯衫。這組合實在很怪，因為我下面還穿著褲裙和高筒靴。我猜，這某種程度上就能表現出既是女孩又是男孩的特質。或許這樣才能正中紅心？

最後的試鏡進行順利——我覺得我不可能把台詞表演得更好了——但在開車回家的路上，梅若迪絲打來，告訴媽我沒拿到那個角色。

「什麼？！為什麼沒有？！」媽突然一個急轉彎。

「他們說她太漂亮了。」

媽掛斷電話。沒有咒罵，沒有尖叫，沒有哭，只有一種幾乎像是喜悅的情緒湧現。

我很震驚。我從來沒見過媽因為我沒得到一個角色而高興……但我也從未因為太漂亮而沒拿到角色，這件事現在卻真實發生了。對扮演一個十歲大的雌雄同體雙性人來說，我太漂亮了。

17

「黛比，我覺得珍妮特有強迫症。」外公沉重地說。他不知道我聽見了；他以為躺在好市多墊子上的我已經睡著了，而他和媽正在看傑．雷諾的脫口秀。但我沒睡著，我只是不太喜歡看傑．雷諾，所以我閉上眼等待康納晚點播出的節目。

「哦，拜託。」我能從媽的語氣聽出她邊說話邊不屑地揮了揮手。

「你應該帶她去看心理醫生。」外公說。

「得了吧，珍妮特不是那種有抽搐症狀的麻煩小孩。」

「我不知道，我看見她不斷在做她那些奇怪的小動作，做的時候看起來那麼慌張，讓我感覺很難過。」

「爸，拜託，她很好。你就是愛瞎操心。快來看啦，凱文．尤班克斯（Kevin Eubanks）實在好迷人，看看那微笑。」

外公不再說話，專心看電視。我聽見觀眾大笑了兩次。然後他又開始說話。

「也許我們應該帶她去看醫生，就去檢查一下。她可能需要一些專業的幫助。」

「她不需要，」媽嚴厲地說，「珍妮特很完美，好嗎？她不需要幫助。」

他們繼續看傑。我仍閉著眼，思考媽說的話，我很完美。我知道對她來說，相信這件事很重要，雖然我不知道為什麼。她不容許我出任何狀況。

然後我思考外公說的話，他認為我那些儀式般的小動作是強迫症。老實說，我希望外公直接問我這些小動作是怎麼回事，那樣我就可以跟他解釋，那不是強迫症，那是聖靈。我想知道他會不會相信我，然後我又在想，我自己相不相信這件事。

這些小儀式真的來自聖靈嗎？如果它們來自聖靈，那麼兩年前，我初次聽見祂說話時，我不是該像祂說的，得到《公主天堂樂園》的角色嗎？結果那部電影反而因為資金問題而停擺了。聖靈會讓一部電影失去資金的支援嗎？我腦中的聲音是聖靈，還是強迫症？媽能接受這件事嗎？假如我不完美，她能接受嗎？

廣告時間。外公起身，挖了一碗冰淇淋，媽去上廁所。

聖靈？我在心裡問。祢是聖靈嗎？還是強迫症？

「我當然是聖靈，」微小的聲音在我心裡回應。

於是就解決了。我直接問祂，祂直接回我，這就是答案。我心裡那聲音終究是聖靈。

「現在快速眨眼五次，捲起舌頭，然後收緊臂部兩側肌肉五十五秒。」我的內心小聲音告訴我。我照做了。

我知道祂用意是好的，但有時候我的內心小聲音會變得有點吵。有時候，儘管我不願意這麼說，我真希望那微小的聲音能夠閉嘴。

18

我聲嘶力竭地尖叫，歇斯底里。我大喊著我的填充動物玩偶想要殺我，我知道它們會殺了我。我在地上到處打滾、猛烈掙扎，把身體兩側都摔瘀青了，還撞到沙發腳和衣櫃邊緣。我不停尖叫尖叫尖叫直到……

「好，卡！」媽一臉認真地說，每當我練習完試鏡片段（選角導演所選的場景），媽都這模樣。

「哇，妮特，」媽用一種幾乎嚇到我的凶狠眼神看著我，「你從哪裡學會這樣表演的？」

「我不知道。」我回答，雖然我確實知道。我完全清楚我是從哪裡學來的。

但我最好還是別告訴媽，我的角色靈感來自她陰晴不定又暴力的行為，說了只會引起更多的陰晴不定和暴力。我想要她平靜，我想要她保持穩定，我想要她快樂。

「嗯，不管你是從哪裡學來的，從電視節目或是電影都好，它都很管用。這是一生難得一見的好表演，」媽搖搖頭，似乎不敢相信。「我不想讓你累垮，我希望你把那樣的魔法存起來，保留些情緒，所以我們就不再來一次了。」

我點頭，我會把魔法好好存起來。

《急診女醫》（*Strong Medicine*）某集的躁鬱症小女孩角色試鏡就在隔天。

媽朝東邊的停車場開，儘管我已輕聲跟她說了三次，按照附在劇本選段裡的指示，我很確定我們應該去西邊的停車場。

「拜託，我們真的要趕快，」媽對東邊停車場面無表情的保全說，「她在兩點十分要試鏡，我們不想遲到，那會留下不好的第一印象。」

「東邊停車場只供固定班底和製作人，那些每天在這裡工作的人使用。」

「有可能破例一次嗎？我是癌症患者，第四期，而且有時候我的骨頭——」

「好啦。」保全打斷媽。當媽開始對我們不認識、似乎也不關心實情的人滔滔不絕講述她的癌症故事時，真的讓人很尷尬，但我得說，有時候還滿有效。

我們停好車，然後跑向正確的小屋，媽在幫我簽到，我則緊張地在走廊踱步。

「妮特，別緊張，」媽走過來對我說，「你能做到的。」

我相信她，我一直都相信她。我的肢體語言立刻轉變了，媽總是拿我很有辦法，就像她能讓我的身體緊繃，因恐懼或焦慮而渾身僵硬，她也能讓我鎮定。她有那種能力，我希望她能更常這樣使用它。

試鏡進行得很順利，我取得了稍晚的複試機會。媽和我到當地的商場走走，打發時間，然後在六點左右回來參加複試。我是現場唯一試鏡那個角色的人，其餘都是成年人，他們試鏡的是該集其他的客串嘉賓和配角。

很快就叫到我的名字，我走進房間，按照台詞演出。我尖叫，並且激烈地到處踢腿和翻滾，完全沉浸其中，無法自拔。有部分的我感覺很好，就像我已經等待了好長一段時間，就像我一直壓抑著她，強行按捺，現在終於可以釋放一切。這就是我真實的感受。像尖叫一樣。

導演瞪著我看，然後說他太震撼了，不知道該說什麼好。我感到自豪。在踢腿和尖叫上，我表現出色。

我離開選角辦公室，坐在走廊兩側座椅上的大人全開始鼓掌。我不知道是怎麼回事，然後我意識到他們必定是隔著牆聽見了我的聲音，他們在為我鼓掌。媽坐在走廊盡頭，雙眼蓄滿淚水，她是如此開心，此刻的我也是。沒錯，能讓媽感到欣慰感覺很好，知道自己擅長某件事感覺也很好，即使那件事偶爾會讓你感到非常不舒服，即使那件事會讓你承受很多壓力，即使那件事真的很讓人焦慮。有時候，能在某件事上感覺良好真的很不錯。

19

「剪下那段，就那邊那段，她雙眼燃起怒火那裡。」媽指向剪輯師面前的大螢幕說。

我們站在一間陰暗的小房間裡，四周是鋪滿吸音棉的隔音牆。房間裡只有媽和我，還有一位亟需刮鬍子的剪編師，他正忙著剪輯我的作品集。製作作品集是演員展示鏡頭前工作成果的一種方法，目的通常是為了呈現各種出色的表演時刻，或是與知名演員一同出鏡的場景。作品集擁有以下功用：能寄給選角導演，替你爭取好的試鏡機會，也能寄給製作人或導演，讓你不必試鏡也能爭取演出機會，或者像我的情況，可以寄給經紀人，爭取他們成為你的伯樂。

媽想要替我找一位經紀人，因為她認為那能讓我的演藝生涯更進一步。

「我們距離大突破就差一步了，只需要多一點點額外的支持。」媽經常這麼說，「我們需要一份能真正讓蘇珊·柯提斯（Susan Curtis）留下深刻印象的作品集。」

蘇珊·柯提斯是媽決心讓我簽約的藝人經紀人，媽聽說她是好萊塢最厲害的新一代經紀人。

所以我們今天才會在這裡，在一家專門製作作品集的公司大樓裡，整理我演過的所有片段，包括《急診女醫》。（我拿到了那個角色，但媽說我在拍攝時，演得沒有我試鏡時好。）

作品集沒過多久就完成，寄給了蘇珊。我們在兩天後接到電話，她表示願意簽下我。「好耶，寶貝，好耶！」媽興奮地尖叫，「雖然呈現的是不如預期的表演，但你依然讓她印象深刻。想像一下，如果她能看見你試鏡時的表現，該會有多佩服！」

我真的想像了，我想像那幅畫面，但感覺很差。我在試鏡那天的表現比拍攝當天好，我希望媽別再提起這件事了，但我知道她只是想安慰我。我知道她是好意，她只是想提醒我別再搞砸，不要表現得不如我應有的水準。她想要我盡力讓人印象深刻。她只是想當個好媽媽。

20

「大口喝掉開特力（Gatorade），喝掉！」媽對我喊著，就像拳擊教練向他們的選手大吼。

我咕嘟咕嘟喝下，紅色的開特力沿著我的嘴角兩側溢出。

「別滴到你的襯衫上！」

我傾身，避免飲料噴濺到衣服上。

「繼續喝！」

我接著喝。

「好，應該夠了，寶貝。」

我把飲料放在車裡的杯架上，深吸幾口氣。大口喝開特力很累人。

「這一定能讓你退燒，好孩子，妮特，你是好孩子。」

和蘇珊簽約後一星期，我發燒到三十九度多，感冒得很嚴重，說話時聲音都像捏著鼻子，但媽說這是我們簽約後的第一次試鏡，如果取消，會顯得我們不夠在乎，所以我們還是來了。

至少試鏡地點是環球影城，我最愛的試鏡地點。無論是走去你試鏡場景的路徑，還是經過史蒂芬・史匹柏（Steven Spielberg）的小屋，或看見環球影城的電車駛過，全都給人一種浪漫的感覺。那是機遇。

我參加一個叫做《凱倫・西斯科》（*Karen Sisco*）的網路犯罪劇試鏡，試演十一歲的流浪兒童喬西・鮑伊兒（Josie Boyle）。媽原本考慮試鏡時在我臉上抹些汙垢，但後來決定放棄，因為「太誇張了」，媽的決定讓我鬆了口氣。

小屋內的等候室全是前來試鏡的女孩，裡面擁擠到門都被推開。小女孩們坐在小屋的台階上，讀她們的台詞，這部戲的選角導演一定很想找到最合適的那位流浪兒童。

我們等了一小時左右才被叫進去，媽不斷給我吃利口樂（Ricola）喉糖，並把我拉入休息室過台詞或喝一些開特力和泰諾（Tylenol）止痛藥。此時的我雙眼已經病得發紅，身體感覺睏倦又沉重。我只想蜷縮在一顆球裡。但我現在不能，還有工作要做。

終於叫到我的名字，我走進擠滿人的選角辦公室，參加試鏡。這個試鏡片段裡，有個橋段是我的角色必須發出不屑的鼻子噴氣聲，而我的鼻腔裡正蓄滿這麼多的鼻涕，以致成功卡住，發出一聲又長、又噁心的急性鼻竇炎風格的噴氣雜音。選角導演似乎沒注意到這點，她說我做得很好。

隔天我又回來參加複試，仍在生病。這次不是在小屋，而是攝影棚附近的一棟漂亮大樓裡，房間也更為寬敞。面對的還是昨天的選角導演，而且她沒有錄影，這表示還會有下一輪的甄試。選角導演通常不負責決定演出的演員人選，除非是很小的角色，他們往往只做篩選的工作，然後由製作人和導演決定由誰出演。

兩天後，我又被叫回來參加第二輪複試，那是星期五。幸運的是，這時我的高燒已退，只有三十七度多，還可以忍受。導演是個頭戴棒球帽、身穿開扣襯衫的英國人，他看著我。噴氣聲在沒有太多鼻涕的情況下完成，其餘的台詞也順利進行。他稱讚我表現得很好，還針對幾句台詞給了我一些指點，然後要我再演一次。他說我領悟力很高。我離開後，向媽報告了整個過程。

第三輪複試，總共算是我的第四次試鏡，安排在下星期四。我從未因為一部電視劇的某集角色試鏡這麼多次，顯然挑選這個角色是一件棘手的事，他們想確保自己選對人，因為這是個要求很高的特別主演（從客串升級），將與卡拉·袞吉諾（Carla Gugino）和勞勃·佛斯特（Robert Forster）同框對戲。媽從蘇珊那裡得知這訊息，直說和她簽約真是正確的決定。

「她消息靈通，她就是消息靈通。」

第四次試鏡讓我很緊張，我幾乎希望自己還在生病，因為生病時，神經沒什麼作怪的餘地，疾病讓人遲鈍。最後篩選只剩我和另外兩名女孩，她們都比我資深，媽因此每三十秒就會焦慮地在我耳邊低語，彷彿我有能力改變這一點似的。

「安德莉．鮑恩（Andrea Bowen）有演《慾望師奶》（*Desperate Housewives*），那部劇十分成功，雖然我不確定為什麼。看起來明明就很假。」

我是最後一名被叫進去的女孩，又見到了那位導演，這次房間內架了攝影機。他說他們會把試鏡的帶子放給製作人看，我點點頭。

「你很文靜，嗯？」他問。

我無法逼自己做出任何回應，我愣住了。

「我猜是這樣沒錯，」他和藹地笑著說，「別擔心，就當好玩。」

這指示讓我有點困惑，因為試鏡的三個場景分別是：第一，我的角色目睹照顧她的流浪漢中槍；第二，我的角色與勞勃．佛斯特的角色坐在一起，告訴他，她有多不想和打從嬰兒時期就拋棄她的父親有所牽扯；第三，我的角色和她父親坐在一起，告訴他她不想和他有所牽扯，因為他在她還是嬰兒時就拋棄了她。

這哪裡好玩？我完全看不出有什麼好玩的？

六分鐘的試鏡很快結束，導演說我很棒，而且他認為我會在這行闖出名堂。我說謝謝，然後離開試鏡室。當晚，我們接到電話，我拿到了那個角色。媽跳上跳下，我也是。

「我的寶貝是流浪兒童！我的寶貝脫穎而出！我的寶貝是流浪兒童！」

21

「用粗體字。」媽邊用擦碗巾擦乾一個盤子，邊從我肩後探頭過來，看我打字。

我拖曳滑鼠，反白四個字，點擊頁面上方工具列的B鍵，把字體加粗，然後迅速扭頭判斷媽的反應。

「嗯，這樣好。」媽點頭贊同她自己的點子，「我要替史考蒂做點義大利圈圈麵。你弄好就印出來，讓我看一下。」

媽往廚房走去，我把注意力轉回電腦螢幕上的微軟文書處理軟體。這兩樣東西——電腦螢幕和微軟文書處理軟體都是麥考迪家近期的改變。馬庫斯在他高中的電腦組裝課上組裝了這台電腦，而我用在《CSI犯罪現場》（*CSI: Crime Scene Investigation*）當配角（我在劇中飾演一名殺人犯的妹妹）所賺得的支票購買了所有配件。演這個角色很耗費情感，情緒波動很大，但媽說我可以用我薪資中沒有用來付帳單的那部分，購買微軟文書處理軟體和《模擬市民》（*The Sims*），我覺得很值得。

我正在打我的履歷，這令我感到自豪，我有能力，也很能幹。有多少十一歲的小孩能自己打履歷？我感覺領先一票人。

然而，媽剛建議我加粗的四個字卻讓我打從心底感到極度恐懼，我盯著這幾個字好一陣子。

在履歷的特殊技能列表上，這四個字被列在最前面，它被放在彈跳桿、呼拉圈、跳繩（包括花式跳繩）、鋼琴、舞蹈（爵士舞、踢踏舞、抒情舞、街舞）、柔軟度和十二級閱讀能力前面——列在上面的這些，不是因為曾經助過我一臂之力，就是因為曾經缺乏而導致我錯失機會的特殊技能。就像我因為不會跳彈跳桿而錯失拍波亞爾迪主廚（Chef Boyardee）罐頭廣告的機會，媽立刻就從品客省（Pic 'N' Save）超市買來彈跳桿，讓我每天練一小時，連練兩週，直到我可以跳一千次而不掉下來為止。沒錯，我真的很會跳彈跳桿。

但這些技能都不如那四個字重要。媽指定要把這四個字擺在最前面，她想以粗體呈現的四個字……

說哭就哭。

說哭就哭是兒童表演時需要的**唯一**技巧。相較之下，其他的一切都黯然失色。假如你可以按指令落淚，你就是個真正的演員，一個真正的對手。在狀況好的日子，我可以照著要求流下淚水。

「你就像女版的海利．喬．奧斯蒙（Haley Joel Osment），」媽經常這麼跟我說，「他是最近另一個少數能說哭就哭的小孩。呃，我想達科塔．芬妮也算吧，但她更像是眼眶含淚，眼淚並沒有真正流下。在鏡頭前，你會想看到淚水沿著雙頰滑落。」

我第一次照著要求哭泣是在表演課上。萊斯基小姐要我們從家裡挑一件物品，並且想起與那件物品有關的悲傷故事，然後下週帶著那件物品來上課，在台上敘述那個故事。

我帶的是釘書機。達斯汀和史考蒂畫過很多圖，他們會把那些圖釘成一落落，裝入小紙袋中，分門別類。所以我編造了一個故事，說我們家起火，哥哥們被燒死了，唯一留下的就是他們的釘書機。假如我真的想痛哭流涕，我會想像我媽過世，但想像媽過世這件事是禁忌，碰不得。即便她的病已經控制住好多年，她的健康狀況還是很脆弱，我不想觸這楣頭，因為她的生命掌握在我手中，指望我每年的生日許願。那是我不敢掉以輕心的重責大任，我永遠不會想為了一場要流淚的獨角戲，冒險削弱許願的成效。另一方面，我哥哥們健康得很，完全可以為了藝術上的成長進步而犧牲一下。

當我站在表演課的小舞台上說故事時，我的雙眼蓄滿淚水，直到視線一片模糊，但眼淚並未落下，僅僅在某種程度上感染了獨白裡的悲傷，其餘的情緒全是眼淚未流出的懊惱。萊斯基小姐踩著極重的步伐走上舞台，俯身靠近我，直到只離我的臉八公分左右，我們的鼻子幾乎碰在一起。我嚇壞了，我不知道接下來會發生什麼事。然後她舉起手指，在我眼睛正前方彈了一下。這突如其來的手勢把我嚇得身體猛烈搖晃，隨著搖晃的動作，眼淚掉了下來。萊斯基小姐笑了，我也是。在那些眼淚背後，我露出了笑容。

從那時開始，假如試鏡需要說哭就哭，我幾乎確信自己能拿下那個角色。這件事口耳相傳，甚至到了蘇珊也聽說的地步，她會打電話給媽，並且驕傲地宣布：「我又接到一個選角導演來電說：『跟我講講那個會哭的小孩。』」

當然，說哭就哭對我而言不是什麼好玩的事，那只是我生命中另一個更為悲慘的經驗，坐在冰冷的選角辦公室裡，想像傷害我摯愛家人的悲劇事件。一個設定好的事件可以替我換得四到六個試鏡所需的眼淚，但最後我會變得對事件免疫——媽稱這情形為「全哭完了」——所以我們必須轉移到新的事件上。釘書機故事漸漸變成達斯汀罹患腦膜炎而死；事實上，他幾年前還真的得過，因此媽會說：「想像他腰椎穿刺出了問題！」＊達斯汀死於腦膜炎後，又變成馬庫斯死於闌尾炎，然後是史考特死於肺炎，然後外公老死。（「想像他躺在醫院病床上，緊握著你六歲時做給他的襪子娃娃。」）

我哭最多眼淚的那次是參加《好萊塢重案組》（*Hollywood Homicide*）一個小角色的試鏡，那是哈里遜．福特（Harrison Ford）和喬許．哈奈特（Josh Hartnett）主演的劇情片。我飾演的片段是一名小女孩坐在一輛廂型車後頭和她的家人一起旅行，車子沿著好萊塢大道往前開，喬許．哈奈特突然劫持了那輛車，導致全家人都陷入了歇斯底里。

我不知道我那天是怎麼回事，淚腺就是特別發達。我只需要在選角辦公室裡噗通坐下，想著外公緊抓著襪子娃娃，然後——「啪！」立即熱淚盈眶，豐沛得荒謬。這不是哭泣，這是泣不成聲。我的身體劇烈抽動，整個人歇斯底里。

「哇哦，」我一表演完，選角導演就給了回應。她有一頭紅棕色的捲髮，和奶油般的聲音，是個很好的人。

「我想說的是，你得到這個角色了，但我有點想看你再演一次，就只是想再看一次。」穿著棕色皮夾克、坐在選角導演旁邊的灰髮男人說。

所以我又演了一次。我已成為太陽馬戲團裡說哭就哭的表演者，人們想看我一而再再而三地這麼做，就好像我在表演空中綢吊或在空中環上歪扭。說哭就哭的確是我的特殊技能。

＊編註：腰椎穿刺常用於診斷或治療疾病，包含腦膜炎。

22

愛蜜莉的爸爸剛被殺害，而她的媽媽是嫌疑犯，另一個說哭就哭的試鏡來了，這次是無線電視台的警察辦案劇《失蹤現場》（*Without a Trace*）。試演的場景是愛蜜莉被叫進來審訊，情緒逐漸崩潰、淚流滿面的一幕。

我坐在等候室裡努力醞釀悲傷情緒，但我的內在有什麼東西改變了。感覺很奇怪。我不知道該如何形容，但我就是知道，我本能地知道，這次我哭不出來了。我感覺抽離、無法連結，然後開始煩躁。

我拽了媽的手臂，她正在替最新一期《女性世界》雜誌的減肥飲食專欄做記號。減肥飲食專欄是她的最愛，雖然我不清楚原因。媽很嬌小，一五〇公分，「而且只有驚人的四十一點七公斤！」她經常自豪地嘲弄道，心中明白她的體重遠不驚人。她把雜誌擱在膝上，挨近我，這樣我就能在她耳邊小聲說話。

「媽咪，我想我等下可能哭不出來了。」

媽看著我，起初一臉迷惑，接著她的困惑轉為嚴肅。我可以立刻看出她切換到精神喊話模式，她遠比她必須的還常切換成這個角色，因為這會讓她感覺自己不可或缺。她眉頭緊皺，雙唇緊抿。她的這種表情裡透著孩子氣，就像她是個佯裝大人的小鬼頭。

「你當然可以。你是愛蜜莉，你**就是**愛蜜莉。」

媽在讓我「融入角色」時經常這麼說。她會說：「你**是**愛蜜莉。」或凱莉。或莎蒂。或者任何我當天應該成為的人。

但今天，此時此刻，我不願意成為愛蜜莉，我不想當愛蜜莉，以前從未發生過，但現在發生了，這令我害怕。某部分的我對於硬要自己去感受這種情緒創傷的行為很抗拒。某部分的我在說：「不要，太痛苦了，我不要這麼做。」

那部分的我很蠢，那部分的我不明白這是我的特殊技能，而且對我、對我的家人、對媽，都有好處。我越是能說哭就哭，就能得到越多的工作機會；我得到越多的工作機會，媽就會越高興。我深吸一口氣，然後仰頭對媽微笑。

「你是對的，我是愛蜜莉。」我說，一半為了說服媽，一半為了說服我自己。

那個不想說哭就哭的我沒被說服，那部分的我尖叫著說我不是愛蜜莉，我是珍妮特，而且那個我，珍妮特，值得被傾聽。我想要的，我需要的，都值得被傾聽。

媽找到她的雜誌折角處，但就在她要重新翻開雜誌時，她再次靠過來。

「你會贏得這角色的，愛蜜莉。」

但我沒有。試鏡進行得並不順利，我的心不在這裡，我「對我的台詞沒感覺」。最糟的是，我沒辦法說哭就哭，我失常了。

回家的路上，一〇一號公路往南的擁擠車陣裡，我坐在我的安全座椅內，因為我的個子還太小。我試著做我的歷史作業，但完全無法專心，因為我對自己試鏡的表現感到非常難過。

整個過程我都心不在焉，因為那個恐怖的我決定嘗試說出自己的心聲，那部分的我不想做這件事。

「我不想再表演了。」我甚至尚未意識到自己在說什麼，話便脫口而出。

媽從後視鏡中看向我，眼中浮現震驚和失望。我立刻後悔自己說出這句話。

「別犯傻了，你愛表演，這是你在世界上最愛的事。」媽以一種聽起來像在威脅的語氣說。

我看向窗外。想取悅她的那部分的我想，她或許是對的，或許這真是我最愛的事，我只是不知道，我只是沒意識到。但不想說哭就哭的我，不想表演的我，不在乎取悅媽、只想取悅我的我，那部分的我向我尖叫，想要發出聲音。我的臉漲紅，逼使自己說出口。

「不，我真的不想。我不喜歡，那令我感到不舒服。」

媽的臉看起來就像剛吞了顆檸檬，扭曲的樣子讓我驚恐萬分，我知道接下來會是什麼情況。

「你不能放棄！」她啜泣，「這是我們的機會！這是我——們——的——機——會——！」

她手猛拍了方向盤一下，卻意外按到喇叭。睫毛膏順著她雙頰流下，她的歇斯底里發作了，就像我在《好萊塢重案組》的試鏡那樣。她的歇斯底里嚇壞了我，而且正在要求我給予安慰。

「好啦，」我大聲地說，這樣在啜泣中的媽才聽得見。

她的哭聲立刻止住，只剩吸鼻子的聲音，一等那聲音也消失，車內完全安靜。我不是唯一那個能說哭就哭的人。

「算了啦，」我重複道，「就忘記我剛說過什麼，抱歉。」

我提議聽媽目前最愛的專輯，菲爾·柯林斯（Phil Collins）的《言歸正傳》（*...But Seriously*）。這建議讓她微笑，然後把CD放進唱盤裡，跳到〈天堂裡的另一天〉（Another Day in Paradise），歌聲開始透過音響喇叭大聲流洩而出。媽跟著唱，她從後視鏡裡看向我。

「來嘛！妮特，你為什麼不跟著一起唱？」媽飄飄然地問，她的心情轉晴了。

所以我開始跟著唱，還換上我最燦爛的假笑。或許我無法為《失蹤現場》擠出眼淚，但我可以為媽在我們回家的路上擠出微笑。反正都是在表演。

23

「一個小女孩不該擔心家計。」一天下午，外公對我說。

他看得出我壓力很大。我已經在前院草坪上來回踱步半小時，正在為即將參加的試鏡背台詞，那是一部叫《女兒的眼淚》（*My Daughter's Tears*）的低成本電影。還有哪部電影的名字比這部更適合我的特殊技能？媽不讓我讀劇本，因為她說裡面太多「成人內容」。老實說，我鬆了口氣，因為光是嘗試背起我明天試鏡要用的十四頁台詞就夠艱難了，何況還要用俄羅斯口音。我飾演的角色，片名中的眼淚就是她的，那個女兒是個俄國人。媽甚至替我約了一個發音教練，但我還是無法把「r」發得正確。

媽不准我單獨去外面，她說我可能會被綁架、凌虐和殺掉，像薩曼莎．朗尼恩（Samantha Runnion）一樣。這個小女孩在她六歲生日的三週前遭到綁架，就在距離我家五分鐘路程的地方，所以只要我想去外面，都得有人陪同。今天是外公，我在背台詞時，他在替草坪澆水。

「什麼？」我問，不是因為我沒聽清他的話，是我很困惑。一個小女孩當然該操心她全家的生計，這不就是小女孩在做的事？

「我只是……」他走近我，「我只是覺得……你應該盡情做個小孩。」

我熱淚盈眶，這不是我強擠出來的，這是自然湧現的淚。我都不記得自己上次自然地流淚是什麼時候了。我不知所措，彷徨地來回踱步。

「過來，給阿公一個擁抱。」

我走上前，雙手圈住他的大肚腩，他用空閒著的那隻手輕拍我的背。

「愛你，帥阿公。」我對他說。

「我也愛你，小可愛。」

外公想把另一隻手也伸過來好好抱住我，但他忘了他手上還握著水管，於是水噴到我身上。

「糟糕！」

他把水管放到草坪上，任由水流入草地，然後他把我圈入寬大的、外公才有的懷抱。感覺如此美好舒適，雖然他聞起來有點像牛肉乾。

「你知道嗎？等你背好你的台詞，我要給你個小禮物，但或許我應該現在就給你。」

「好！」我很興奮，誰不喜歡禮物？

外公把手伸進他褲子後口袋裡拚命掏，皺巴巴的收據散落在草地上。終於，他扯出一個汽車天線頂端的小裝飾，那是大眼仔麥克・瓦佐夫斯基（Mike Wazowski），《怪獸電力公司》（*Monsters, Inc.*）裡的怪物主角。這種免費的電影周邊商品，是他做迪士尼樂園員工享有的福利之一。

我把大眼仔放入掌心，他柔軟又可以捏擠，是塑膠做的。

「我喜歡他滑稽的模樣，」外公說，「他看起來是不是很滑稽？」

「對。」

「看了總令我發笑。我希望他也能逗你笑。」

「謝謝，帥阿公。」

「小事，」他點點頭說，「你知道的，我希望你記住，要快樂地玩耍，小孩子的生活就是應該開開心心的。」

外公彎腰，拾起水管，又開始澆灌草坪。我垂眼凝視大眼仔，想著外公說的話，拇指在他柔軟有彈性的皮膚上摩挲。

開心不是我熟悉的，生活是嚴肅的事。這地方有太多事要做了，我得充分準備、努力工作、表現優異，這些都是比開心更重要的事。

我把大眼仔塞入口袋中，繼續練習我的俄文發音。

24

我看向面前的一疊紙。那是一落剛列印出的文件，有一百一十頁，上面滿是Courier New Font字體的十二級字。這是我的第一個劇本，《亨利之路》（*Henry Road*）。

我把劇本印出來，等不及要給媽看。我知道它可以成為媽的興奮劑，她現在正在醫院。這對媽來說並不容易，像她這麼頻繁地住院——通常一年好幾次。即使有時住院的原因和她的癌症無關（像這次，她住進去是因為大腸憩室炎——或憩室症，我從來沒搞清楚到底是哪一個），恐懼總是揮之不去……害怕也許哪次她在接受檢查、化驗或手術時，醫生發現她癌症復發。

外公開著他那台破舊的深藍色別克載我去醫院，車子的保險桿上還貼有布希和錢尼的貼紙。我坐在後座翻我的劇本。

「親愛的，小心別被紙劃傷手了。」外公在通過一個就要變成紅燈的路口時說。

我們抵達醫院。我已經因為媽的各種健康狀況到過許多醫院，但我從未來過這間。這是一間外觀像精品店的小醫院，與一般的醫院相比，比較不那麼讓人害怕，也不那麼像迷宮，我們很快就找到媽的病房。

她正在休息，但當她聽見我的腳步聲，她的雙眼顫了顫地緩緩睜開，露出燦爛笑容。「嗨，妮特！」她的微笑讓我也微笑起來。

「嗨，寶貝媽咪！」

我在她床邊的椅子坐下，握住她的手，注意到我們兩人的手腕一樣細。

「你帶了什麼？」媽問，指指我另一隻臂彎下夾著的一落紙。

我幾乎克制不住我的興奮。媽的床邊有張滑輪餐桌──比我們家吃飯的那個白色折疊桌要高級多了。桌上放著餐盤──火雞、青豆、馬鈴薯泥，附餐是雞湯麵和鹹餅乾，都沒動。我把食物推開一點，挪出空間，然後驕傲地把我的稿子咚地一聲放在桌上。

「是我的劇本，《亨利之路》。」

「你寫了劇本？」媽問。我確信她為我感到驕傲，但接著，她臉上浮現擔憂的表情。

「你有沒有每天出去外面二十分鐘，好獲取維生素D？」

「當然有。」我說，讓她放心。

「你有去上你的舞蹈課？」

「有啊。」

她翻開封面，但沒有像我在翻時那樣充滿驕傲。她的拇指透露著一種傷感。

「怎麼了?」我問。

「只是……」媽垂眸,惆悵地微笑。對我而言,這是她最刻意設計的表情之一,每次見她流露這種表情,我都不覺得那是她當下的真實反應,總感覺很不自然。

「只是什麼?」我問。

「只是……我希望你不會喜歡寫作多過於喜歡表演。你這麼擅長表演,這麼、這麼擅長。」

我突然為自己給媽看劇本的行徑感到尷尬,我感到羞愧。我怎麼會如此犯蠢?她絕不會支持這件事。

「當然,我不會喜歡寫作勝過表演,永遠不會。」

我覺得我口中冒出的這些話聽起來很假,還帶著《天才小麻煩》(*Leave It to Beaver*)裡,那些角色臉上做作的天真。雖然我超討厭那些角色,但外婆非堅持要看重播不可。

媽沒發現我在撒謊,雖然我內在深入骨髓的地方能感覺到一切是如此顯而易見,我絕對喜歡寫作勝於表演。透過寫作,我人生第一次感受到力量。我不必再說別人的台詞,我可以寫我自己的話,我可以做我自己。我喜歡寫作的私密性,沒有人在看你,沒有人評斷你,沒有人強加意見,沒有選角導演、經紀人、導演或媽媽,只有我和空白頁。對我來說,寫作與表演是兩個極端。表演本質上讓我感到虛假,寫作本質上卻讓我感到真實。

「那就好，」媽看著我的眼睛說，彷彿在判斷她能否相信我的回答，「你知道的，作家都很邋遢，還會發福，我永遠不會希望你女演員的小水蜜桃屁股變成一個大大的作家西瓜屁股。」

妥妥記住了。我的寫作會讓媽不高興，我的表演能討媽歡欣。我從餐桌上拿起那些稿子，塞回我的腋下。

隨後，媽才像是想到什麼似地，又問起劇本的內容。

「這是一個十歲男孩和他最好的朋友嘗試撮合他們單身的父母在一起的故事。」

「嗯，」媽凝視著窗外好一陣子，「《天生一對》（*The Parent Trap*）已經做過這件事了。」

25

早上八點，我在好市多墊子上醒來。我的上下鋪如今已經塞滿過多東西，所以只好又回來睡墊子。我身上穿著二〇〇二年的露華濃（Revlon）女性慢跑T恤。我喜歡它的設計，上面有許多紫色，這是我目前最愛的顏色。

不過，我不能告訴媽我現在著迷紫色，因為媽比較喜歡粉紅色。如果我突然宣布我最愛的顏色變得和她不一樣，她一定會心碎。媽如此在乎我是一種榮幸，所以像我擁有自己最愛顏色的這種事會毀了她。這是真愛。

去年露華濃女性慢跑T恤大多是銀色，前年則以藍色為主。過去七年來，每年的露華濃女性慢跑T恤的顏色我都清楚，因為我的家人都會參加這個年度路跑活動，已經七年了。自從媽的第四期轉移性乳腺管癌被控制住後，我們就開始參加露華濃女性路跑活動。我之所以會這麼熟悉這專業的疾病名稱，除了每週的家庭錄影帶複習外，也因為媽常叫我去和選角導演說這個病名。

「每個人都喜歡別人克服逆境的故事，假如你提起我的乳腺管癌，你就會得到同情票。」

媽的癌症似乎很難在《小查與寇弟的頂級生活》（*The Suite Life of Zack & Cody*）和《小男人大丈夫》（*The King of Queens*）的試鏡裡用自然的方式提起，但在《急診室的春天》（*ER*）的醫療類影集中，我就能比較不著痕跡地把這件事引入對話，尤其是在該集有某個角色罹患癌症的時候。

「你知道，我媽有四期乳腺管癌，所以這類題材我真的還滿有共鳴的。」

媽總說我們要去參加露華濃路跑活動，支持罹患乳癌的女性。她真的好善良。達斯汀有次曾低聲說，他覺得媽更在乎的是免費的癌症周邊商品，而不是活動本身的目的，但達斯汀是個「闖禍精」，也是媽最不喜愛的孩子，她甚至直接這麼跟他說過，所以很明顯，達斯汀對媽或她的意圖根本一無所知。

我招搖地穿著我過大的癌症T恤，構思這週末我該寫什麼樣的詩給媽。媽不太喜歡我寫劇本，所以我暫時擱下劇本創作，但媽很支持我隨手寫下小詩來表達我有多愛她，因此我現在選擇採用這種方式繼續寫作。

當我正試著想出哪個字能和「媽咪」押韻時，突然意識到胸口有點痛。更確切地說，是我胸部右邊的乳頭附近。我抬起右手去碰觸疼痛的地方，竟然感覺到……**隆起的腫塊**。一瞬間，恐慌淹沒了我。這不可能，先是媽，現在是我嗎？房間開始天旋地轉。

我思考現在我能做的選擇——現在去叫醒媽跟她說，但這似乎很惱人，或者我可以讓她睡到十一點，那是我叫醒她喝杯早餐茶的時間。「要不是我煩惱錢的事煩到太晚才睡著，我應該能早點醒來。」媽總這麼說，「要是你爸這輩子能找到一個可以**付清帳單**的工作，哪怕只有一次，或許我就不必這麼指望一個**小孩**……」

我不知道該選哪個，因此我像任何一個明智、飽受癌症折磨的青少年在決定何時告訴媽媽時會做的，用國王下山來點名的方法決定。

「哦，親愛的，」媽的手指來回順著我右胸乳頭附近隆起的腫塊摸，然後又摸我左側光滑、平坦的乳頭，兩相比較後，她輕笑了幾聲。「那不是癌症。」

「那是什麼？」

「你只是在長咪咪。」

哦，不，唯一比癌症診斷更糟的就是長大。我超怕長大。首先，我的身形比同齡人都嬌小，這對我的演藝事業是有好處的，因為我可以拿到比我年紀小的角色。我能在片場工作較長的時間，而且也不必按照法律休息那麼久。撇開這些實務部分，我比那些七歲的小混蛋更容易配合，也更能接受指導。

媽不斷提醒我看起來比實際年齡小有多好，「你可以擁有更多的工作機會，寶貝，你可以擁有比別人多很多的機會。」

假如我開始長大，媽就不會像現在這麼愛我了。她經常流著淚，緊緊地抱住我，說她希望我能一直這樣小小的，不要長大。每當她這麼做時，我的心就碎了。我希望時光能停止流動，我希望我能永遠停留在小孩階段。如果我做不到，我就會感覺愧疚。每長大一公分，我感覺愧疚。每當我們去探訪某位叔叔、嬸嬸，只要他們說我又「長大」了多少，我就感覺愧疚。每當他們這麼說時，我都能看見媽的眉毛抽動，我可以看得出這有多刺痛她。

我下定決心不要長大。不計任何代價，我也要阻止這件事發生。

「呃，有什麼方法可以不讓咪咪長大？」我緊張地問媽。

媽笑得喘氣，那種眼睛會皺起的笑容，我很清楚這種表情的含義，就像我熟知媽的其他所有表情，從裡到外都研究得徹底，以便能隨時做出適當的反應。

除了我，家裡似乎沒人能了解媽的情緒，每個人都毫無頭緒地走來走去，永遠不知道他們會遇見哪一種媽媽，但我總是知道。我花了一生的時間在研究她，所以我永遠清楚，因為我總想在每一個時刻，竭盡所能地讓媽開心，或讓她保持開心。我知道媽不高興和憤怒的差別，我知道她因為爸心煩和因為外婆心煩的區別（緊咬牙關是爸，緊皺眉頭是外婆）。我知道她小小的開心（親我的前額），和非常開心（唱菲爾・柯林斯）的不同。而現在，此時此刻，她笑得喘氣，雙眼皺起，我知道她不僅非常開心，還是一種特別的、超乎尋常的開心。

媽是滿懷感激地開心。

這是我最愛看到的狀態，因為我就是那個讓她開心的源頭。我曾見過，在我成功拿到角色時、在她與家裡其他人發生爭執，而我站在她這邊時，媽會滿懷感激地開心。當媽感覺到自己被看見、被尊重和關懷時，她會滿懷感激地開心。

「我該怎麼做才能不讓咪咪長大？」我察覺這問題能讓媽高興，於是我進一步追問。

媽低頭，每當她要告訴我某個祕密，像那次她跟我說外婆有假牙，或她覺得爸很無趣時，都會先這樣做。我知道自己將聽見一件有趣的事，一件特別的、只有我們兩人知道的事。一個能鞏固和證明我們美好友誼的祕密，只有祕密能做到這一點。

「好吧，甜心，如果你真的想知道要如何保持小時候的模樣，有一個祕密方法……叫卡路里限制法。」

／

我立刻實踐了卡路里限制法，而且做得很好。我不計一切地想在媽面前好好表現。她是個好老師，因為她自己就長年嚴格控制卡路里的攝取。

「我還是小孩時，有一次我在睡覺，聽見你外婆和外公在另一間房內談話，他們說我的弟弟可以吃任何東西，因為他的代謝好，吃下去的熱量都能消耗掉，但我就不一樣，吃下去的所有東西都會變成脂肪。這些話深深烙印在我腦海中，妮特，真的很深。從那時起，我就開始限制飲食。」

現在想起來，我終於知道原來媽一直在限制熱量攝取。她每天早餐只喝熱茶，裡面不加任何東西。每天晚餐只吃一盤蒸煮蔬菜，也什麼都不加。我很少見到她吃午餐，如果她吃，也是不淋醬汁的沙拉，或是半條巧克力碎片穀物棒。我找對人了。

我的身體開始逐週縮水，因為媽和我每晚聯手計算我們的卡路里，規劃隔日的餐點。我們將我每餐攝取的熱量控制在一千卡，但我想到聰明的辦法，假如我只吃一半的分量，我就只會攝取一半的卡路里，那表示我會縮得兩倍快。每天飯後，我都驕傲地把只吃完一半的餐盤展示給媽看，她眉開眼笑。她每週日會替我量體重，並用布尺替我量大腿圍。我們這樣進行了幾週後，她拿了一疊飲食控制的書給我，我很快讀完。我學會吃水分多的水果和蔬菜的好處，像是豆薯和西瓜。我學會卡宴辣椒和辣椒有多好用，可以幫助加速你的代謝。我學會咖啡可以抑制食欲，因此我開始和媽一起喝低咖啡因咖啡。嚴格來說，喝任何種類的咖啡都違反教會的教規。

「那是低咖啡因的，所以我相信上帝會網開一面。」媽說，我點頭同意，雖然我很確信我所知悉的上帝是不會網開一面的。

我變得越瘦，我就越嚴格管控自己攝取的食物，因為我的身體好像正試圖留住任何我吃進的東西。

我注意到大部分的食物都會讓我增加一些體重，大約一百八十公克。我會知道是因為我一天量五次體重，五是我的幸運數字，所以每天量這麼多次是有道理的。我也想密切追蹤身體的每一個變化，以隨時做出合適的調整，並且在每週和媽一起量體重時，確保我走在正確的軌道上。

我最愛的食物是無糖冰棒、蘋果醬和無糖冰茶，因為這些食物似乎不會增加我的體重。冰棒和蘋果醬根本不會讓人增重，而冰茶則會直接透過尿液排出體外。這些都是我的無壓力食物，安全食物，療癒食物。到底是誰說焗烤起司通心粉和炸雞是療癒食物，簡直瘋了。這些才是真正的療癒食物。

媽咪和我繼續執行我們的任務，我感到很興奮。對我來說，每天都像是《天生一對》雙胞胎的蒙太奇鏡頭，在每週量體重和每日的卡路里計算之間，我和媽學愛斯基摩人鼻子碰鼻子，並做一些愚蠢的手勢。（在媽說我的劇本《亨利之路》是剽竊後，我看了那部片子，她是對的。）卡路里控制計畫讓我和媽變得比從前還要親近，這點真的很重要，因為我們本來就非常親密。限制卡路里真是太美妙了！

我們的卡路里控制計畫進行了六個月左右，肉眼可以看出明顯差別。我整個人的尺寸小了三碼，現在的我穿的是七號的修身款童裝。聖靈指示我每天摸衣服標籤上的「修身款」字樣五次，因為這儀式搭配我的飲食限制，可以讓我保持身形嬌小。謝謝祢，聖靈！

整體而言，事情進展順利，但今天卻是個例外。

今天的我很焦慮，因為我正坐在醫師診所的候診室裡，等待著再次被叫喚。再次被叫喚意味著要量體重，我很怕在家裡以外的體重計上量體重，要是數字有誤差怎麼辦？要是我在這台體重計上比較重怎麼辦？

媽似乎感覺到我很緊張，因此我們等候時，她握著我的手。然後我們等待著，等待著，最後終於……「麥考迪，珍妮特。」醫生的助理叫到我的名字。我的心臟跳得如此大聲，相信候診室裡的每個人都能聽見。我的臉頰發燙。穿過候診室的門，進入走廊，時間感變得模糊起來。媽開始替我脫下我童裝天地（Children's Place）的燈芯絨外套，因為知道這會增加重量。我們站在同一陣線，是命運共同體。護士告訴我可以不必脫鞋，但媽要我脫掉。她總是照顧著我！我踢掉鞋子，站上體重計，媽和我彼此對望。

「二十七點六公斤。」護士邊說，邊在她的記錄板上草草寫著。

當我聽見她嘴裡吐出的那幾個字時，那些字在我耳朵裡彷彿變形扭曲了。我很崩潰，家裡的體重計顯示的是二十六點七公斤。我立刻嘗試解讀媽的表情，平靜無波，那表示失望，我感到更崩潰了。我們被引導到五號診間，我的幸運數字此刻似乎不再帶來幸運了。我踩上小踏凳，坐在鋪有泰迪熊圖案紙張的診療台上，那紙粗糙又戳人。醫師助理又問了幾個問題，然後關上她身後的門。我張開嘴想說些什麼，但媽在我說話之前就開口。

「我們待會兒再談。」

幾分鐘過去，譚醫師進來。我很失望來的人是譚醫生而非裴爾曼醫師，因為媽似乎在遇到裴爾曼醫生時心情會好很多。（如果不是違反福音教誨的話，我認為媽對他有好感，但我已經懂得情欲是罪，而媽絕不會做犯罪的事。）譚醫生的視線一直停留在記錄板上。

「黛比，我可以私下跟你聊一分鐘嗎？」

媽跟著譚醫生走到外面。但門很薄，媽又講得很大聲，我完全可以聽見她們說的話。

「是這樣的……我想和你談談珍妮特的體重，」譚醫師開口道，「她的體重比她年齡的正常體重範圍低很多。」

「啊，」媽說，聲音裡透著些許焦慮，「她都正常吃啊，我沒注意到任何變化。」

這不是真的，媽**有**注意到這些變化，因為她就是最初想要改變的人。

「嗯……」譚醫生深吸一口氣，「有時候，年輕的女孩會有厭食症，她們會隱藏自己的飲食習慣。」

這是我頭一次聽見「厭食症」這個名詞，它聽起來像是一種恐龍。譚醫生繼續說。

「我建議你密切關注珍妮特的飲食行為。」

「哦，我會的，譚醫生，我一定會。」媽向她保證。

我不理解，媽已經在密切關注我的飲食行為啦。她對這件事的參與程度和我一樣，甚至比我還多。媽不僅清楚我如何吃、吃了什麼的所有細節，她還鼓勵並支持我的習慣。這是怎麼回事？這到底是什麼意思？

幾個月後，我在舞蹈教室下課後的停車場裡，再次聽見「厭食症」這三個字。我坐在前面的長椅上，等媽來接我，同時趁空檔準備在一部即將開拍的電影中，扮演方·基默（Val Kilmer）女兒的試鏡場景。

媽每次來接我都會遲到二十到四十五分鐘，這不難理解，因為她有那麼多其他的事要忙，像是打電話給債務催收員要求付款延期，還要去威斯敏斯特商場（Westminster Mall）替過去半年裡，我試鏡遇過的每位選角導演挑選賀曼（Hallmark）出的感謝卡。（「他們可能不記得你試鏡過什麼，但他們會記得你感謝卡上的漂亮草寫字跡！」）

我注意到安潔莉卡·古迪耶瑞茲（Anjelica Gutierrez）的媽在她的迷你休旅車附近徘徊，雖然安潔莉卡最後一堂課和我同堂，但古迪耶瑞茲家通常都非常準時離開。然後我看見媽的紅棕色福特穩事達左轉彎進舞蹈教室那條街，駛入停車場。我抓起裝著舞蹈課用品的袋子，朝車子走去，但古迪耶瑞茲太太搶先我一步。她走向媽的副駕駛座，示意她搖下車窗。

「嗨，黛，我只是想簡單和你聊聊珍妮特。我注意到她瘦了很多，看起來可能得了厭食症。我只是想知道你是否需要幫忙。班上有另一個女孩也有這個問題，她媽媽告訴我有個專家——」

「我們改天再聊吧。」媽打斷了古迪耶瑞茲太太的話，在我聽來，「改天」就是永遠沒有這一天。我拉開車門，跳進去，然後我們上路回家。

「媽？」我在紅燈前停下的時候問。

「怎麼啦，甜心？」

「什麼是厭食症？」

「哦，別擔心，小天使，有人就是喜歡誇張。」燈號轉綠，她踩下油門。

「你記住你的台詞了嗎？」

「嗯。」

「很好，太好了。你這次希望很大，妮特，我可以感覺得到。方．基默是金髮，你也是金髮，你贏定了。」

「嗯嗯。」

「絕對贏定了。」

我望向窗外，然後又回頭背我的台詞。一想到無糖冰棒我就很期待，我到家就要來一枝。

26

今天是我進入蜂房（Beehives）的日子，這是教會為十二到十三歲女孩所規劃的組別。加入蜂房組織後，你會被分配到一個「角色」，而我被分配的角色是助理祕書——一個根本不存在的職務。

「但梅德蓀已經是祕書了，」我告訴我的老師史密斯姊妹，「那我要做什麼？」

「這個，你可以幫她啊。」

我低頭看向我的手指甲，掩飾眼中的失望。麥凱拉．林賽靠過來跟我說話。

「獲得好職務的女孩都是那些一直很活潑熱心的人。」

我討厭麥凱拉，我知道她是被領養的，我應該同情她、為她感到難過之類的，但我沒辦法，我就是討厭她。她接著說下去。

「他們分給你那個職務，是因為他們覺得你可能最後會變得不熱心。」

「不熱心」在摩門教會裡幾乎是罵人的話。熱心成員是那些定期參與服務的人，不熱心的成員指的是那些「變冷淡」、或者雖然仍在教會的紀錄名冊中，但不再來做禮拜的人。每當教會裡的人聊起不熱心成員、提到他們的名字的時候，鼻子都會皺起來，同時鬼鬼祟祟地低語，彷彿那是什麼可恥又可悲的事。

「我們不會變冷淡。」

「我們等著看吧。」麥凱拉聳肩。

雖然我討厭麥凱拉，而且非常希望她是錯的，但我擔心她可能說對了。只要我認真思考，就能發現事情已經有些許跡象。

就我記憶所及，我家從來都不符合「一流摩門教徒」的標準。每個後期聖徒教區裡，都有那種在神學院出席率全勤、能倒背《尼腓三書》（Third Nephi）經文且絕不出錯的摩門教徒。那種受委託帶雞肉派去參加愛筵的摩門教徒，那些顯然能夠擔負那種重任的人，他們都是一流的摩門教徒。

然後還有一種在繳交什一奉獻上很吝嗇、做禮拜總是遲到二十分鐘的人，那種「就帶沙拉去吧」的摩門教徒——那些除了幾袋摻了陳舊麵包丁的美生菜外，無法再委以其他責任的人，他們則是二流摩門教徒。

我們，麥考迪家，是二流摩門教徒。我知道這點已經好一陣子了，一流的看二流的眼光都帶著某種憐憫和遺憾，我從霍夫米爾姊妹和米克斯姊妹眼角的瞥視中感受到這種憐憫，她們都是一流的摩門教徒。

每個人都知道，二流的摩門教徒遠比一流的容易變冷淡，但我仍然不認為我們的命運無法扭轉。我相信我們能藉由某些摩門教的重要里程碑翻身，像是馬庫斯去參與傳教工作，或者我們從來不會在做禮拜的日子缺席。

但現在既然麥凱拉提起這件事，我仔細思考後，開始逐漸接受事實：那些摩門里程碑或許根本不會發生。

馬庫斯好幾年前就達到可以參與傳教工作的年齡，但他沒有去。根據摩門教雜誌《旌旗》（*Ensign*，媽除了《女性世界》唯一定期閱讀的雜誌）的報導，即使傳教工作沒有年齡限制，但倘若男性在他們能夠參與的頭一年沒有去，那們他們日後會去的可能性會降低百分之七十。媽說這都是馬庫斯的女朋友伊麗莎白的錯，她心裡有魔鬼，但我不是很確定，我覺得伊麗莎白看起來還不錯。

我們也開始有幾週不去做禮拜了，通常是在我客串的影集播出的那段期間。最初是《法網遊龍：特案組》（*Law and Order: Special Victims Unit*）播出後，當時薩拉查姊妹問媽，會不會覺得讓我去演一個遭到強暴的九歲小女孩「有違福音教導」。媽巧妙地辯護說，她認為一個電視新星是摩門教徒的價值大於那新星所扮演的角色。於是薩拉查姊妹暫時放過了這個話題，直到我在某部影集中，扮演一個殺害另一個小孩的角色。從那時開始，每次我演出的影集開播，我們就會一到兩週不去教堂，就像媽所說的：「避開那些評斷者。」無論出於何種理由，我們都沒去做禮拜，而不去做禮拜正好與能讓我們變成一流教徒的摩門里程碑要求背道而馳。

「媽？」我開口問，到家後我們一起折洗好的衣服。

「怎麼了，甜心？」

「我們是不是會變成不熱心的摩門教徒？」

「當然不會，你怎麼會這麼問呢，妮特？」

「麥凱拉說我會被分派到助理祕書的職位，就是因為他們認為，我們可能會變冷淡。」

「哦，拜託，麥凱拉·林賽懂什麼？她不過是被人領養的。」

27

「妮特，洗澡時間！」媽從另一間房間喊。

我身體整個僵住了。哦不，不要洗澡時間。

我害怕洗澡已經有一段時間了，大概五年左右。就從某一次我感覺不太舒服的時候開始，因為媽還在幫我洗澡。

她不是有意讓我不舒服，我不覺得。她說她必須幫我洗澡，因為我不知道怎麼替我的頭髮抹洗髮精和護髮乳。她說如果我的頭髮不是那麼長，或者不是那種特殊質地，或許她就不必幫我，但因為這些因素，而且因為她是專業的美髮師，所以由她來做很合理。

媽有時候會一起幫我和史考蒂洗澡，他都已經要十六歲了。當她幫我們兩人一起洗澡時，我真的很尷尬，我看得出他也是。我們總是避開對方的視線，史考蒂會在起霧的鏡面上畫寶可夢來轉移自己的注意力。他的噴火龍畫得很好。媽說她讓我們一起洗澡是因為她有太多事要做，忙不過來。有一次，史考蒂問她可不可以自己洗，媽哭了起來，說她不想他長大，從此他再也沒提過。

無論史考蒂是否在場，媽都會檢查我的胸部和「前面的屁屁」，她都這麼稱呼我的私密部位。她說她要確保我沒有任何不尋常的腫塊和凸起，因為那可能是癌症。我說好，因為我確實不想得癌症，而且因為媽得過，她清楚狀況，所以如果我得了她一定會發現。

媽在做這些檢查時，我通常會試著在腦海裡想著迪士尼樂園。我想著下次外公會幫我們辦理入園手續，我想著遊行、煙火和所有角色都開心的場景。

檢查做完後，一股巨大的解脫感會籠罩全身，而且我往往會發現，那是從開始檢查後，我第一次對自己的身體有所感知。這很怪異……在檢查時，我感覺我像是站在自己的身體之外，彷彿它是一具我脫離的外殼，而我完全生活在自己的思緒之中——我的小鎮大街、幻想世界（Fantasyland）、蟾蜍先生瘋狂大冒險（Mr. Toad's Wild Ride）的那些念頭裡。（其實我不常想起蟾蜍先生瘋狂大冒險，雖然很多人喜歡，但我覺得那個設施很平庸。）

「妮特？！」媽再次呼喊。

我仍然渾身僵硬。我吞了吞口水，強迫自己從喉嚨裡擠出回應。

「我好了！」

今晚她會單獨替我洗澡，我會知道是因為我明天要參加《怪醫豪斯》（*House*）的試鏡。我發現每當我有試鏡時，媽都會單獨替我洗澡，我想這是因為她想確保洗髮精和護髮乳塗得恰到好處，這樣我的頭髮才能在選角導演面前綻放完美的光澤感。媽說這個行業很膚淺，而閃耀著光澤的頭髮可能會是得到複試機會的關鍵。

我的呼吸顫抖著，放下我的學校功課，並且從沙發上起身。我的手心濕漉漉的，試著專注在檢查做完、馬上就會洗好的那一刻所浮現的解脫感。我試著將精神專注在那種輕鬆感上，那種一切只會變得更美好、更光明的感覺上，接下來的整個晚上都將如此。我努力，我努力，我努力。

我走進浴室。媽不讓我打開水龍頭，因為她說調節水溫需要技巧，所以我等她來轉動把手。等待的時候，我脫掉褲子，接著是我的內褲，然後是我的襯衫。我走進淋浴間，聽到漏水的水龍頭滴滴答答的水聲。我研究上面的黴菌，白色和藍色，厚厚一層。

我聽見媽走向浴室的腳步聲，然後我閃進了幻想世界。

28

我坐在福特穩事達的後座上，我們要去藝術用品倉庫（Art Supply Warehouse）看達斯汀，他正在上班。達斯汀似乎很討厭這樣，但媽喜歡。我認為她很享受那種感覺，認識她所到之處的工作人員，那會讓她感覺自己像是一位貴賓。每當她走進百思買（Best Buy）去探訪馬庫斯，或到迪士尼售票亭找外公時，她的態度和活力會變得截然不同。她的舉手投足會散發一種氛圍，彷彿這地方是她的，我喜歡看見媽如此充滿自信。

開車過去的途中，媽和收帳員通電話，要求延期繳款，然後她突然興奮地轉向我。

「蘇珊打電話來了！」

我知道蘇珊為什麼打電話。昨天我參加了《愛卡莉》（*iCarly*）的試鏡，那是尼克兒童頻道（Nickelodeon）的一部新戲，描述一群青少年聯手創作了一個網路節目。而下週我應該參加《加州靡情》（*Californication*）的試鏡，那是娛樂時間電視網（Showtime）的新戲，講的是一個欺騙女人的男人。當你達到可以去電視節目試鏡的階段，合約通常已經事先備妥了，而且顯然一次參加好幾個節目的試鏡是件好事，因為你的經紀人能夠以此作為「籌碼」，替你爭取最好的交易條件。（媽在與蘇珊通電話時，很喜歡說「籌碼」這個詞。她說那會讓她聽起來顯得「內行」。）還有一個詭異的規則，就是第一個讓你試鏡的節目擁有優先選擇要不要錄用你的權利。他們會有一段時間能決定是否確定用你，如果在指定時間內沒有做出決定，那麼其他電視台將獲得優先權。

我昨天替《愛卡莉》試鏡，所以他們可以優先決定是否要用我。蘇珊現在打來，就表示尼克兒童頻道已經做出決定。

雖然媽很急著和蘇珊通話，但她得先處理收帳員的事，一如以往。

「我在線上已經等了一小時，我才不要掛斷電話。」

在請求寬限的過程中，媽一路哭，等到她掛斷斯普林特電信公司布蘭登的電話時，她的淚水已經乾了。她撥電話給蘇珊，同時手往後朝我伸過來。我坐在我的兒童安全座椅上（我十四歲了，仍然坐在兒童安全椅上），為了抓住她的手，必須盡可能地往前撲。但安全帶是穿過安全椅繫緊的，因為帶子的長度縮短才能更快鎖住，所以我一往前靠去抓媽的手，安全帶就發出咔嗒聲。我努力去搆她的手，但我做不到，**咔嗒**，**咔嗒**，**咔嗒**。

「嗨，我是黛比．麥考迪，可以和蘇珊講話嗎？」

咔嗒，**咔嗒**。媽的手還在四處揮舞，試圖找到我的手，我們的手指幾乎碰到彼此。

「好的，是，我想我能搞清楚怎麼開擴音。」

媽在她的手機上一陣亂按，直到終於成功，蘇珊的聲音開始透過手機喇叭傳出。

「她拿下《愛卡莉》！她拿下《愛卡莉》了！」

媽歡呼一聲，手握拳往前揮動，做出一個不太標準的勝利手勢。無論那究竟表示什麼意思，她的手從我面前離開了，我整個身體都能感覺到這點，但這僅只是一瞬間，因為接著我猛然意識到，我得到了第一個影集中的常駐角色。

媽一邊尖叫一邊把車開進藝術用品倉庫的停車場，她停在一個殘障車位上——自從診斷出憩室炎後，她就拿到了身障證明，她樂壞了。我迅速解開了安全帶。

我跳入媽的懷抱中，她緊緊抱住我。我欣喜若狂。現在一切都將不同了，一切都將變得更好。媽終於開心了，她的夢想實現了。

29

「啊，水果籃！」

媽解開綁帶，剝開外包裝的玻璃紙。

「鳳梨的糖分真的很高，但你可以吃點這個哈密瓜和香瓜。」

「好！」

媽從籃子裡拽出兩串哈密瓜，就在她準備遞給我一串時，她改變了主意，又重新放回去。

「我們一起分一串。」她說。

我們開始大嚼花朵形狀的哈密瓜片，同時環顧我更衣室桌上的其他籃子。有一籃全美才藝經紀公司送來的茶葉、蘇珊送的居家水療用品籃，以及尼克兒童頻道送來的肉和起司籃。

「我們可以帶一籃回家給外公和男孩們。」媽對我說。

這是我成為固定班底後發現的第一個不同之處，你會拿到許多禮物籃。在我客串演出時，從來沒收過半個。（雖然我在《凱倫・西斯科》客串時，勞勃・佛斯特曾送我一枝刻有我名字的銀筆，還送給媽一根銀製鞋拔。多好的一個人。）

今天是我們在第一季獲得正式預定後，回來工作的第一天。拍攝完電視節目試播集後，電視台的高層會觀看所有試播集，並選出其中三分之一實際製作成影集。我們在那幸運的三分之一內，更酷的是，我們是所有獲選節目中，預定集數最多的影集。大多數的節目只有十到十三集，我們卻有二十集。媽說這可能是因為我把薩姆・帕吉特（Sam Puckett）演得入木三分，那是一個說話俏皮、不拘小節但內心善良的男人婆。諷刺的是，與我自己的經驗相反，她熱愛食物。

「你準備好過台詞了嗎？天使？」媽問。

「當然。」我說，雖然我從來沒有準備好過。我仍然會在和媽過台詞時感到緊張。我以為我被選為固定班底後，能讓她放鬆一點，但沒有，她還是很挑剔，讓人壓力很大。

我深吸一口氣，準備念我的第一行台詞，這時我的更衣室響起重重的敲門聲。

「去開門。」媽用力拍她的大腿對我說，剛要開始就被打斷令她十分氣惱。

我拉開紫色的門，前方地毯上擺著另一個籃子。這次籃子裡裝滿電影院零食：焦糖牛奶巧克力豆和蠟燭糖，還有幾包爆米花。籃子中間有一張聚光燈影城（ArcLight）的百元禮券。聚光燈影城是我見過最豪華的電影院，就和我們拍攝影集的尼克兒童頻道在同一條街上。拍攝試播集那週，媽和我差點要去聚光燈影城看場電影，但媽說她絕不可能花十三塊七十五分買一張電影票，「我才不在乎他們的環繞音響有多環繞」。這張禮券是我見過最高額度的那種，我幾乎無法置信。

「是米蘭達（Miranda Cosgrove）送來的，」我驚愕地告訴媽，「聚光燈影城的百元禮券耶。」

米蘭達和我在《愛卡莉》中聯合演出，她扮演和劇名同名的角色——卡莉・夏伊（Carly Shay），一個甜美嬌柔的少女，和她最要好的朋友薩姆和弗雷迪（Freddie，由另一個和我一起領銜的納森〔Nathan Kress〕飾演）開創了一個網路節目。媽說他們把米蘭達的角色塑造得不夠鮮活，「可憐的傢伙，背景說明的責任全落在她身上，她是個漂亮女孩，但可惜她的角色毫無個性可言。」

我低頭看向那籃子，我真的很驚訝會有別的兒童演員對我這麼好。通常我們彼此之間都會有種競爭感，這樣的舉動卻完全不是那回事。我有點感動。我朝籃子伸出手。

「你別想碰那些巧克力豆，不過她這麼做真的非常貼心。現在快來練習你的台詞。」

30

「這個怎麼樣？」媽舉起一個ＴＹ絨毛熊貓問。我們在威斯敏斯特購物中心的賀曼卡片商店裡。由於米蘭達送了一份禮物給我，慶賀新一季影集開始拍攝，所以我們也得回禮。媽搖晃手上的熊貓。

「這是隻很可愛的小熊貓，而且和她的名字押韻，米蘭達，胖達（熊貓）。很可愛，對吧？」

「是啊，真的很可愛。或許我們可以再四處看看，確定那百分之百是最好的禮物。」

「嗯，我覺得這個加上這本毛茸茸的日記本就很像樣了，對吧？」媽問。

「當然，沒錯。」

我吞了吞口水。一點都不像樣，米蘭達給我的可是一張能在豪華的高級電影院使用的昂貴禮券。那是**很酷**的禮物。一個ＴＹ填充動物和一個毛茸茸的日記本**不是**很酷的禮物。

幾個月前我還認為這些是很棒的禮物。幾個月前，我還認為兒童天地的彩虹喇叭褲和極限俏皮的問答題庫很酷。但自從遇見米蘭達後，我的酷雷達偵測標準變了。

我第一次見到她是在《愛卡莉》的試鏡上。她斜靠在一面牆上，喝著一瓶玻璃瓶可樂，用她的Sidekick滑蓋式鍵盤手機發簡訊。哇哦，可樂和滑蓋手機。這女孩很懂什麼是酷。

我們在試鏡時簡短聊了聊，但就只是彼此介紹一下，因為沒多久我們就被匆忙帶進房間，在一長桌的高級主管前表演我們出場的場景。

在拍攝試播集時，我們也沒聊什麼，我很害羞，在我看來，她似乎也是。我們會在拍攝空檔對練台詞，並且在每天結束時，熱情地向對方說「掰！明天見！」，但除此之外沒有更多的交流。

我遠遠地觀察她，米蘭達身上似乎有種我沒有的獨立性，這點很令我著迷。她每天獨自走到附近不同的餐廳用餐——獨自！那是什麼樣的感覺？然後不管她何時走回片場我都能聽見，因為她手機會播放關·史蒂芬妮（Gwen Stefani）或艾薇兒·拉維尼（Avril Lavigne）的歌。我知道這些歌手，但媽不准我聽，她說這些音樂可能會讓我想「做壞事」。

在片場，米蘭達會說「放屁」和「混蛋」這樣罵人的話，而且她一天至少五十次妄稱主名。媽警告我不可和米蘭達走得太近，因為她似乎不信主（媽說納森倒是可以接近，因為他信主。「美南浸信會（Southern Baptist）教徒雖然不是摩門教徒，但至少我們都信耶穌。」）

雖然媽說不可以和米蘭達走得太近，但我真的很想。我希望感染她的酷，而且她看起來也很友善，對於一個很酷的人來說，這不是容易的事。儘管我們都害羞，但我還是暗自希望能和她成為朋友。

不幸的是，這個願望似乎要破滅了。隨著日子流逝，我們一直沒有交換電話號碼，感覺距離建立友誼的夢想越來越遠了。直到試播集拍攝的最後一天，就在米蘭達要離開片場時，她轉身說：「嘿，珍妮特，你有AIM嗎？」

「不怎麼有，」我說，以為她是在說投擲或射擊，我瞄準的技術向來不是很好。*

「你沒有線上即時通？」她似乎很驚愕。

「哦哦哦，AIM，」我說，希望聽起來夠有說服力，能裝出知道那是什麼的樣子，雖然我還是不知道。「有啊，我有。」

「酷，加我。」

「酷。」我也覺得。

當天我一回到家，就讓馬庫斯幫我註冊一個帳號。透過AIM，我們的友誼迅速發展。我每天都在上面和米蘭達聊好幾個小時，假如媽經過問我在做什麼，我有時會跟她說我在和米蘭達聊天，但大部分時候，我會把AIM的對話框縮小，撒謊說我在做作業。她沒懷疑我。等她離開房間，我會重新展開對話框，開始大笑。

雖然米蘭達本人似乎害羞又安靜，但她的文字卻展現出與眾不同的搞笑性格。她對我說的好多事都惹得我大笑，她觀察事物——人、習慣、人性的方式也是如此。我愛她，我很興奮我們能成為朋友。

但現在，媽選的無聊禮物會毀了一切。

回到工作現場，我把禮物袋放下，在米蘭達的門上敲三下，然後立刻衝回我的更衣室，我不想看見她打開絨毛玩具和毛茸茸日記本的反應，那實在太令人尷尬了。

一開始，米蘭達沒有提起禮物的事，幾乎一整天都沒提，我擔心我們的友誼可能從此完蛋。

但當工作結束，我們各自和媽媽一起走向停車場時，她轉向我，帶著緊張的笑聲說：

「謝謝你送的絨毛玩具，真的很可愛。」

「不客氣。」

「還有日記本，我很期待能重新開始寫日記。」

「太好了。」

她對我微笑。我看得出她只是出於禮貌，但我很感激她的體貼。

「晚點ＡＩＭ上見。」她對我揮揮手說。

「好。」我興奮地說，有點太興奮了。即使她不喜歡她的熊貓和毛茸茸日記本，即使她跟我道謝只是禮貌，但她仍想和我做朋友，我好高興我有ＡＩＭ。

＊編註：此處ＡＩＭ指的是美國線上即時通訊（AOL Instant Messenger），但aim作為動詞有瞄準之意。

31

我站在拍攝場地更衣室的簾子後面，雙臂抱在胸前在遮住身體，雙腳焦慮地踏著地板，我不想從簾子後面走出去。

「快出來，妮特，他們只拍一張照片，然後你就可以走了。」

「好吧。」

我走出來，感覺臉頰漲紅。我討厭這種感覺，裸露出大部分身體的感覺。對我來說，那太性感了，我感覺羞恥。

「你看起來很棒。」總在縫縫補補的服裝助理從縫紉機那邊大喊，連頭都沒抬。

我擔心「很棒」意味著「性感」。我再次把雙臂抱在胸前，想要遮住更多。我縮肩拱背，像個小山洞般籠罩住自己。我不想看起來性感，我想看起來像小孩。

「我絕對強力推薦連身款，但謝謝你願意遷就我，試穿這件比基尼。」正用筷子把頭髮盤成髻的服裝組主管說。

「當然。」我說，無法與她或者媽對視，媽正坐在房間對面角落的樓梯上。

「把手放下，小天使，試著看起來更自在點。」媽跟我說。

我放下手臂，但並沒有感覺更自在。

「挺起肩膀。」媽示範給我看。

我按照她喜歡但我卻討厭的方式把雙肩往後拉。我不喜歡挺胸，我對我的胸部和上頭正在發育的乳芽並不感到驕傲，願意讓某樣東西挺立的唯一理由是你為它感到驕傲。我討厭這樣，我想結束這次試穿。我問我能不能只穿連身泳衣，配上衝浪褲，這是感覺最舒服自在的方式，像被掩蓋起來。但我們的服飾設計師卻說，主創人明確說要比基尼，所以她至少得讓我試穿一、兩件，這樣他才有得選。

「好，朝我再走幾步，讓我拍張照。」我們的設計師邊說邊把拍立得相機舉到眼前。

我往前走了幾步，她按下快門。

「怎麼樣？要不要試最後一件比基尼？」她像在引誘我般詢問。每當人們表達了一些惹人不快的事情後，又試圖換種說法、彌補過頭時，都令我感到困惑。

「我可以……嗯……可以不要嗎？」我問，「可以試穿這件就好嗎？」

「呃，他需要有點選擇。」設計師說，擺出一種過於誇張的「你懂他的」表情，卻沒能成功引起我的共鳴。因為我不懂他，真的不懂，我只見過他幾次。對我來說，他似乎熱情洋溢、精力旺盛，但媽聽劇組的人說，他暴躁易怒，要小心不要惹他討厭。

我摳著我的指甲。

「來嘛，妮特，再試一件。」媽催促我。

「好吧。」我說。

我試穿了最後一件比基尼。它是藍色的，鑲著綠邊。底褲上有繫帶，我討厭繫帶沿著我的腿垂下的樣子。我感覺胃裡不太舒服。我看著更衣試鏡子裡的自己。

我個頭很小。我知道我很嬌小，但我擔心我的身體在抗拒這種嬌小，正試圖發育、成長，我感覺自己在勉強保持這種孩童般的身體和它所附帶的純真。我害怕像個性感女人那樣被觀看，那讓我感到噁心。我不是那樣的人，我是這樣的，我是個小孩。

我走出更衣室，服裝設計師拍下照片。

「你看起來很棒。」永遠在縫衣服的服裝助理再次大喊，還是沒抬頭看我。

32

我們的嘴唇相碰，他稍微挪動他的唇，但我無法移動我的，我整個人僵住了。他閉上雙眼，我卻沒有。我的眼睛睜得大大的，緊盯著他。那感覺超奇怪，在我們的臉碰在一起時，死盯著對方看。我不喜歡這樣，我能聞到他髮膠的氣味。

「珍妮特，你的頭稍微挪動一下！」主創人在鏡頭外大喊。

有時候，即使攝影機在拍，製作人或導演也會在鏡頭外喊話。只要不和對話重疊，剪輯師就可以在後製時去掉喊聲。

我試著照主創人的要求做，我真的嘗試了，但就是做不到。我渾身上下都是僵硬的。我的身體堅定不屈地駁斥我的頭腦，我的頭腦說誰在乎這是你的初吻，你的初吻就發生在鏡頭前，快點克服它，照他們說的做。我的身體卻說不，我不想做。我不想要我的初吻在這種情況下發生，我想要一個真正的初吻，而不是為了拍電視劇獻出的吻。

我蔑視自己浪漫的那部分，並為此感到尷尬。媽一直清楚地告訴我，和男孩們在一起是浪費時間，只會令我失望，我應該專心發展事業。我懂，所以我努力驅離這部分的我，但無論我多努力，它依然存在，而且已經存在一段時間了。

有時候我會對男孩們感到好奇，想知道喜歡一個人會是什麼樣的感覺。我想知道是否會有人愛我。我幻想我們一起在迪士尼樂園看煙火，幻想牽手，幻想我把頭靠在他胸膛上，幻想兩人一起大笑。我以前會想像親吻是什麼感覺，該怎麼親，這是無法事先練習的事情。它會在某個時間點發生，是不是只要順著感覺走？困難嗎？嘴唇嘗起來是什麼味道？這些問題在現在這一刻，都有了答案。

你試著順其自然，假如你是我的搭檔納森，似乎可以做得到。但假如你是我，你就做不到。假如你是我，你只會想著每一件正在發生的小事，你的腦海裡思緒翻湧，巴不得趕快結束。這真的很困難，嘴唇的味道嘗起來就像碧唇護唇膏（Blistex）。

我開始納悶，如果我愛這個人，這一切是否會有所不同。或許那就是祕方，缺失的那一塊。倘若我正在親某個我愛的人，也許會像魔法般美妙，而不會像這樣令人心慌焦慮。

「卡！」主創人在鏡頭外喊，他的嘴裡塞滿了東西。我聽見他的腳步聲，他輕輕朝我們走來，手裡拿著一個紙盤，上面堆滿切片起司和拆開的迷你糖果棒。劇組人員像紅海般分開，讓主創人通過，走向我們。

主創人直視我的眼睛，但這四、五秒鐘什麼都沒說。我差點笑出聲，以為他是在逗我玩，像他偶爾會做的那樣，但隨後我察覺到他蓄積的怒火，這可不是開玩笑的時候。

終於，他說話了。

「珍妮特，多一點，頭，動作。」

他轉身走開。

「**我們為什麼還沒開始拍！**」他咆哮。

攝影機開始拍攝，我甚至不知道那些話是怎麼從我嘴裡跑出來的，但我相信，那必定是劇本上的台詞，因為沒有人阻止我，說我在胡言亂語。這是一種靈魂出竅的體驗，演這場通往親吻的戲。我的心臟怦怦直跳，雙手濕黏，來了，來了，就要來了。

我們向對方挨近，雙唇相觸。嘴唇感覺噁心，像一堆令人討厭的肉塊疊在一起。做人真噁心。

糟了，我應該要移動我的腦袋。我開始動，前前後後，來來回回。我腦袋輕晃。感覺不太自然，所以我肯定也看起來不太自然。納森所飾演的弗萊迪終於脫離了這個吻。

「卡！」主創人喊，我從他的語氣聽得出他不太滿意。他看向副導演。

「我們還有時間再來一次嗎？！」

「不太行，先生，如果我們想準時收工，就得接著拍J場次。」

「好吧，」他生氣地說，「雖然不理想，但算了，繼續往下拍。我去餐飲區！」

主創人氣沖沖地離開，去餐飲區找他的薯條或貝果或他的義大利蔬菜湯。我看著他離去，很難過沒能取悅他。

「嘿，我們拍完了。」納森好心地說。他知道我在鏡頭前和他接吻有多緊張，那是我的初吻。

「是啊，」我緊張地牽動嘴角笑了笑，「我們拍完了。」

就這樣，我的初吻總算結束。技術上來說，我的第二次、第三次、第四次、第五次、第六次、第七次接吻也結束了，因為我們拍了七遍。

33

「笑容一定要燦爛，要露出牙齒。你不露齒微笑時，看起來有點悲傷。」媽在四〇五號公路上換車道時告訴我。

我們正前往與主創人見面的聚餐，我很緊張，因為媽說這中間牽涉很多利害關係。她想這可能是個「我考慮給你一個衍生劇」的午餐約會，因為他經常為他當前影集的角色寫衍生劇。我想過要告訴媽，如果我們抱有期望，可能會失望，但我終究一字未提。當她對我生活中的什麼事抱持期待時，狀況都很好。

「別忘了，不管他說什麼都要表現得很感興趣，」媽告訴我，「試著把你的眼睛睜大一點，這會讓它們更明亮有神。」

我點頭附和。

「我們之中的一個人也應該提起我的癌症，好讓他真正站在我們這邊。如果你願意，我可以負責這個……」

「當然。」

「好，太好了，太好了。」媽興奮地說。

我們準時抵達，主創人已經在那裡了，雖然人在室內卻戴著太陽眼鏡。他一看見我們就摘下了眼鏡，從卡座裡站起，先與媽擁抱，然後緊緊抱住我，力道大到我雙腳都離開地面了。

「麥卡迪甜心，」他說，終於把我放下，又把太陽眼鏡戴上。「我最愛的小演員。」

媽滿臉笑容。

「你們知道的，我和許多的年輕女演員合作過。她們許多人都很漂亮，有些還很有趣，但沒有一個像你這麼有才華。」

媽的臉看起來笑得快裂開了。我也微笑著，露出媽指定的牙齒。

「謝謝。」

「我是說真的，」主創人繼續說，舀一勺鮪魚塔塔到他面前的開胃菜盤。「你的演技比她們高出一籌。你將來可能會得奧斯卡獎。」

「謝謝。」

主創人通常都這樣開啟話題，他會先給你戴一堆高帽子，同時貶低與他合作過的其他演員。我很感激這些讚美，主創人的認可對我意義重大。我能成為一齣電視劇的常駐角色，他是主因。我的家人和我不必再為金錢擔憂，也都是因為他。但同時，我也懷疑他是否試圖挑撥我和其他演員的關係。我懷疑他是否對他的每個演員都說相同的話，讓我們每個人都乖乖聽話，以為自己被他另眼相看。

我會這麼懷疑是因為，現在我們已經一起工作了一整季，我有相當充裕的時間熟悉主創人的行事作風，去了解他。

我覺得主創人有兩副面孔，一面很慷慨，熱愛過火地恭維他人，他可以讓任何人感覺自己是這世上最重要的人。我見識過他讓我們全體劇組起立，為我們的美術指導鼓掌五分鐘，以表揚他花了兩天時間搭建一個監獄布景；也見過他發表演說感謝我們的動作指導，那位動作指導感激得都哭了。主創人深知如何讓一個人感覺自己十分重要。

他的另一面則心胸狹窄，控制欲強，而且令人畏懼。主創人可以把你撕碎並且羞辱你。我見過他在彩排日當場把一個六歲演員開除，只因他搞砸幾句台詞。還有一位收音師在拍攝過程中失手讓麥克風收音桿掉進畫面，主創人怒氣沖沖地走向他，對著他的臉大吼，說他毀了一個神奇的鏡頭，希望他餘生都會為此感到後悔。我見過主創人讓成年人，男女皆然，因他的侮辱和詆毀而哭泣。他會用白癡、活寶、愚蠢、笨拙、馬虎、粗心、弱智、沒骨氣等字眼罵人。主創人知道如何讓一個人感覺自己一文不值。

所以我漸漸明白，雖然我想要對我深具意義的讚美，卻不會因此沖昏頭，因為也許他明天就會對著我尖叫辱罵，當下的讚美讓我多飄飄然，日後的傷害就會讓我摔得多灰頭土臉。感覺在他身邊時，我總需要保持警惕，配合他的情緒。和他相處與和媽相處的感覺很相似——緊張不安，迫切地想討好，深恐越界。把他們兩個放置在同一個空間裡，我簡直要崩潰。

主創人點了一些主菜讓我們共享——一道用龍蝦做的菜、一道有肉的義大利麵，還有烤餅。我知道媽不會同意我吃這些食物，但我知道如果我不吃會冒犯主創人，他會詮釋成我不信任他，或者認為他的品味不好。所以我盡可能裝得像在吃，小口小口地撥弄著食物，希望主創人會相信我有吃，而媽會知道我沒吃。

「那個，我之所以邀請你們共進午餐……」主創人開口，緩緩喝了一大口他的古典雞尾酒，媽緊盯著他，渴望他能如她期待地說完後面的話。

「嗯，首先，」主創人說，幾乎像是盡可能故意拖延這緊張的氣氛，「讓我問你個問題，你喜歡被人認出來嗎？喜歡成名嗎？」

「她喜歡，」媽代我回答，「絕對喜歡，而且粉絲也都崇拜她，他們總說她是他們最愛的角色。」

我戳了戳我的義大利麵。

「好的，這很好，」主創人說，「因為你將會擁有更多這樣的機會。」

媽因滿懷期盼而呼吸急促。

「……我想讓珍妮特有一個自己的節目。」

媽興奮地失手掉了叉子，噹一聲敲在盤子上。

「我甚至連名字都選好了。《只有帕吉特》（*Just Puckett*）。不覺得這是一個有趣的名字嗎？」主創人帶著得意的笑容問。

「是啊，沒錯，的確是！這名字很有趣。」媽附和。

「但還要等一段時間，因為《愛卡莉》太受歡迎了，」主創人說，試圖緩和媽的興奮。她點點頭表示同意。

「我們得等兩年，」主創人重申，「但假如你繼續保持現在的表現，聽我的，接受我的建議，讓我指導你，我承諾會給你一個自己的節目。」

「哦，謝謝你，」媽熱淚盈眶地說，「這是我寶貝應得的，是我寶貝應得的。」

媽看向我並且點頭示意，催促我趕快擺出露齒微笑。我照做了，雖然我心裡很憂慮。主創人表達得很清楚，他的提議有個但書——我要聽他的，接受他的建議，並且讓他指導我。即使有部分的我相當感激主創人，但另一部分的我還是很怕他，而聽從他一切要求的想法令我膽怯。

「你為什麼看起來不開心？你就要有自己的節目哩。」媽在回家的路上說。

「我很開心，」我撒了謊，「非常開心。」

「很好，」媽從後視鏡裡瞥我一眼說，「因為你應該要開心，每個人都想擁有你的機遇。」

34

我已經演《愛卡莉》演了將近三年了，在某些層面，事情似乎變得更容易了。我和米蘭達的友情給了我很多情感上的支持。我和其他演員也都是朋友，但我和米蘭達的關係不同且獨特。我們週末都會用Skype聊天，工作完會一起去聚光燈影城看電影。現在的我可以眼都不眨一下地一週去看兩次。媽常跟我們一起去，電影演到一半時，她會挨近我，頭認輸地低垂著，「他們的音響**真的**非常環繞。」

比我和米蘭達的友誼更重要的，就是媽在她最擔心的兩件事上不再那麼焦慮：帳單和我的身體。

雖然我的固定酬勞多少緩解了媽財務上的壓力，也讓家裡的經濟狀況趨於穩定，但她對這些酬勞的金額，仍毫不客氣地說出她的看法。

「他們應該為付給你這樣的薪水感到羞恥，與電視台相比，這錢只夠塞牙縫，**塞牙縫**，」每天在更衣室裡替我換衣服時，她都這麼說，「而且尼克兒童頻道也沒給半毛重播費——或者我該叫他們『斤斤計較兒童頻道』。」

儘管嘴上抱怨，但我心裡深知她心懷感激，因為與我們以前的景況相較，已經大幅改善了。房租能準時且全額繳付，她也不需要再打電話給收帳員，哀求展延。

她仍然監控我的午餐，但有時她會讓我吃片場的食物。我的晚餐仍舊以灑點醬汁的美生菜和撕成碎片的低卡波隆那香腸為主，但她會給我兩塊聰明吃（Smart Ones）的餅乾當點心。我的早餐則完全變了樣，她讓我吃早餐，這是我從沒想過會發生的事。她會在蜂巢牌（Honeycomb）麥片上倒乳脂肪百分之二的牛奶（不是脫脂的）！不過當然，蜂巢牌麥片仍舊是媽口中「每克熱量最低卡的早餐麥片之一」（一又四分之三杯才一百六十卡），但這很瘋狂，我從沒見過她支持這樣的吃法。

我有時會想，媽之所以願意讓我多吃一點，是不是因為米蘭達和納森會在我們的聯合教室裡吃早餐和午餐，如果我不吃，或者我吃得比他們少很多，可能會顯得很怪異。但我沒問她，我只是讓事情自然發生。

我的身體也有所轉變。我的乳芽漸漸變成很小的乳房，變得更難靠著把內裡的背心拉長、蓋過內褲到腿上的技巧來掩藏。我的皮膚也冒出痘痘，這都是奇怪和尷尬的嶄新經驗。過去這一年，我開始在去片場時化妝，甚至在休息日也是如此。我以前討厭化妝，但現在的我想這麼做，好讓自己躲在妝容後面。

最近我還開始刮腿毛——好吧，其實是媽替我刮的，因為她還是負責幫我洗澡，儘管我已經十六歲。我甚至不知道刮腿毛是潮流，直到我聽見一個同劇演員的媽媽取笑我「毛茸茸的腿」。她說完後發出的那種笑聲，我每次刮腿毛時都會尷尬地想起。

所以現在，雖然媽不再對帳單和我的身體感到那麼焦慮，但我的雙腿變得光滑，我的胸部也過了乳芽階段，我的皮膚起了一些紅腫的疙瘩，這一切都還是令我感到難堪。

這個節目受歡迎的程度逐漸攀升，蘇珊嘴上老掛著「文化現象」、「全球轟動」之類的詞彙。節目越走紅，我就變得越有名。我已經走過無數的紅毯，參加盛大的活動、頒獎典禮和電影首映。我上過像《早安美國》（*Good Morning America*）和《今日秀》（*The Today Show*），以及克雷格・費格斯（Craig Ferguson）的脫口秀和寶妮・杭特（Bonnie Hunt）的節目。

現在的我去哪裡都會被認出來。我不再去我最愛的迪士尼樂園，因為上次我試過沿著園區裡的小鎮大街漫步，結果好多人走到我面前，弄得聖誕節夢幻遊行不得不中途停下來，高飛（Goofy）看起來很生氣。

我現在擁有的名氣，讓我感受到過去無法想像的壓力。我知道許多人都想擁有這樣的名氣，每個人都告訴我，能成名我有多幸運，但我討厭出名。每當我出門想去哪裡，我會不斷感到緊張不安。我擔心陌生人會走到我面前，與陌生人互動讓我極度焦慮。

他們會對著我大喊：「薩姆！你的炸雞呢？！」或者「你可以用你的奶油襪揍我

嗎？！」奶油襪是我的角色常用的道具，就是字面意思：一隻裝滿奶油的襪子。我的角色總是隨身帶著它，好用來「揍人」。

每當有人對著我喊炸雞或襪子時，我都會笑著裝做這是一個好笑的笑話，即使它根本不好笑。我已經聽過這笑話成千上萬次了，從一開始它就不好笑，我每聽一次，它都只會變得更爛。竟然有這麼多人以為自己很有創意，卻都說著同樣的話，這讓我感到震驚。

我對人群不感興趣，甚至會被惹惱，有時還感到厭惡。我不確定這種情況究竟是何時開始的，我只知道這是近期才發生的轉變，而且我知道這與名氣脫不了關係。我厭倦人們像擁有我一樣接近我，彷彿我欠了他們什麼。我沒有選擇過這樣的生活，是媽選擇的。

我的焦慮使我變成一個討好別人的人。我的焦慮使我拍照、簽名，說這張拍得好；但焦慮底下，藏著一種深刻、尚未浮現而我不敢面對的多重情緒組合。我擔心自己是個積怨很深、忿恨不平的人。我還太年輕，不該滿心憤懣，尤其這一切還是因為人人羨慕的生活所造成。我擔心我對媽心懷怨恨，那個我一直為她而活的人，我的偶像，我的榜樣，我唯一真正的愛。

當我和陌生人合照，看到媽站在一旁，露出她想我照做的微笑時，這種複雜的感受會驟然出現。

在她告訴負責拍照的人「再拍一張！或者再兩張，以防萬一！」時，它也會出現，她明明知道我有多討厭這整件事。

在她要我練習我的簽名、告訴我「太草率了，小寫c，大寫C，U—R—D—Y，他們需要看清楚每一個字母」時，它會出現。

在她選中某個句子、要我與簽名一起寫下時，它會出現。「電影中見！」是目前獲選的句子，天知道為什麼。我又沒出現在電影中，我在電視上，還是兒童頻道——這點幾乎是我永遠不會出現在任何電影中的保證。眾所周知，從童星過渡為成人演員，並在娛樂產業建立正經生涯是極為艱難的事——就連那些有幸演出口碑電影，與口碑導演合作過的年輕演員也不例外。但對從電視兒童頻道起家的小孩來說，這就是生涯的死刑。那種扁平化、過度完美的形象，加上廣泛的公眾認知，幾乎讓這形象成為終身桎梏，無法掙脫。一旦童星試圖長大，打破原有的形象，他們就成為媒體的獵物，大肆宣傳為叛逆、陷入麻煩、深受折磨，但他們不過是想試著長大。成長是跌跌撞撞的，充滿了錯誤，尤其是青少年時期——這些錯誤你肯定不想在公眾面前犯，更別說被記住一輩子。但這就是成為兒童演員會發生的事，超紅童星根本是個陷阱，是絕境。就算媽咪看不明白，我卻可以。

名氣破壞了媽和我之間的關係，在我們之間造出一道鴻溝，這是我從不覺得可能發生的事。她想要這樣，而我想要她如願，我想要她快樂。現在我做到了，我明白她是高興滿意的，但我不。她的快樂以犧牲我為代價，我感覺自己被剝削和利用。

有時我看著她，我就是恨她。然後我又恨自己有這種感覺。我告訴自己不該忘恩負義，沒有她，我一文不值。她是我的一切。然後我壓下這種希望自己不曾萌生的感覺，告訴她「我愛你，漂漂媽咪」，我一如既往地過日子，假裝這一切從未發生。為了我的工作，我假裝了這麼久，為了我媽假裝了這麼久，而現在，我開始覺得我也在為自己假裝。

35

這是一個星期日的早晨，家裡其他人都還在睡覺。我把一小時前為媽泡好的覆盆子皇家茶重新加熱，用它喚醒媽，這是她的最愛。

「媽咪，」我輕聲說，「你的茶泡好了。」

「咘咘——」媽在睡夢中迷迷糊糊地咕噥，翻身到另一側。

我緊張地看著時鐘，猶豫要不要繼續試著叫醒她。我已經試了三次，事實上，如果現在不叫醒她，我們就一定會遲到。

「媽咪，」我用更急迫的語氣說，「我們必須在二十分鐘內出門去教堂，不然我們會遲到。」

「**咘咘咘咘**，」媽更大聲地咕噥。

「你不想去嗎？」我問。

「嗯嗯太勒勒勒——」媽嘟囔著。然後她吞了吞口水，說話變得更清晰了點。「我最近工作得太辛苦，我太累了。」

她的臉深深埋進枕頭裡，呼吸變得更沉了。我觀察著她。

我也很累，我最近也工作得很辛苦。事實上，我認為我比媽要辛苦得多，但隨後我又為這個想法感到愧疚。

她確實開車接送我工作，一定很累，某部分的我這麼想。是啊，但我在車上做作業，還要背台詞，然後花十小時在片場排演、表演，在明亮的燈光和巨大的壓力下，保持在「狀況內」，而她卻只是坐在我的更衣室看《女性世界》，和同劇演員的媽媽們閒聊八卦，另一部分的我這麼想。

我試圖吞下這些內在自我的矛盾想法，它們似乎對當前需要解決的事——我們到底要不要去教堂——並無幫助，還讓我無法集中精神。

我們已經六個月沒去教堂了，這是有史以來最長的一次。我很擔憂這件事，但我盡可能以不引起尷尬的方式向媽提起，而她只是不斷向我保證：「等一切再穩定點，我們一定會回去的。」

我發現，自從我的事業生涯起飛，媽的健康狀況也恢復正常後，我們就不再去教堂了，這很奇怪。某晚我們收工後，在開車回家的途中，我試著溫和地切入這話題，但媽卻開始尖叫，說她無法操控方向盤，我給了她巨大的壓力，這會讓我們兩人都置身於危險之中，於是我很快記住，再也不要提起這個話題。

但現在，此時此刻，當我俯瞰她的睡容時，我第一次開始接受，我們可能真的不會再去教堂的事實。我想麥凱拉終究是說對了。

我以前總認為成為冷淡的信徒是很可怕的事，是一種該感到羞愧的罪，但或許沒那麼嚴重，也許那就只是萬事順遂的徵兆。

也許人們之所以去教堂是想從上帝那裡求得什麼，當他們希冀、渴盼、嚮往那些東西時，他們會持續去教堂，然後一等他們擁有那些東西，他們就明白自己不再需要教堂了。當你的乳房攝影結果正常，並在尼克兒童頻道的電視劇裡固定演出，誰還需要上帝？

我讓她繼續睡，開始背週一的台詞。

36

「我肚子痛。」從聚光燈咖啡往回走時，我跟媽說。我們剛在那裡和我的經紀人蘇珊進行了簡短的午餐會面。

「可能沙拉裡的雞肉壞了。」媽說的是我們一起分食的不加藍紋起司、不加蛋、不加麵包丁、不淋醬汁也不加培根的科布沙拉（Cobb salad）——也就是燒烤雞肉和萵苣。

「可能吧。」

我們一路沿著日落大道（Sunset Boulevard）往前跑，趕著準時回到片場。半小時的午休時間確實不夠，尤其是你想在片場外用餐的話。

「對狗仔隊笑一笑。」媽命令我。

還沒看見他們在哪裡，一抹空洞的傀儡微笑就自動浮現在我臉上。我雙眼呆滯，靈魂不知所蹤，但只要臉上有微笑，其他都無關緊要。

閃，**閃**，**閃**。閃光燈刺痛了我的眼睛。

「嗨，格蘭！」媽對著狗仔隊喊，彷彿他是我們的鄰居。

「嗨，黛比！」格蘭邊說邊往後走，同時拍下更多照片。我很震驚，媽似乎沒覺察到這一切有多怪。

我們走到尼克兒童頻道的片場，一穿過停車場，我的微笑立刻消失。我們衝進更衣室，好換上下一場戲的服裝，我還要先去洗手間快速解決一下，以防萬一。就在這時，我看見了它。

血，在我的內褲上。我立刻一陣暈眩。我不太確定這是什麼，但我想可能是我生理期來了。

大約六年前，我第一次了解什麼是生理期——算是吧。那時我十歲，我的鄰居泰瑞莎十歲十一個月。她從不讓我忘記我們之間差距的十一個月，無論是表現在態度上，還是明確的提醒。

「你知不知道**生理期**是什麼？我覺得你可能不知道，因為我比你大，知道的事情比較多。」

「當然知道啊。」我說，以為她在說句子結尾的句點。*

「不是那個，是另外一個。」

---

* 譯註：period除了指生理期之外，還有句號、一段時間、課程節次……等多重含義。

「喔，沒錯。」我又說，認為她指的是一段時間週期。

「我說過了，不是那個，是**另外**一個意思。」

我絞盡腦汁思考泰瑞莎可能是什麼意思，然後我得出答案。

「喔，對。」我對自己感到滿意，心裡想著，**廢話，不就是課堂時段嗎？**像高中上課那樣。

「你知道？」泰瑞莎明顯對此表示懷疑。

「嗯。」

「我的來了。我一開始見到血的時候簡直嚇死了，但我媽教我怎麼用衛生棉之類的東西，然後我和家裡的所有女人一起去了家鄉自助餐（HomeTown Buffet）慶祝。」

「慶祝什麼？」我天真地問，同時我拚命試著用上下文的線索搞清楚泰瑞莎在講的到底是哪種生理期。那絕對不是課堂時段，沒人會慶祝那個。

「慶祝成為她們之中的一員，變成女人。」

泰瑞莎說這話的口氣，彷彿這是她一生渴望的東西，像是一件浪漫、不可思議且吸引人的事。變成一個女人。我很困惑，泰瑞莎的生活中有幾樣東西令我羨慕——她的彈珠台、她的芭比娃娃收藏（尤其是短髮的那幾個，媽怎樣也不肯買給我，因為她覺得那可能會讓我也想留短髮），還有她能去家鄉自助餐用餐——我們家認為那家餐廳太貴了；

但我並不羨慕她能成為女人，成為女人是我這輩子最不想要的東西。

現在，我坐在馬桶上，盯著膝蓋上沾有血跡的內褲，我很確定這就是了。這就是泰瑞莎說的東西。

「呃嗯，媽咪。」我大喊。

媽問我怎麼了，我按捺心中的窘迫，才說出下一句話。

「我流血了……」

我話都還沒講完，門就砰地一聲猛地打開。媽給了坐在馬桶上的我一個大大的擁抱。

「哦，親愛的。」她用一種凝重的語氣說，像在安慰一個剛失去心愛寵物的朋友，「哦，親愛的，可憐的小傢伙。」

媽用手纏了一長條衛生紙，要我把它塞進內褲，然後她去找我那位說話聲音溫柔的派蒂老師過來。

我看著時鐘滴答走過漫長的十分鐘，簡直像在地獄裡煎熬，直到看見媽和派蒂一起回來。派蒂迅速從她的後口袋裡掏出一個淡粉色包裝的小方塊，上面有一小條白色膠帶。她拿到我臉前揮舞，彷彿那是張百元鈔票。接著她露出燦爛的笑容，把我拉入一個溫暖的懷抱，媽則跑去告訴副導我為何會遲到。

「恭喜你，珍妮特，」派蒂在我耳畔輕柔地說，「恭喜你成為一個女人。」

我步履沉重地走在片場裡的學校走廊上，那裡正在拍攝下一場戲。我可以從場務和副導對待我的態度看出他們全聽說了，感覺既羞愧又難為情。我怎麼能讓這件事發生？我怎麼會變成一個女人？我不知道答案，但我知道解決方案，我知道自己該怎麼做才能修正這個錯誤。

從明天起，不會再有什麼乳脂肪百分之二的牛奶，也不吃蜂巢牌麥片或聰明吃餅乾了。我最近懈怠了，這種懈怠狀態必須停止，我需要回到從前厭食的日子，我需要再次成為一個小孩。

37

媽媽，我保證我會好好的
我每晚都會打電話跟你說我愛你
我只是想寫下我生命的故——事——

媽和我坐在田納西納什維爾（Nashville）市中心的歡朋酒店（Hampton Inn & Suites）房間內，我們已經在這裡住了三個月，因為我正在發展我的鄉村音樂事業。我們正分食一份營養系統（Nutrisystem）出的冷凍千層麵（我們訂購了為期一個月的方案，好確保彼此的體重都在良好的控制之下，因為媽說「納什維爾用的豬油比洛杉磯多太多了」），同時在聽我的第一首單曲〈沒那麼遠〉（Not That Far Away）最終混音版，這首歌是從「我的」視角（事實上，是坐在我旁邊幾個小時的兩名創作人寫的）寫給媽媽的一首歌，內容是關於在沒有她陪伴的路上，我有多麼想念她，但現實中，在我十八年的人生裡，我從未離開她超過幾個小時。

我對音樂了解不多，但我知道我在聽這首歌時，感覺得出節奏不夠協調，旋律缺乏變化，而且製作風格過時。這些想法我隻字未提，因為媽非常喜歡它，淚水滾落她的臉頰。誠然，我不認為那只是喜悅的淚水，這些淚水還隱含著重量，有著特殊意義，我想我知道為什麼。生活模仿了藝術，假如你能稱這首歌為藝術的話。（你不能。）

我的音樂事業始於二〇〇七年的編劇協會大罷工，當時《愛卡莉》無限期停演，直到事情解決。在停演期間，蘇珊建議我開始與歌曲創作人合作，把試聽帶集結起來，爭取錄音合約，因為「這就是現在所有青少年演員在做的事」。蘇珊也是希拉蕊．朵芙（Hilary Duff）的經紀人，她已經有好幾張專輯都取得白金唱片認證。

「我聽說她甚至沒有唱全部的歌——她妹妹唱了其中一半！」媽興奮地附和，「不需要證實或否認，我的妮特會唱自己的所有歌曲。」

媽開始要我在YouTube上傳翻唱的歌曲。唱片公司看見這些翻唱作品，其中兩家——大機器唱片（Big Machine Records）和納什維爾的國會唱片（Capitol Records Nashville）想簽下我。媽選了納什維爾的國會唱片，因為「史考特．波切塔（Scott Borschetta）忙泰勒絲（Taylor Swift）那小妞就已經夠忙了，不會有時間管你」。

所以我和國會唱片簽約，去年夏天到納什維爾住了三個月，忙著寫歌。接著《愛卡莉》又恢復拍攝，因此我週一到週五在片場拍電視劇，週五晚上搭紅眼班機飛到納什維爾，繼續寫歌培訓、錄製試聽帶、開會、拍攝唱片封面及各種新聞稿發布照片，然後週日晚上飛回加州，準備週一的節目排演。目前節目上一季已結束，下一季尚未開拍，所以媽和我會在這裡住幾個月，同時準備我的首次巡迴演出。

我懷疑這趟巡迴會是我第一次與媽分開。我會這麼想，不是因為她毫不保留地當場告訴我，而是因為我們共用一個電子郵件帳戶，我看見她寄了封信給馬庫斯，告訴他我這輩子一直在擔心的那件事。

「媽咪，你為什麼哭？」當她的淚水湧出眼眶時，我問。

媽審慎地用叉子叉起一口大小的千層麵，然後又把叉子放回冷凍晚餐托盤裡，彷彿在她情緒激動的狀態下，這一口的分量顯得太多了。

「你的聲音太美了。」她說，但我知道她在撒謊。媽媽那種「我覺得你做得很好」的喜悅不會帶著淚水，更像是一種心花怒放、高度興奮的喜悅。而此刻，我眼前所目睹的，卻是某種更複雜、深沉的情緒。我希望她親口告訴我，我希望她會承認我已經知道的事情。

「媽咪……」我的聲音漸弱，對接下來要問出口的話感到極度恐懼，即使我已經知道發生了什麼事，但我仍希望這不是真的。我需要親耳聽見媽說，我需要當面證實。

「你的聲音充滿這麼強大的力量，副歌部分真的……哇哦。」媽拿面紙按壓她的雙眼。

「媽咪，」我又說，這次聲音稍微大了一點。我害怕知道答案，但更害怕不知道。

「……然後當你回到主歌時，你使用了你較低的音域，我喜歡你的低音，」媽淌著淚說，「有一種撩人的感覺。」

「媽咪，你是不是又得癌症了？」

一問出口，我就感覺自己臉上的血色唰地褪去。我被自己嚇到了，這些話竟然從我的口中冒出來，我感覺自己僵住了。媽看起來和我一樣驚嚇，她的眼淚止住。

「什麼？沒有。」她試著一笑置之，「你怎麼會那麼想？」

我深吸一口氣，因為我知道她正當著我的面撒謊。我知道她這麼做，只是想讓我不那麼害怕，但這反而讓我更加害怕。為什麼連這麼重要的事她都要對我撒謊？

「我看見你寫給馬庫斯的信了，你說你癌症復發了。」

媽低下頭，眼淚再度湧現，和半分鐘前的眼淚沒什麼不同。我看著她小小的身軀顫抖，因悲傷而起伏，我的心很沉重。我從書桌旁的座位起身，到她旁邊的床沿坐下。我抱住她，她在我的懷裡是如此瘦小。

「我不想錯過你的巡演。」她啜泣著說，聽起來像是認真的。我不懂，都這種時候了，她怎麼還在乎那愚蠢的巡演？

「我不去巡迴了。」我說，像這是個再明顯不過的決定。

媽從我的懷抱裡掙脫，抬起頭，臉上的哀傷轉為憤怒。

「妮特，這次巡演你必須去，別說那種瘋話，好嗎？你這樣說只會嚇到我。不管發生什麼事，你都必須去巡迴，懂嗎？你會成為鄉村音樂的明星。」

「好吧。」

媽又再次哭了起來。我又再次擁抱她。

38

為了讓我的新單曲〈愛的世代〉（Generation Love）能上廣播電台打歌，國會唱片安排了「愛的世代巡迴演唱」，要我以他們認為的「非傳統廣播巡迴」方式，在全國各地的多家廣播電台表演。很多藝人會在電台的隔音間裡做廣播巡迴，希望藉此讓一些電台高層留下深刻印象，進而願意將他們的歌曲列入播放歌單中，但我的唱片公司建議我們藉助既有的《愛卡莉》粉絲基礎，向電台高層展示我所擁有的「價值」。所以，與其在兩、三間電台錄音室裡表演，我會在每家廣播電台所在地的購物中心，對著成千上萬尖叫的十到十二歲小孩表演。

我們的第一站在康乃狄克州的哈特福（Hartford），也可能在賓州的費城（Philly）。行程很難記得清楚。不過，我很快就適應了。

我早上八點醒來，昏昏沉沉，我們通常會有幾小時的車程要趕，然後史都伊，我們的巴士司機，會把車開進唱片公司租的汽車旅館內，他們租了半天時間，好讓巴士上的每個人能去洗個澡。我先去，然後是可愛的吉他手保羅，他講話帶有濃重的鼻音。我對他很有好感。下一個是另一位吉他手喬許，看起來就像矮壯版的康納・歐布萊恩。接著是戴耳環的攝影師戴夫，負責全程記錄巡迴旅程。然後是唱片公司派的地區代表，最後是唱片公司的媒體代表。

當團隊其他成員在洗澡時，我會在巴士上接受採訪。我們會找個地方吃午餐，做音響檢查，然後在節目開始前，我們會有兩小時左右的空閒時間。演出結束後，我會簽名三小時再回到巴士上，然後史都伊載我們前往下一個地方。

在商場裡為成千上萬的小孩們表演，這經驗本身令人崩潰。在演唱開始前，我會緊張到把那些歌練習二十到三十遍，有時候甚至還沒登台，我嗓子就啞了。在那之後的媒體採訪和簽名也讓我情緒上疲憊不堪。有些互動讓我感覺很值得，這種經驗對孩子和他們的家人似乎確實具有某些意義，但其他聽眾對我來說，就只像是盲從的羊群。

「嗨，莎曼珊・帕吉特！你是怎麼從感化院出來的？！」

「哈哈，好笑。」

「你的炸雞呢？」

「哈哈，好笑。」

「你在現實生活中真的會打人嗎？」

「哈哈，好笑。」

我的臉上掛著毫無靈魂的燦爛微笑，看向他們的相機鏡頭，同時聽見他們的媽媽因為不知道如何操作相機，連連道歉了十五次。

但在工作之外，這趟巡迴有兩件事引起了我的注意。

首先，我發現某部分的我很享受這趟旅程。這部分的我不會因為處在如此不幸的情況下（媽的癌症，她正以一輪又一輪的化療與放射治療抗癌，但我卻不在她身邊），卻還能過得開心而感到內咎。這種開心的享受讓我感覺新鮮又振奮，我感到自由。我甚至能夠自己洗澡。

我第一次意識到，不停調整自己的自然傾向、反應、想法和行為，只為了符合媽最喜歡的版本，這有多麼令我精疲力盡。既然她人不在我身邊，我就不必如此。我非常想念她，為她所經歷的一切感到心痛，我當然對自己這些日子所感受到的自在感到非常愧疚，但這份舒適自在卻不容否認。沒有她監督、干預我的一舉一動，我的生活確實輕鬆許多。

我留意到的第二件事是我吃東西了，吃得很多。我會在早上吃肉桂吐司餅乾，然後我會和樂團一起吃午餐和晚餐，全都在外面吃。而且我點的是成人菜單，不太吃沙拉，也很少更換配料。都是漢堡和薯條。

沒有媽的監控，我咬下的每一口都是叛逆。我會在每頓飯聽見她對我說：「把醬料放旁邊，不要再吃了，那些都是垃圾，你不想有個西瓜屁股吧。意志力比物質更重要。」但她的聲音無法阻止我進食。我對現實感到恐懼，但同時又深受盤裡的食物吸引，我想這只能用貪欲來形容。

飯後的飽足感很美好，對我來說是新的體驗。但這種感覺很快就被深深的罪惡感所取代；因為我意識到這不是媽想要的，媽會對我感到失望。這份罪惡感驅使我吃更多——一盒又一盒的 Cheeze-It 起司餅乾、店裡買的餅乾，還有糖果和水果捲尺糖（Fruit Roll-Ups），或巴士上有的任何好吃零食——有時吃到我胃痛得像要爆炸一樣。上床睡覺時無法趴睡，因為我吃得太撐了。我在有體重計的飯店房間裡量體重，數字不斷攀升，攀升，攀升。每增加零點五公斤我都很驚恐，但又感到無法停止。我餓自己餓了這麼多年，現在我的身體在哀求我填滿它。

這種與食物之間的新關係令我困惑。多年來，我一直控制著我的飲食、我的身體、我自己。我保持紙片人的身材，讓身體看起來像個孩子，我在其中發現力量與慰藉的完美組合。但現在我感到失控、魯莽、絕望，原先力量與慰藉的組合已被新的羞恥和混亂的組合所取代。我不了解我是怎麼了，我害怕媽看見我時會發生什麼事。

39

我沒料到歡朋酒店會是我獻出真正初吻的地方，但它發生了。就在二二三號房。我站在小廚房前，嘴唇與盧卡斯的相觸，他輕輕握住我的下巴。我不確定自己喜不喜歡下巴被握住的感覺，但我確實喜歡這個吻。當你喜歡一個人，這感覺比在鏡頭前演戲自然多了。

他直起身。

「我真的很喜歡你，晚安。」他說，或者我以為他說了。我不太清楚他說了什麼，也不怎麼在乎。我腦海中正忙著思考一個既定事實，我十八歲了，終於有了初吻。終於。

我看著他沿著走廊往外走。我不喜歡他牛仔褲的剪裁和他的長髮，但我喜歡他的皇后合唱團（Queen）T恤，還有他運動鞋的形狀。我不喜歡他總在聊音樂，但我喜歡他很喜歡我。我不喜歡他那麼笨拙尷尬，但我喜歡他的友好。我關上門。感覺自己的陰道有點奇怪，但我想以後再來煩惱這件事。

我關上門，坐在沙發上。我不懂為什麼電影裡的女人總在男人離開後關上門，然後靠在門上，坐在沙發上不是更自然。

我坐著這裡回顧所有的事情。盧卡斯和我幾個月前第一次見面，當時我在納什維爾有一場演出，他受雇擔任樂團團長，並在表演中彈奏電吉他。樂團其他成員都說他真的很厲害，是城裡的第一把交椅。

全員排練的第一週，我們一起度過了很多時間。他對我很好，起初我也沒想太多，因為他二十七歲，我只有十八歲，但後來我注意到他經常看著我，開始懷疑也許他喜歡我。

彩排的第三天，他開始提議載我回去，我接受了，因為我開始喜歡他。在他身邊，我能感覺到一種不舒服卻又美好的暈眩感。排練最後一天，他邀請我去他家聽皇后合唱團的專輯，我是如此興奮。

我們坐在他家的木頭地板上，把《世界新聞》（*News of the World*）從第一首聽到最後一首。他不斷往我身邊挪動，不時把頭髮撥到耳後，看一個男人做出這個動作，有點令我反感，但同時我又很希望他親吻我。或者我不是想要**他**親吻我，也許我只是想在現實生活中被人親吻。無論是哪一種，他都沒有。他載我回歡朋酒店，放我下車。然後隔天我離開，繼續我的電台巡迴。

巡迴期間我不常看見他，因為他並沒有參與所有巡演行程，和我們一起趕路。但他會飛來參加某幾次表演，那些演出不是在商場舉行，而是在較大的音樂節舞台上，因為我們需要用到完整的樂團配置而非不插電的原聲演出。見不到面的時候，我們每天都會互傳訊息，或在我有獨處機會的時候通電話，這在巡演巴士上很難做到。他會說「我好想你」和「我真的真的真的很喜歡你」，不知為何，這些話都讓我感到很不自在。一方面，我喜歡聽他對我說這些話，另一方面，我感覺自己無法做出回應，像是沒辦法讓這些話從嘴裡吐出來。

能和他說話令我感到興奮，但真的開始聊天後，那興奮感又冷卻下來。他會談論音樂，提起我沒聽過的各種歌曲，如果我們還有其他共同話題可聊，那就沒關係，但事實上並沒有。不是音樂就是頻頻用一些萬用的讚美奉承我，像「太陽在你的眼睛裡升起和落下」，或是「你是我遇過最喜歡的人」。

他加入我們的幾次音樂節演出都表演得還不錯，就是有點尷尬，因為其他樂團成員也在旁邊，沒有私下聊天的空間，然而我也覺得無所謂。當盧卡斯試圖把我拉到一旁進行私人談話時，我都會找藉口拒絕。我累了，需要為媒體採訪做準備，要練習我的歌，要回信給我的經紀人或媽或米蘭達。過去一個月來，我對他的感覺是如此不確定。

巡迴結束了，我回到納什維爾錄製一些新歌，住在歡朋酒店二二三號房間。現在，我就坐在二二三號房間裡的沙發上，消化著剛剛與他接吻的事實。儘管我對自己獻出初吻感到寬慰，但更令我高興的是，現在我知道自己對他的感覺了。我確定我需要結束這一切，無論這是什麼。

我掏出我的手機，傳訊息給他，但就在我要這麼做的時候，我的陰道出現一種古怪的脈動，感覺溫熱。我伸手探入我的內褲又把手抽回，手指是濕的，這太噁心了。我需要立刻洗澡，洗完再傳訊息給他。

40

我走下飛機，把襯衫往下扯，讓它平整貼合。我吸氣，試著看起來盡可能顯瘦。「也許媽不會注意到，假如我再把衣服扯平一點，她就不會發現；也許我憋氣十秒她就不會發現。」我的強迫症聲音說。它以前被稱做「內心的小聲音」，但後來我接受那是心理疾病的敲擊聲。它現在偶爾才出現，而且幾乎只在與食物和我的身體有關時出現，但它依舊還在。

我深吸一口氣，走上通往行李提領區的手扶梯。一名帶著緊張笑容的年輕父親請求我和他的女兒們合照。

「沒問題，等我們下了——」我還沒說完，他就開始安排女兒們排在我面前站好。剛按下快門，他就差點在手扶梯降下的時候絆倒。他再次緊張地笑了。

我從手扶梯走下，在列隊等候的人群裡看見了她。她的模樣讓我震驚，那一瞬間我專注在她的外表上，而非我自己的。

她瘦了五、六公斤，對她這樣骨架嬌小的人來說，身上變化極為明顯。她的臉色憔悴且虛弱，她的骨頭從皮膚下聳立而出，她沒有任何眉毛或睫毛。她戴著我聖誕節買給她的土耳其藍色UGG帽子，用來遮住她的光頭。看見她模樣的那一瞬間，我真的很震驚，不知道該說什麼。

爸就站在她旁邊，但他彷彿不存在。我完全無法集中注意力在她以外的任何事情上。我不敢相信在我們每天五次的通話中，她都不曾預先提醒過我這件事。

在我們互相擁抱、說「我愛你時」後，我稍微平靜了些。我已經調適到能承受媽的反應的狀態，她的反應和我對她的反應一樣：一種震驚和恐懼的結合，隱藏在空洞的微笑裡。

在等著她告訴我，我變得有多醜、我變胖了多少、我犯了多可怕的錯誤、我有多無法獨自管理自己的生活、多無法保持自律時，我的胃感到很不舒服。我在我們慌忙擠進車裡（我們的老福特穩事達已被起亞索倫托〔Kia Sorento〕取代）的時候，做好了心理準備。

「妮特，怎麼回事？」她問這句話時並沒有面對我，她凝視著窗外五號公路上擁擠的車陣。「你變胖了。」

「我知道，對不起。」

「我們得讓你減肥，這情況已經失控了。」

「我知道。」

我滿心懊悔，毫無疑問。但也有一小部分的我感受到一絲熱情、一點點精神上的振奮，因為這才是我所認識的媽媽。她不虛弱、脆弱、柔軟，也不會被癌症擊垮，不像我一抵達行李提領區所看見的那個人。無論那個枯萎的可憐人是誰，我都拒絕相信那是我的媽媽。我認識的媽媽是正坐在我面前的這個人，這個意志堅定、強勢、有時惡毒的人，這才是我認識的媽媽。

41

「來嘛，喝一口。」

「不了，謝謝。」

「來嘛。」

「我以前從來沒喝過酒，而且我只有十八歲。會不會惹上麻煩？」

「沒人在看，珍妮特。沒事啦。」

「我不知道。」

「《勝利之歌》（*Victorious*）的小鬼們老是一塊兒喝個爛醉，《愛卡莉》的卻如此純潔健康，我們需要讓你們這些小傢伙變得叛逆點。」

主創人總愛把《愛卡莉》的小演員和他另一齣熱門影集《勝利之歌》的演員們相提並論，我認為他可能覺得這麼做能鞭策我們更努力。

「我不懂為什麼喝酒會讓一個人比較叛逆。」

我看著主創人的酒。他拿起來晃了晃。那是某種攙了咖啡和奶油的威士忌，我倒是喜歡咖啡。

「一口。」

「好吧。」

主創人把手中的杯子遞給我，我喝了一口。我討厭這味道。

「很棒。」

「別對我說謊，我不喜歡你對我說謊。」

「我討厭這味道。」

「好多了，珍妮特。」

主創人大笑。我做得很好，我取悅了他，任務完成。每次與他共進晚餐都有同樣的任務，這種機會最近越來越頻繁出現，因為我與他簽下他先前所承諾、一直在企劃的衍生劇新合約。我從共同演出的演員那裡聽說過，主創人會對他正在製作的劇集新星這麼做——他會保護、栽培你。你成了他的最愛，目前是如此。我喜歡暫時成為他的最愛，我覺得自己正在做正確的事。

「那你對有了自己的節目感到興奮嗎？」主創人問。

「當然。」

「當然？就這樣？」

「沒有，我當然興奮。我真的非常興奮。」

「很好，因為你知道的，我可以把一齣新劇給任何一個人，但我沒有選擇別人，我選擇了你。」

「謝謝你。」

「別謝我，我選你是因為你有才華。」

我不理解。他剛說他可以選擇任何人，這讓我感覺自己並不特別，現在他說他選我是因為我有才華，這又讓我感覺特別了。他常讓身邊的人感受到這種混淆，這很正常。我喝了口水，努力思考下一句要說什麼。幸運的是，我不必費心。

「你覺得牛排如何？」

「很好吃。」

糟透了。呃，很棒但糟透了。味道方面很棒，糟透了是我恐怕會因為吃得太多而糾結一整晚。我吃太多了，太多烤馬鈴薯，太多球芽甘藍，還有一個麵包捲和一些糖漬胡蘿蔔，我停不下來。我吃光了所有東西，我感覺超飽，我厭惡我自己。媽又開始讓我吃營養系統出的卡路里控制冷凍餐，就像我們當初在納什維爾那樣。當我們在一起的時候，我們會一起吃。但重點是——我們最近並不那麼常在一起。她忙著癌症治療，我忙著我的電視工作。

當媽不在身邊激勵我、指導我時，我似乎無法強迫自己吃那種假的肉桂捲，嘗起來就像把自己捲起來的蛋白營養棒。我也無法點不淋醬汁的沙拉。媽不在，我沒辦法堅持我的飲食計畫，沒有她，我就是個失敗者。

「你還好嗎？」主創人問。

「當然。」

「很好，因為你應該沒問題，」他和藹地說，「你就要主演你自己的電視劇了，哦，天哪！你知道有多少小孩想要那機會想得要死？每一個小孩都想，沒有例外。」

我一直點頭。他伸出一隻手，擱在我膝上，我雞皮疙瘩都起來了。

「你看起來很冷。」他關心地說。

我不認為那是我起雞皮疙瘩的原因，但我表示同意。贊同主創人永遠是第一原則。

「拿去，穿上我的外套。」

他把他的外套脫下，披在我身上，拍拍我的雙肩，然後那輕拍變成了按摩。

「唷，你好緊繃！」

「對啊……」

「對了，我剛說到哪了？」他問，手繼續替我按摩。我肩膀上確實有許多氣結，但我不希望主創人是那個揉開它們的人。我想說點什麼，讓他停止，但又害怕得罪他。

「喔，對了，」他自己找回了他的思路，不需要我的幫助，「外面每個小孩都不惜付出一切來爭取你所擁有的機會。你真的很幸運，小珍妮特。」

「我知道。」我說，他還在繼續撫摸我。

我知道的，我真的知道，我有多幸運。

42

「我不敢相信我的寶貝小女孩要搬走了。」媽說，她說這句話的感覺與外婆的方式不同。外婆會哭得淚流滿面，大聲到鄰居都能聽見的地步。媽則是輕聲說著，幾乎不看我，不像她打電話給斯普林特電信公司要求延展帳單時那樣，這不是在表演。我很欣賞媽與她母親不同的地方。

「只有工作日而已。如果我週末不必去納什維爾的話，我會回家。」

媽嘆了一口氣。

「這個如果不太可能發生，我幾乎見不到我的寶貝了。誰來監督你維持飲食計畫？誰來幫你洗你的頭髮？」

「我在巡演的時候也自己洗了。」

「是啊，但我看見照片了，看起來油膩膩的。」她吸鼻子。

「但這是最好的選擇，因為我不會開車，你也不能再開車了。」

雖然這是事實，但媽仍失落地低下了頭，我知道我傷了她的感情。

「也許哪天我又能開車了。」她膽怯地說，像個向大人尋求保證的小孩。

「我知道你會的。」我以充滿正能量的語氣回應，用大人安慰小孩的那種語氣。

我們都看著她的輪椅，那輛最近配給她的、「需要時」可以使用的輪椅，而這種需要已經變得越來越頻繁。當她的醫生告訴她，他認為她應該使用輪椅時，我們都假裝這會很好玩。她說我可以推她在迪士尼樂園裡到處逛，我說：「好啊！」然後走進醫院的洗手間，開始啜泣，但洗手間裡衛生紙都用完了，我只好用馬桶座墊紙擦乾眼淚。然後我出來又說了一聲：「好啊！」

這該死的輪椅根本不是什麼他媽的「好啊」的事，它是一個死刑判決。我們誰都不願意承認，但事實就是如此。一旦你成為一個坐輪椅的癌症病患，你就再也擺脫不了它，你到死都會是個坐輪椅的癌症病患。該死。

「好了，抱歉讓你們等。」外公從屋裡走到車道上與我們會合。「現在我準備好了，可以走了，換了乾淨的褲子。」他抬手指著剛換的褲子，先前那條因為咖啡打翻弄髒了。

我爬進後座，身邊全是我早已堆進車裡的一落落紙箱。我看著外公把媽抱進副駕駛座，再把輪椅收起，放入後車廂。就這樣，我們動身前往我的公寓，我人生中第一個獨立公寓。

大約一個多小時後，我們到達位於柏本克社區（Burbank）的公寓。這個公寓還可以，雖然不是我的首選，但地點很合適。我的新經紀人（在拍《愛卡莉》第三季期間，我換了經紀人）與尼克兒童頻道協商，讓他們支付我在這裡的住宿費，並且安排一個製作助理接送我上下班。（我不開車，因為媽說那對我來說可能太困難了，而且我在車上可以把精力用在更好的地方，像是「背台詞或者構思推特的發文」。）

我絕不會向媽承認這點，我只告訴她，要離開她對我的打擊有多大，但其實我也很興奮。考慮到她脆弱的健康狀態，我對這種興奮感到愧疚，但這種情緒卻是無法否認的。我終於可以獨立自主，我要有自己的空間了，有自己的生活。

我在搬第一批紙箱時，外公把媽抱進公寓。

「我買了禮物給你，妮特。」當外公把媽放在沙發上時，她說。由於是尼克兒童頻道付錢，媽堅持要附家具的房子。她從腋下拿出一個包裝好的禮物。

「你不用這樣啦。」

「我還把緞帶尾端弄捲一點呢。」她遞給我一個DVD大小的禮物。過去幾個月，她的狀況變得越來越糟，我則變得越來越憤怒。我不知道我的憤怒是不是直接來自她糟糕的狀況，但至少部分原因如此。我他媽的無法處理她極度糟糕的狀況。她病得越重，她的語氣就變得越可愛，她變得更無辜，越來越常向我哀求，彷彿在求我不要消失，而我卻想尖叫：**你才是要搞消失的那個人！**我發誓，她看得出我想尖叫，因為她變本加厲地裝可愛，這讓我變本加厲地想要尖叫。但我沒有，我忍住了。然後她會睜著一雙大眼睛看著我，我知道她不會，她不能，但我幾乎感覺她在享受這一切，像是樂在其中。我幾乎感覺她在享受這種痛苦，就像對她來說，那代表著我有多在乎。

「你不打開嗎？」媽問。

「喔，對。」

我打開禮物，那是電影《刺激》（*The Sting*）的ＤＶＤ。媽愛勞勃・瑞福（Robert Redford），我也愛，但她更愛。

「我想今晚等你都整理好後，我們可以一起看。」

「喔，好啊，那一定很棒。」

「是啊，是啊。」媽說，摘下她的帽子，抓了抓她光禿禿的頭。「然後，嗯，我在想……我明天不用化療，所以我可以整晚待在這裡，你知道的，如果你願意的話。」

她睜著無辜的大眼看著我，緊張地扭絞著雙手。我立刻明白這是什麼意思。這意思不是媽要在這裡過夜，這意思是媽以後要每晚都待在這裡，這意思是媽要搬進來。我不想要她在這裡過夜。

「當然，你可以在這裡過夜。」我說。

接下來的三個月，我每天晚上都這麼說，直到最後，她甚至都不問了。她只是單純地認為這一切理所當然。這不是我人生第一間獨立公寓，這是我們的公寓，我們是室友。

43

我坐在六旗樂園（Six Flags）的激流勇進（Log Ride）設施上，我擠進圓木的前座，五名《愛卡莉》劇組人員擠進我後面的座位。我的同事喬坐在我正後方，一直在碰我。起初我分不清楚這是不是不小心的意外，因為我知道他已經三十多歲，還有位女友，但現在發生了這麼多次，我確定他是故意的。我什麼也沒說，因為真相是我感覺很好。事實上，我希望他這樣碰我。

這幾個月來，我們的友情一直有點曖昧，一切開始於某次讀本前的獨處，那天我們兩個是最早到的人。喬和我攀談，聊起他最愛的電影《年少輕狂》（*Dazed and Confused*），我當晚回家後立刻就找來看，好讓我們隔天還有話題可聊。我渴望讓他留下深刻的印象，因為他年紀比我大而且比我聰明。我們交換了隻字片語（Words with Friends）的遊戲用戶名，喬開始主動提議載我回家，他會在路上播放傻瓜龐克（Daft Punk）的專輯，從第一首聽到最後一首，並向我解釋他們的音樂有多麼天才。我其實不太喜歡電子音樂，但我喜歡喬告訴我為什麼應該喜歡它。

現在他正在碰觸我。他碰觸我的方式，已經是另一種層次，或者說，我是如此認為。以前我從未被如此碰觸過，所以我也不太確定。當然，我曾在歡朋酒店和盧卡斯接吻過，但從那之後，浪漫就從我的生活中消失了。我唯一知道的是，這感覺不像只是朋友間的碰觸。當他的手放在我的背上時，我整個身體都在發麻，感官既興奮又無法抗拒，還有點驚慌。在這一刻，我知道無論如何，我們會在一起。

44

「我和米蘭達約好要去她那裡過夜。」在幫媽和我自己準備一盤烝煮蔬菜當「晚餐」的時候，我向她撒了謊。我已經在片場吃過晚餐了，但我因為羞愧而不敢告訴媽，感覺很糟。

「沒有你，我一個人怎麼辦？」媽真誠地問，努力不讓眼淚落下，「我會非常非常想你的，妮特，我太愛你了。」

「我也會想你的，媽咪。但這是我和米蘭達規劃了很久的事。」我在這句話裡撒了兩個謊。

第一個謊是我說我會想她。我不會想她，我很開心終於可以和她分開。自從我們搬進這個並不獨立的公寓後，她每晚都睡在我床上，而且她整晚都緊緊抱著我，我很難睡得好。

第二個謊是米蘭達和我要一起過夜。我們每兩週就會一起過夜，但今晚，我會和喬待在一起。媽不能知道喬的事，因為她絕不會同意。媽只同意我和兩種類型的男孩出去玩——摩門教徒和同性戀。而且即使對象是他們，她也想親自監督我們的聚會。「有個男孩雖然讀過《尼腓三書》……」

我把蒸煮蔬菜盤放在媽面前。她戳了戳南瓜塊，然後叉起來送入嘴裡。

「可是**我**現在需要你，妮特。」媽低頭說。

「我明天就回來了。」我輕聲說，希望這能安撫她，讓這個話題就此結束。媽沉默了很久，我一直在等她說點什麼。她看向旁邊，目光呆滯，彷彿從現實抽離。這令我害怕。就在我正準備問她發生什麼事了，她猛地轉頭看向我，拿起咖啡桌上的電視遙控器，朝我頭上砸過來，我躲往旁邊避開。

「你在對我**說謊**，你這個**騙子**，」媽臉孔扭曲地厲聲斥責我，「我一定會查出你在幹什麼，記住我的話，你這個**齷齪又說謊的小婊子**。」

媽以前對我很嚴厲，但她從未這樣對我說話。

「而且你最好相信，明天你回來的時候，我用聞的就能知道你在說謊。」她戲劇性地說。我看得出來媽有多想成為一位女演員，顯而易見。「對吧，馬克？」

媽突然轉頭看向我爸，他一直都在場，像往常一樣半句話都不說。他迅速點頭，她的怒火令他害怕。我受夠了，抓起我的背包，開始往外走。

「我會弄清楚你在搞什麼鬼，你這個**騙子**！」媽尖叫。我的神經系統劇烈震盪，但我假裝無視她。我走出前門，任由門在我身後砰地甩上。

／

喬到日落大道和葡萄藤街的轉角接我。他的福特金牛座（Ford Taurus）副駕駛座的門因為一年前的某次車禍，被撞得卡住開不了，所以我得從他身上，也就是駕駛座這側爬過去。我的身體仍因為和媽之間的爭吵而顫抖，我看著喬。

他雙眼無神，身上散發出一股甜甜的、腐爛的氣味。我很失望，今晚原本應該是我們成為正式情侶的第一個夜晚，我希望它浪漫、奇妙且具有紀念意義，結果喬卻一臉悲傷又喝醉，而我還得努力抗拒心中的幻滅感。

「你說了嗎？」我焦急地問。

「對啊，我和她分了。要是沒分，我人也不會在這裡。」他的話含糊不清。

「也是……那你還好嗎？」

他從鼻子哼笑幾聲，「你覺得我會怎麼樣？」

喬低下頭，似乎對自己的脾氣失控感到不好意思。他喝醉的時候就會這樣。他發動車子，開往喜來登環球酒店（Sheraton Universal），我在那裡訂了房間。我很擔心他酒駕，但又不敢提起這件事，因為我知道那會讓他情緒更不穩定。

等我們抵達酒店房間時，已經過了午夜。喬試著把鑰匙插進鎖孔，但他晃得太厲害，所以我從他手上接過鑰匙，插了進去。

「我自己可以做到的。」他說。

喬在我身後跌跌撞撞地走入房間，立即癱倒在床上。起初我以為他真的很累，直到他翻身平躺，我才看見淚水沿著他臉頰流下。他的胸口起伏，發出那種像在打嗝的噁心啜泣聲。

「怎麼了？發生什麼事？」

「我做了什麼？我到底做了什麼麼麼麼麼！」他嗚咽，「我們在一起五年了，**五年**。我們才剛同居，我們本來都要結婚了。」

我在他身邊躺下，從他身後抱住他，像一根大湯匙。他不停在說自己有多後悔自責，假如我夠好，他就不會有這種感受了，他不會這麼悲傷。

「我以為你想要這樣。」我說，尋求確認與安撫。

「你甚至不和我做愛！」他嚎啕大哭。

這是真的，我不會和他做愛。雖然我們家不再上教堂，但某些宗教上的規定，我仍然無法讓自己打破，其中之一就是婚前性關係。

我們過去三個月一直在曖昧。工作的時候嚴格保密，這真的讓關係變得更加緊張刺激。收工後我們會共度幾小時，假如他女友不在，就在他家，假如她在，就到他朋友家。我們會接吻、磨蹭彼此，但從未發生性關係，我甚至沒碰過他的陰莖。

「我很抱歉，我只是還沒準備好。」我告訴他，語氣裡帶著我自豪的堅決。

「那至少可以幫我口交？」喬從床上抬起頭，像隻滿懷希望、需要關愛的小狗。

「呃，我也不想那麼做。」

喬把頭倒回枕頭上，淚水變成了劇烈的怒火，「這太荒謬了，我的需求都沒被滿足。」

「我們可以接吻，」我提議。

「我不想**接吻**，我都三十二歲了。」

提出這樣的建議讓我覺得自己很蠢，為自己在性方面的經驗不足以滿足喬的需求感到尷尬。雖然我已經十八歲了，但我感覺自己像個小孩。

「你對我來說太年輕了，這永遠行不通的。」喬開始從床上起身。

「好啦，好啦，我做。」我說，立刻對自己感到失望。

喬重新躺回去，懶洋洋地伸展著四肢，彷彿對這個想法已經失去了興趣，但既然我們都在這裡，不如就順勢繼續。他拉開褲子拉鍊，掏出他的陰莖。我盯著看了很久。

「我應該怎麼做？我以前從來沒做過這種事。」

「是喔，你說這種廢話完全不會讓我感到興奮。」

我偶爾也見過喬這樣沒好氣地說話，但這次感覺不同。我可以把他的行為解釋成他比平常醉得更厲害——但我自己從沒喝過酒（除了主創人那口加了烈酒的咖啡），所以很難判定，我通常只能根據他走路時有多歪歪倒倒，或他說話有多含糊不清來猜測。我還可以把這行為歸咎於他和女友分手所造成的情緒崩潰，但老實說，我不需要找任何理由，因為我是如此迫切地想和他在一起。他比我大這麼多歲，比我酷太多，我以前從沒對任何人產生過這種感覺，所以我知道我們之間一定有什麼特別的連結。

我猛撲向前，然後開始做，連舔帶吸，希望我做對了，希望這有取悅到他，但我毫無頭緒。我當了十二年的演員，沒有導演下指令，我什麼也不是。

「就快要到了，」喬喘著氣說。聽起來像是好事，我不清楚接下來會發生什麼事。

「再快一點。」

「謝謝。」我說。指令出現了！

突然，某種像液態塑膠的溫熱東西射進我嘴裡，我立刻把它吐在床單上。

「有東西噴出來了！哦，我的天哪，剛有東西噴出來了！」

「是啊，那是精液。」喬用一種隱隱惱怒的眼神看著我。

「精液是什麼？」

喬翻身背對著我，抓起枕頭緊壓在他的胸口。他深吸了一口氣。

「我都做了什麼？」他問。

45

「阿囉哈。」茂宜島四季度假酒店（Four Seasons Resort Maui）的漂亮職員問候我們，同時把花環套上我的脖子，把堅果環套上喬的脖子。喬的目光在那位職員身上停留了零點二秒，太久了吧。我恨那個婊子。我在心裡暗自記下，有空要找個時間解決嫉妒這個毛病。

我們辦理入住手續的時候，反覆強調好幾次，酒店房間是用我而不是喬的名義預訂。無論是因為喬和我的年齡差距，還是單純的性別歧視，似乎沒人相信這趟四季酒店之旅是我的安排，而不是他的。

當然，也不完全是我的安排，是尼克兒童頻道的安排。這是給每位演員的第五季殺青禮物——茂宜島威雷亞（Wailea）四季度假酒店五天四夜的行程，每位演員可攜帶一位陪同的客人。

喬當然是我的客人。我們已經交往一年了，我們之間的關係也穩定下來，相處愉快。當然，有一半的時間，狀況還是混亂動盪的——喬喝醉，我歇斯底里；我獨占欲太強讓喬不開心，喬在我替他清償債務三週後又開始欠錢也讓我不開心——但另一半的時間裡，一切都很美好。

我們一起看《倖存者》（*Survivor*）的重播，我們共享圈內愚蠢但好笑的笑話，我們笑聲不斷，我們還是沒有發生性關係，但我的口交技巧進步了。

對我來說，這段關係無論看起來還是感覺上，都比我父母的關係要好很多——他們之間只有尖叫、混亂、大吵大鬧，卻沒有任何樂趣。唯一的問題是媽還不知道我們的關係。

媽在幾個月前搬出我的公寓，為了離她在橘郡（Orange County）的腫瘤醫生近一點，現在她幾乎每天都要約診。由於我們不住在同一空間，媽一天會打十通左右的電話給我，即時更新我的生活狀況——我的角色在戲裡有多少戲分、最近是否有參加其他試鏡、提出理由說服我應該繼續做鄉村音樂（自從媽的癌症惡化後，我終止了我的錄音合約）。我擔心我能否順利度過在四季酒店的五天四夜，而不讓媽知道我和誰在一起。

我們決定跟媽說我和柯頓在一起，柯頓是獲得她批准的同志朋友，因為他的陰莖絕無可能對我有什麼想法。到時他會加入我們的三方通話，這樣媽就不會發現我說謊。

對我來說，說謊騙媽是很困難的事。每次我為了保護我和喬的關係而向她說謊，掛掉電話後，我都會趴在喬的懷裡因愧疚感而哭泣。我跟他說，我多希望我能對她誠實，我希望她能認識他，我希望我不用這麼怕她，而喬則會用手指梳過我的頭髮來安慰我。

我感覺與媽之間的裂痕逐漸擴大。每說一次謊，我就覺得自己又離她更遠了一點。我每增加一公斤體重、每放縱自己暴飲暴食一次，我就感覺自己與她變得越來越疏離。

這種隔閡讓我感覺困惑和煩惱，我迫切想感受自己與她的親近，但又極度渴望那種親近能按照我的方式，而不是她的。我想要讓她知道我正在成為什麼樣的人，我想要她允許我成長，我想要她讓我做我自己。

但這些目前看來更像是一種幻想，而非現實。所以現在，我選擇說謊。

度假三天了，計畫順利進行。每一天，柯頓和我都會和媽三方通話，告訴她我們的浮潛探險奇遇、吉普車越野行程，以及白色沙灘上的漫步。當柯頓補充那些明確表達「我現在——絕對不是——在柏本克——任何一家——目標百貨——逛街」的細節時，她都會跟著大笑。

但到了第三天下午，喬和我在酒店前的海濱玩立槳衝浪時，他突然注意到了什麼，要我趕快蹲下。我轉頭想知道他在說什麼，結果看見遠處一間香蕉黃的海灘小屋附近，一名蹲著的矮小狗仔，正不停對著我和喬拍照。

靠靠靠靠！這真是一場大災難。我們迅速游回沙灘，扔下槳板，用高檔的毛巾裹緊自己，然後匆匆走進酒店後門。整個過程中，那個狗仔一直在拍我們。

等我們進入房間時，我已經開始驚慌失措，口中喃喃碎念著媽可能懲罰我、與我斷絕關係、威脅我的各種方式，喬試圖讓我鎮定下來，但沒有成功。

最後，我歇斯底里夠了，情緒徹底耗盡，下午六點就倒在床上睡著了。

隔天早晨，我醒來第一眼看見的不是窗外美麗的棕櫚樹，不是閃閃發光的土耳其藍色海水，也不是遠方吊床裡正在擁吻的幸福新婚夫妻，而是冰冷堅硬的iPhone螢幕上顯示的刺眼通知，我整個人嚇壞了。

三十七通來自媽咪的未接電話，十六通語音留言，四封未讀的電子郵件（我不再和媽共用一個帳戶——在喬的鼓勵下，我最近新建了自己的郵件帳戶）。我打開最上面的那封信：

親愛的妮特，

我對你實在太失望了，你曾經是我完美的小天使，但現在你只不過是個**小蕩婦**、**隨便的女人**，**被人吃乾抹淨**。我不敢相信——你竟然把自己的貞潔浪費在那個醜陋的**食人魔**身上，我在一個叫TMZ的網站上看見那些照片——我看見你在夏威夷和他在一起，我看見你在他毛茸茸的噁心肚子上磨蹭。我**早就知道**柯頓的事是騙我的，這不過是一長串你做過的事情中，再加入下面這些字眼——**騙子**、**狡詐**、**邪惡**。你還看起來更矮更胖了，顯然你**用吃來抒解你的罪惡感**。

想到你和他上床就令我噁心，**噁心透了**。我沒有把你養育成這麼糟糕的人，我可愛的小女孩怎麼了？她去哪裡了？現在這個取代她的**怪物**是誰？如今的你只是個**醜陋的怪物**。我已經把你的所作所為告訴你哥哥們了，他們都和我一樣要與你斷絕關係，我們不想與你有任何牽扯。

——愛你的，媽（或者我該署名**黛**，因為我不再是你的母親）

附註：寄點錢回來買新冰箱，我們的壞了。

我弓起身，把頭埋入雙手裡，開始抽泣。喬輕輕撫摸我的背，再三向我保證是我媽有問題，但我告訴他事實正好相反，是我有問題，也許她是對的，也許我迷失了，也許我真的就是個邪惡的怪物。

「你不能讓她這樣影響你。」他說。

我急忙拿起我的手機，打開搜尋引擎輸入TMZ。喬提醒我，我們商量過不看那些照片的——他知道我對自己的身體形象很沒自信——但我不在乎。我必須看到那些照片，我需要搞清楚媽說的是否正確。

她是對的，我看起來糟透了。我的身體和臉都讓我想吐，我確實看起來又矮又胖。

我現在不再穿連身泳衣，但我還是會穿上海灘褲遮掩我的屁股，它已經變得曲線分明、充滿女人味，具備這些特質都讓我覺得噁心。喬跟我說，那件比基尼上衣讓我的胸顯得很美，但我看不出來，我只覺得乳房很醜，我討厭它們。我希望自己是平胸而且沒有任何曲線。我希望我的身體沒有任何性別特徵，或者具備任何惹人遐想的能力。

我的眼淚被惡毒的自我厭惡所取代。喬意識到我的變化，從我手中搶過手機，說他要把手機鎖在酒店保險箱裡。我沒反對。

接下來的兩天，我的手機一直放在保險箱內，我的泳衣仍然掛在浴室的門把上，不曾再動過。喬和我試圖充分利用剩餘的夏威夷時光，我們去健行、開車兜風，從事一些不需要我在公眾場合脫衣服的活動。直到旅程的最後一個早晨，我已經不再糾結，我的手機也離得夠遠，幾乎讓我忘記狗仔事件和媽的惡毒郵件。

但就在喬和我收拾行李時，我從眼角看見他不動聲色地輸入保險箱密碼，拿出我的手機，準備塞入他口袋裡。我要求他讓我先看看手機。他提醒我這是個壞主意，看了對我只有壞處沒有好處。但我無法克制自己不看，我想看，我需要看。

手機一回到我手上，我就知道自己做錯了，但現在已經太遲。媽打了四十五通未接來電，發了二十二封未讀電子郵件，我開始發瘋地翻看那些訊息，一封比一封更激烈——她罵我蠢蛋、失敗者、混帳東西、惡魔之子。喬說我們再不去機場就要遲到了，我不在乎。

我又讀另一封信，信件主旨是「給你粉絲的信」。我點開，發現信裡有個附加檔案，裡面是媽對我的嚴詞批評，媽告訴我，她已把這封信貼在一個線上的珍妮特・麥考迪粉絲俱樂部，試圖讓我的粉絲遠離我。她說她要搶走我所有的粉絲，因為她比我更配得到他們的支持，她對天發誓，她要註冊一個Vine帳號，讓他們都愛上她分享的喜劇影片。

我懷疑媽在虛張聲勢，所以我查看她提到的粉絲俱樂部。不是虛張聲勢，媽的訊息就張貼在那個粉絲俱樂部的首頁，我幾乎無法置信。

回到我的電子郵件信箱，又跳出一封媽寫的信。我點開它：

> **你**讓我的癌症又復發了，我希望你對此感到滿意。**你**這輩子都必須承擔這個罪名，是**你**讓我得了癌症。

我草擬了一封回覆她的信，詢問我們是否可以坐下來，當面談談。我確信，只要她同意，我可以解釋清楚，贏得她的認同。我絕望地哀求著。

> 拜託，至少讓我們當面談談好嗎？拜託。就我和你。我們可以坐下來，好好談清

楚。我可以回答你的任何問題。拜託媽咪，我討厭讓你失望。我願意做任何事，只求能不讓你失望。我有把握，假如你知道全部的狀況，你就不會認為我是那樣的人。我真的非常愛你。我想要和你像從前那樣親近。我想你。

——愛你的，妮特

我關掉手機，把它塞入喬的口袋。他問我她說了什麼，我跟他說沒什麼。我渾身麻木、僵硬，整趟回程我一句話也沒說。

過去幾年，媽和我漸行漸遠，我從沒想過我們可能如此疏離。在名氣和喬之間，我和媽的關係變得沉重到幾乎讓人難以承受，再加上她癌症帶來的壓力，也許這一切其實只是她癌症所帶來的壓力。

她為什麼不能承認她快死了？我為什麼不能承認她快死了？我恨她如此在乎名氣，她恨我如此在乎喬。現在我們對彼此的恨似乎比愛更多，但也許我們都只是害怕。也許我們只是任由我們之間的這道裂痕越來越大，因為在內心深處，我們都知道這道裂痕很快就會變得失控。

飛機降落。在我們繞著停機坪行駛時，我打開寫給媽的郵件草稿，按下傳送。幾秒鐘後，我的手機叮一聲，收到媽的回覆：

當然，我們可以碰面。

附註：記得寄冰箱錢，我們的優格壞了。

46

「珍妮特？你會在我的葬禮上唱〈翼下之風〉（Wind Beneath My Wings）嗎？」

媽和我坐在凱皇家大道（Cahuenga Boulevard）的熊貓快餐（Panda Express）吃晚餐，慶祝媽的生日。媽正嚼著蒸花椰菜，而我在嚼著蒸高麗菜，我們都在維持表面關係，我們現在都如此。

這情形從夏威夷之旅後我們的第一次相處開始：爸載她到我的住處，把她抱下輪椅，放在沙發上。在等茶泡好的同時，我也在等她問起喬，因為我覺得那是我們碰面的主要原因——好好談談這件事。但她一直未提起。她只是問我一些工作上的瑣事，我也問她《重返犯罪現場》（*NCIS*，*Naval Criminal Investigative Service*）上一集一些不重要的問題，媽很迷戀馬克・哈蒙（Mark Harmon）。

*她什麼時候才要提起？*我納悶。我就這樣懷抱著困惑，直到不知不覺間，我們碰面的兩小時結束了，爸回來接她回家。

回到坐在凱皇家大道熊貓快餐店的現在，這種溝通方式——暗藏痛苦與怨恨的客氣閒聊——已持續了好幾個月，成為我們相處的新模式，但也久到不再稱得上新。所以當媽要我在她的葬禮唱〈翼下之風〉時，我很驚訝。

媽的癌症已經成為我們假裝不存在的禁忌話題，因為談起來真的讓人很不舒服。媽這時候提出這問題，無疑是違反我們之間的默契，我不知道該如何處理，或如何繼續。

「嗯……」

「別忘了要投入情感地唱，你得與歌詞融為一體，如果你只放一半的感情，效果會出不來。」

我甚至還沒同意，媽就已經在叮嚀表演上要注意的重點。「呃呃呃……」

「讓我聽你試唱看看。」

「媽，我們現在在熊貓快餐，我不要——」

「只是試一下。」

「在我的影子下一定很冷吧——」歌聲不由自主地從我口中流洩而出，我的身體被設計成媽媽隨選功能。附近一名員工正在拖地，用眼角餘光看著我。

「陽光不曾——」

「再多一點情感，再悲傷一點，去感覺它，天使。」

「陽光不曾照在你的臉——上——」抖音多了點，但媽喜歡這類東西。

「很好，停。我不想把你累垮，你的演唱太早進入高潮了。所以你同意在葬禮上唱囉？」

我感覺自己責無旁貸，這是媽最後的願望。唯一的問題是，我不覺得自己的音域有高到可以唱這首歌。前段主歌的音調比較低還可以，但等到歌曲飆高來到副歌處，那遠遠超出了我的音域。

回到我的住處，媽要我在YouTube找出那首歌，這樣我可以跟著練習，也讓她先感受一下最終的演出版本會是什麼樣子。

「我以為你不想讓我累垮。」

「呃，我們提前這麼早——希望啦——練習，所以沒什麼關係。」媽刻意的措詞——或者準確來說，她用的那個詞——對我打擊很大。希望。她突然讓我怒不可遏，但立刻又對這股怒火感到愧疚。我一定是個很可怕的人，才會在我的媽媽慢慢走向死亡時還這樣生她的氣。

我把內疚化為力量，全心滿足媽的願望，或許那樣會讓我的良心無愧。我從YouTube找出那首歌，並在另一個分頁上找出歌詞，然後開始唱。主歌部分一如預期，沒問題。但一進入「你可知道」的副歌……就證實我先前所想，那超出我的音域。

「嗯，那是因為你沒有先做發聲練習，」媽向我保證，「先做點發聲練習，再試試看。」

我做了十分鐘的「咪——咩——哞——」，然後再試一次。然後又試一次，還是同樣的問題。為了確定，我再試了一次。

「這超出我的音域了。」我最後承認。

「不准那樣說。」媽嚴厲地說。

「對不起。」

「你能做到的。我知道你唱得上去，你只是需要足夠的時間練習——希望如此。」

我不想練習那首媽媽交代我在她喪禮上要唱的歌，我不想思考我媽媽的葬禮。我想繼續忽略這些談起來會令我們不舒服的事，雖然我曾經以為我討厭這樣，但我想回到假裝一切都正常的日子。

「親愛的，你為什麼今晚不多練幾次呢？」媽催促我，摘下她的UGG帽子，抓了抓她的光頭。表面上，這似乎是個很教人傷感的動作，但我發誓，她是在蓄意操弄我的情緒。

我按了返回鍵，回到歌曲開頭，一九八〇年代電子合成樂的俗麗前奏響起，我再次嘗試。

47

「你走錯方向了。」我看著窗外的外公，用擴音對講機告訴他。

「哎呀。」

他推著媽的輪椅轉了一百八十度，然後朝相反方向走。我從公寓面對中庭的窗戶看著他們。我當初選中這間公寓就是因為它的景觀，或者應該說是，因為它沒有景觀。這社區裡最受歡迎的是面朝日落大道的公寓，可以直接遠眺繁華的城市。但我絕對不可能看中那些，因為那區公寓面向尼克兒童頻道大樓，而大樓外側正懸掛著《愛卡莉》鮮豔的紫色、黃色看板，上面是我虛偽的假笑和修過圖的俗氣髮型，簡直可怕到家。要我每天早上醒來面對著那樣的自己，想都別想。

經過幾次錯誤的轉彎和按錯電梯按鈕後，外公和媽終於抵達我的公寓。我們喝茶閒聊了幾分鐘，然後又返回停車場，讓外公載我們去吃午餐。

「你想去哪裡？」我問。拜託別說那裡，拜託別說那裡，拜託別——

「溫蒂漢堡（Wendy's）？」媽天真地提議。「沒問題。」我擠出一個微笑。溫蒂漢堡本身沒什麼問題，事實上，我甚至可以說出它的幾項優點，大家都吃過他們的甜點「冰霜」（Frosty）。

我的緊張不是因為溫蒂漢堡，而是媽選擇溫蒂漢堡的理由。她知道我有錢，可以帶她去任何她想去的地方，然而她卻選了溫蒂，不是因為她喜歡它，而是她可以告訴她的朋友或教會的夥伴她有多謙遜、多腳踏實地，即使是她生日這樣的特殊日子，她也只是吃了一份速食餐廳的附餐沙拉。

我快被媽的這種行為逼瘋了，這種渴望別人同情憐憫的心態。她罹患第四期的癌症，已經能獲取足夠的憐憫，她不需要再用溫蒂漢堡博取同情。

外公把車開出停車場，抵達第一個紅綠燈口。這個紅綠燈就設在那張巨大、嚇人的《愛卡莉》海報正前方。出於焦慮，我開始整理後座椅背上亂七八糟的口袋。我拉出紙張、皺成一團的收據、骯髒的餐巾紙和一本肖恩・漢尼提（Sean Hannity）的《保守派的勝利》（*Conservative Victory*）。外公回頭看我在做什麼。

「你想借回去看嗎？我已經看完了。寫得很棒。非常，出色的，著作。」他在儀表板上敲出節奏。

「也許吧。」（不要。）

「快看，她在那裡！」媽說，拿起她的柯達（Kodak）即可拍拍下那張巨大的海報。同一塊看板她起碼拍過一百次。

當她在拍照的時候，相機卻突然從她手中滑落至車底。我彎腰伸長著手撿起它。就在我拿起相機坐直時，媽卻開始抽搐。她的雙手緊握成小拳頭，她的臉孔歪扭，一隻眼睛緊閉，嘴巴也整個扯向一側緊縮。她抽搐的樣子就像精神病院裡那些不停搖晃的病人，我嚇壞了。

我告訴外公事情不對勁。他妄稱主名咒罵了一聲，媽什麼也沒說，因為她沒辦法說話。外公看向左右兩側，確定安全後，他橫切過街道，闖紅燈進入尼克兒童頻道的停車場。親切的保全卡爾認得外公，因為他常來片場看我。外公叫卡爾快撥打九一一。

這時候，媽已經開始口吐白沫，我相信她就要死了。外公要我讓她躺下，我解開她的安全帶，讓她平躺在我大腿上，這真是我人生中最可怕的一刻。

救護車以驚人的速度趕到。他們把媽抬上擔架，扣上綁帶。她還在抽搐。他們把她推進救護車裡，一名急救人員認出了我，讓我和媽一起搭上車。這是我少數幾次對自己被認出而心生感激的時刻。

我握住媽的手，用力捏緊。我跟她說，一切都會好起來的，儘管我確定事情不是那樣。救護車的警笛開始鳴響，從車裡聽到的聲音變得有點扭曲。司機右轉出了停車場，就在我用力捏緊我垂死母親的手，看著她口中噴出白沫時，我們再次經過那張海報。我看見我眼神空洞的咧嘴微笑，還有那頭該死的過時愚蠢髮型，我的人生正嘲笑著我。

48

今天是平安夜的前一天，媽已經住進加護病房一星期，毫無反應。她會抽搐是腦瘤造成的，醫生告訴我們這情況「相當常見」，彷彿常見就能讓這件事變得沒那麼驚悚。

外公、外婆進加護病房探望媽時，馬庫斯、達斯汀、史考蒂和我在家屬休息室坐成一排，我們全都沉默不語。

最後，我提議去漢堡王（Burger King）替大家買些吃的，因為我亟需找點事情轉移注意力，食物是最能讓人分心的選擇。男孩們都不想吃，他們跟我說，他們現在「吃不下」。我嫉妒他們，我嫉妒他們能把悲傷和壓力轉化為食欲不振。

我走到對街的漢堡王。點了份華堡、薯條和冰可樂，搭配一些塔可餅和雞柳條。點餐和進食一氣呵成，感覺超出了我的掌控，我的胃脹得鼓起。

我考慮催吐，我以前聽說過這種事，但從未真的試過，看來現在是個嘗試的好時機。我把漢堡王紙袋扔進塞得過滿的垃圾箱，回到醫院。我衝進大門，抄近路穿過大廳，跳上電梯，對我的計畫感到興奮。我在加護病房樓層出了電梯。哥哥們已經不在休息室，他們一定是進去看媽了。我走進有兩個隔間的洗手間，確定裡面沒有其他人，然後我跪在醫院鋪了磁磚的冷硬地面上，把手指塞進喉嚨深處。噢喔，我的手指戳到喉嚨深處，很痛，但什麼也沒吐出來。我又試，還是沒有，再一次，仍舊沒吐出任何東西。媽的，我放棄。我洗了手。無論是不吃東西，還是把吃下的食物弄出來，我都失敗了。

我匆匆走過走廊，推開通往媽加護病房房間的沉重門板。馬庫斯、達斯汀和史考蒂圍在她身邊，幾乎無法認出那蓋在醫院被單和毯子下的瘦小身形。

「她醒了。」達斯汀告訴我。

我衝到她床邊，握住她的手。我喜歡她手的觸感，小小的雙手，手指短短的，她的肌膚光滑又溫暖。

「妮特，」她虛弱地轉頭看著我說。我的雙眼蓄滿淚水，也許她終究會好起來。我不敢置信，我欣喜若狂。

「男孩們說你去漢堡王了。你不該吃那些東西，華堡的油脂含量很高。」

我笑了，淚水沿臉頰流淌。媽會活下來，至少現在，她會活著。

「我知道，媽媽，我知道。我點的是不加美乃滋的……」

她嘆了口氣，「還是不要吃。」

49

米蘭達在哭，我在哭，我們都在哭，我們無法停止哭泣。對我來說，哭不是因為《愛卡莉》完結了，也不是因為今天是我們最後一天錄製《愛卡莉》，這些我都無所謂，甚至感到興奮，已經準備好了。雖然我對即將開拍的衍生劇仍有點猶豫，但我很高興至少可以向這個節目道別，因為它讓我感覺自己像活在《今天暫時停止》（*Groundhog Day*）的電影裡，每天都重複做著一模一樣的事。

我之所以哭，是因為我不知道我和米蘭達的友誼會出現什麼變化。我們變得如此親密，就像姊妹，卻沒有那種關係裡的被動攻擊行為和詭異的緊張氣氛。我對女性情誼中的刻薄、心胸狹窄和背後捅刀有自己的看法，但我和米蘭達之間卻完全不是這麼回事。

和米蘭達相處永遠是這麼舒服，我們的友誼很純粹。

一名副導遞給我和米蘭達一張面紙，我們不顧難看地擤了鼻涕，然後各就各位，準備拍攝我們兩人一起的最後一場戲的最後一個鏡次。悲傷的情緒淹沒了我們，我們抱著彼此哭泣。

這種殺青時的悲傷情緒在片場真的很常見，你與身邊的人變得極為親密，因為你和他們相處的時間比你和家人還多，但這只是短暫的一段時間，然後就不再那樣了。漸漸地，你會發現自己開始越來越少與那些你曾認為你們極為親密的人說話，最後，你不再和他們說話。這會讓你懷疑，你以前真和他們親密過嗎？或者一切都只是表象，也許這些連結就像片場搭建的布景一樣短暫。

我不喜歡在特定的情境脈絡下認識別人。喔，那是我一起運動的人，那是我參加讀書會認識的人，那是和我一起拍過那部戲的人。因為一旦那情境消失，友情也會隨之結束。

我渴望深刻而親密地了解我愛的人——沒有情境、沒有框架限制——我也渴望他們以同樣的方式了解我。儘管我認為我深刻且親密地了解米蘭達，但我不喜歡透過《愛卡莉》的情境脈絡來認識她，因為《愛卡莉》要結束了，我不希望我們的友情也隨之結束。

50

「你確定？」

「我很確定。」

「現在不是放棄我們感情的時候，現在是你最需要我們這段感情的時候。」

「我不這麼認為，我覺得……假如接下來的幾個月我都和你一起度過，我會變得太依賴。」

「你為什麼不想依賴別人？能依賴某個人不是件好事嗎？那不就是愛的意義？」

「我只是擔心在我媽……的時候，你知道的，產生依賴。」我說不出口，那件事變得越真實，我就越無法說出口。醫生說媽的健康狀況急遽惡化已經好一陣子了，久到我開始質疑他們運用「急遽」這個字眼的方式。但無論如何，她的健康是惡化了，她再也離不開輪椅。我從沒見過她這麼虛弱，癌細胞已經擴散到全身，結束的時刻即將來臨。我咬著指甲。

「就像，因為我一向最依賴她，我擔心我對她的所有依賴會轉嫁到我身邊的任何一個人，加重他們的負擔。」我說。

「嗯，這對我來說沒問題。我喜歡負擔，盡量轉嫁給我吧。」

這不是我期待的回應，我趕緊改口。

「也許是我表達不正確，我只是覺得這會干擾我的注意力，讓我不能專注在需要專注的事情上，也就是我的家人。」

「我是干擾嗎？」

「不是。是的。我不知道。」

我抓了抓頭，真想從這一刻逃離，在東尼飛鏢酒吧（Tony's Darts Away）——喬最愛的柏本克素食餐廳的此刻。

「聽著，假如你不再愛我了，你可以直說，我承受得住。」說到最後一句時，他的聲音顫抖，背叛了他說的話。

就在這時，他的素香腸和啤酒送上來了。餐廳永遠會在你最不想要別人聽見的話說出口時上菜，時機掐得如此完美，你幾乎要心生佩服，簡直像服務生刻意安排的。

「我是真的愛你。」

「那你為什麼要跟我分手？」喬咬了一大口他的香腸。惹人厭惡的一大口，他整張嘴上都糊滿素的美乃滋，看起來很噁心。

也許這就是原因。也許根本和媽的事毫無關係。也許我只是厭倦了。他的咀嚼聲大多時候都令我感到困擾，他常用娃娃音說話也讓我難為情。他的笑話不好笑，他缺乏抱負，他喝太多酒。他有易怒的毛病。我們之間的年齡差距不再讓我覺得酷，反而讓我們兩人都有些尷尬。

我很好奇他對我累積的缺點清單有多長，他會說什麼？我很自私，我占有欲太強，我不夠社會化，我不喜歡他的朋友。我太愛評斷他人，我沒有給他足夠的關注。

喬還在嚼那一大口食物，他已經把這口東西嚼了該死的一分鐘，他為什麼就不能咬小口一點？這問題很容易解決的，喬。

「你聽見我說的話沒？」他問，「假如你還愛我，為什麼要和我分手？」

就在這充滿素食美乃滋的瞬間，我內心發生了某些變化。我所有的耐心都已經耗盡。我正置身一間廉價的素食酒吧，聞著我不愛喝的啤酒，四周過多的電視機裡播著我不愛看的籃球賽和足球賽。在一張椅腳不平的吧台高腳凳上，我坐在一個我不再愛的男人對面。我麻木無感，我受夠了。

「聽好，我就要。」

51

米蘭達開著車，我坐在她保時捷卡宴（Porsche Cayenne）的副駕駛座，這幾天我們有一半的時間都坐在這輛車上。最近我們花了許多時間在一起，完全無須擔心情境消失而失去友誼的問題；自從《愛卡莉》拍完後，我們友誼變得更加堅固。

我們每週會見面三到四次，通常其中一晚會一起過夜，就像昨晚。一般是在米蘭達的家，但昨晚我們住在拉古納海灘的瑞吉度假村酒店（St. Regis Laguna Beach），因為影集的殺青禮物就是在這酒店住宿一晚。

在瑞吉酒店共度的夜晚並沒有比較特別，因為我們做的事與往常待在米蘭達家時沒什麼差別。我們坐在房裡看一部亞曼達．塞佛瑞（Amanda Seyfried）主演的講述色情產業的電影，雖然我們覺得這部片很平庸，甚至也不知道她的姓要怎麼念，但我們一致認同亞曼達．塞佛瑞是個行走人間的美麗仙女。我們聊到自己有多悲傷、多痛苦，並對此深感愧疚，因為我們擁有這麼多值得感恩的東西。我們一起看《舞蹈媽媽》（*Dance Moms*）看到睡著——艾比．李．米勒（Abby Lee Miller）近乎虐待的訓練手段與父母們的熱情投入讓我們深感共鳴。

離開酒店沒過多久，米蘭達朝最近的高速公路匝道口駛去。我們一邊抱怨一邊笑著，車裡正播放著凱蒂・佩芮（Katy Perry）的《聽我吼》（*Roar*）——我們曾經一起聽過滾石樂團（the Rolling Stones）的演出，但說實話，作為二十一歲的年輕女性，凱蒂・佩芮對我們的影響力遠遠超過米克・傑格（Mick Jagger）。這時我的手機響了，是媽咪。

「喂？」

「妮特！妮特！救我！」

「嘿，慢慢說，放輕鬆，怎麼了？」

「救我！我好害怕。」

「你怕什麼？」

「他們又要抓我回去動手術了。」

媽要做的這個手術已經安排一陣子了。她先前動過乳房切除手術，最近乳房植入物開始滲漏，因此醫生需要切開來查看，把滲液清除乾淨，修復植入物——據說是相對容易的手術。

「不會有事的，只是個小手術。」

「不對勁，妮特，事情真的不太對勁。」

我聽見她那邊傳來護士的聲音。「女士，這裡不准使用手機。」

「拜託，妮特！做點什麼！」

「你要我做什麼？」

「我不知道！我需要你！」

她聽起來非常恐慌，聲音裡有種我從沒聽過的顫抖，令我心驚肉跳。爸接過了手機。

「珍妮特嗎？」

「怎麼了？」

「她現在只是情緒有些激動。她正躺在病床上，他們要把她推去手術室，我和她一起，一切都很好。」

「要我過去嗎？」

媽大喊「要！」，爸說「不用」。

我又問了一次，「要我過去嗎？」

「不用，沒事，」爸說，「等你到的時候手術都做完了，那很快的——非常安全。醫生們都很專業，我手術後再打給你。」

好吧，我把《聽我吼》的音樂聲調大。米蘭達繼續開車。

「沒事吧？」

「嗯，沒什麼。」

她沒再追問。我們安靜行駛了幾分鐘，然後又開始隨意聊起別的事情。我打從心底感覺到，有什麼不太對勁。我們停下來加油，然後繼續開車。我的手機又再次響起，是爸。

「手術怎麼樣了？」

「呃，媽的情況不太好。」

「什麼？」

「顯然她的身體無法承受這個手術。」

「等等，什麼？我以為那是很安全的——」

「她昏迷了。」

「但你說醫生都很專業——」

「她狀況不太好，你必須立刻來醫院。」

我掛斷電話，像是失去所有知覺。我把情形告訴米蘭達，她說要載我去醫院，我說好。我凝視著窗外，米蘭達在紅燈前停下。

「那念塞佛瑞，」米蘭達平靜地說，「我查過了。」

52

「媽咪，你聽到了嗎？我說，我現在瘦了很多，我終於瘦到四十公斤了。」

我放下蹺起的二郎腿，絕望地探身向前。

「四十！」

我很慶幸，自從媽昏迷之後，我的暴飲暴食就停止了。事實上，我幾乎什麼都沒吃，體重快速下滑。

嗶，嗶，嗶。

隨著醫院機器持續嗶嗶作響，我慢慢接受了我的爆炸性消息也無法喚醒媽的事實。聽見哥哥們從自助餐廳回來了，我急忙抹掉眼中的淚水。我們誰也沒說話，不需要。他們圍坐在媽的身旁，我們就這樣專心地凝視她。

我瞄了一眼時鐘，兩點半，從醫生告知我們媽活不過四十八小時後，已經過了兩小時。我在想，她還剩多少時間？她的生命會在這四十八小時的哪一刻劃上句點？她還剩四十四小時嗎？十小時？兩小時？時間每分每秒走得如此緩慢、如此沉重。我試圖抓住每一刻，但它就是不停地滴答滴答，我從未感覺如此糟糕。

「渣茲茲茲……死雖雖雖雖……」我們全都迅速轉頭看向媽，什麼鬼，她說話了。她很虛弱，幾乎聽不見她說了什麼，但她還是說話了。

「渣茲茲茲……死雖雖雖雖雖雖……」她又說了一次。

馬庫斯往前靠近她，「不，媽，別那樣說，你不會死的。」

「渣茲死死雖！」她有點生氣地說。這就是她，她回來了。

達斯汀彈了下手指，「薑汁汽水！」

媽睜大了雙眼表示他猜得沒錯，我們全都爆笑出聲，如果不是她快死了，我們會笑得更開心。越是這種生死關頭，反而越渴望能輕鬆一下，否則實在太難熬，也太痛苦了。

馬庫斯跑到走廊的販賣機買薑汁汽水。他回到病房，啵一聲打開，把汽水倒入媽口中。我們都露出微笑，這是好事，不是嗎？這是好兆頭。媽含糊不清地說了些話，咕嘟咕嘟地喝下薑汁汽水。這表示她會沒事的，這表示她會挺過來，不是嗎？

我很絕望，我知道。我知道我緊抓著最後一絲希望不放，但如果必須這樣，我就會死死抓住它。我不能放手讓她走。

／

媽在一個半星期前轉出加護病房區，之後一直待在普通病房。這就是他們說的四十八小時，威斯曼醫生，打臉了吧。我心裡有時會這麼想，但他提醒我和哥哥們——他經常這麼做——這並不意味著她會出現某種奇蹟式的康復。他不想要我們重燃希望，儘管我希望自己可以和他爭辯，但我很清楚我不能。她靠著造口便袋排泄，仰賴機器才能呼吸，根本不會好轉。

她住院治療的第一週，哥哥們和我都住在醫院附近的旅館裡，怕她隨時會走。但她活下來了，所以一週後，我們退了房。生活又回歸正常，或者盡可能正常。達斯汀不再請病假，回去工作。馬庫斯飛回紐澤西的家，外公和爸調整班次，輪流去工作，這樣大部分的夜晚就有人可以陪媽，而史考特則白天在醫院留守。我的衍生劇已經開始拍攝，每天下戲後都會去醫院探望媽。前一刻我人還在色彩鮮豔、強光照射的《薩姆和卡特》（*Sam & Cat*）攝影棚裡，大甩奶油襪、高喊一些庸俗的台詞，下一刻又坐在病床旁材質、花色都過時的沙發椅上，滿鼻子的消毒水味，被近在咫尺的死亡氣息籠罩。

今天也不例外。我剛拍完一場戲：我對上幾個卑鄙的校園惡霸，用一個火腿三明治甩打他們。現在我又置身此處，看著一名護士替我媽換便袋，她邊動作邊斜眼瞄我。我知道接下來會發生什麼事，那簡直就是地獄。

「你是……？」那名護士問。如果不是這件事已經在這家醫院發生了二十五次以上，我一定會很驚訝，當我就坐在我垂死母親對面時，居然有人還敢問我是不是薩姆．帕吉特。

我沒回答。我瞇起眼睛，希望護士能意識到她在這種時刻問這種問題有多不恰當。但她沒有。

「你看起來很像莎曼珊．帕吉特。你是薩姆嗎？」

我坐在那裡，看著護士清理我媽的屎，對人性感到徹底絕望。

「不是。」我不客氣地說。

「你看起來**就**跟她長得一模一樣。你介意我拍張照嗎？我想拿給我的姪女看。她一定無法相信你長得有多像她。」

我靠回椅背上，椅子發出嘎吱聲，「不行，我不想拍照。」

我看著媽。癌症然能讓她的身形產生這麼劇烈的變化。她的身體曾經很有曲線，雖然整個人只有一五〇公分高。她有大腿，一點屁股，還有胸部（好吧，一個乳房，假如你只算真的那個的話，另一個是切除後植入的）。她有小蠻腰和窄肩，線條勻稱。現在的她腹部鼓起，胸部乾癟，雙腿像樹枝那麼細。她的手臂顯得更長了，幾乎就像猴子那樣——臂膀只是垂掛在身體兩側。在我看來，她變得不太像人類。

「喔唉伊！」媽彷彿對著深淵說話，這是她少數能說出的詞句之一。她的大腦裡有那麼多巨大的腫瘤，幾乎已經腦死了，然而她卻還記得怎麼勉強說出「我愛你」，這讓我的心臟感到疼痛。

「喔唉伊！」她又說了一次，她的頭胡亂擺動著，眼睛裡沒有任何神采。我咬著嘴唇，直到流血。

在醫院的時候，我努力看著媽——珍惜她，記住她；但同時我又不想記住這樣的她，因此每次看著她沒多久我就會移開視線。有時候，我會強迫自己緊握她的手，告訴她我愛她，我在這裡陪她，但大多時候，我都不夠堅強，沒辦法那麼做。所以我索性坐在角落的椅子裡，偶爾看向她，其他時候只是盯著窗外，努力不讓自己崩潰。

我的手機收到柯頓發的訊息，他問我想不想離開幾天，來一趟舊金山的公路旅行。他知道我正水深火熱，認為這有助於我暫時拋開憂慮，轉換心情。我向外公確認媽目前的狀況，至少在接下來幾天內是否「穩定」，外公說是。

我迅速瞄了媽一眼，她正嘰咕一些聽不懂的話。我迫不及待地想離開這家醫院。我站起來，在她前額親了一下，然後離開。

53

我坐在柯頓那輛道奇戰馬（Dodge Charger）的副駕駛座上，他在開車。我們正在回憶大約十年前在猶他州拍電影時，第一次見面的情景。距離舊金山還有二十四公里，他提議我們買點酒帶去飯店喝。我以前從未喝過酒，這不是因為我還信守什麼摩門教的價值觀之類的東西，而是見過酒精對喬的影響後，我對酒心生恐懼。

但如果這世上還有誰能讓我和他一起嘗試喝酒，那一定是柯頓。他是個溫暖的人，充滿活力，擁有某種能讓他身邊的人都感覺到被接納的特質。而且他是同志，我不必擔心會和他在性方面有任何擦槍走火的情況。

我們一抵達飯店就啪地一聲打開酒瓶，倒進從浴室取來的兩個免洗塑膠杯。我們還打開了一包酸屁孩軟糖（Sour Patch Kids），這樣就能在灌下烈酒後，立刻放入嘴裡吃掉它們。

「準備好了嗎？」柯頓興奮地問。我點頭，他數著，「一，二，三。」

我們捏著鼻子，吞下杯中的酒後，立刻吃掉酸甜的軟糖。

「我什麼感覺也沒有。」我困惑地說。

柯頓同意，所以我們又喝了一杯。

「好吧，雖然不是很明顯，但現在我感覺到了，有點頭暈。」

柯頓同意，所以我們又喝了一杯。

「哇，我想我開始有感覺了。」

柯頓同意，於是我們又喝了一杯，以防萬一。

還來不及感受第四杯帶來的感覺，我們已經在床上跳來跳去，在飯店走廊玩躲貓貓，偷偷跳入關閉的泳池中。我們策劃一起拍攝一部短片，我們在片中要被銬在一起一星期。我們試著找尋手銬，幸運的是，我們沒有找到。

第二天早上，我精力充沛地醒來，眼下的睫毛膏糊成一片，看起來就像浣熊，身上還穿著昨天的衣服。

「這堪稱我這輩子最棒的夜晚之一。」我宣稱。

柯頓同意，我們考慮要不要再喝一杯。最後我們決定等到晚上再喝，這樣就有了可以期待的事。

天哪，我真的好期待今晚。我不敢相信，我竟然等了這麼久才體驗到喝醉的感覺。那真是一種妙不可言、獨一無二的感受。當我喝醉時，我所有的煩惱都不見了——對身體的厭惡、對飲食習慣的罪惡感、應對媽快死了的事、演出一個讓我感到羞恥的節目——全都煙消雲散。當我喝醉時，我變得比較不焦慮、不壓抑，也不擔心媽想要我怎樣或怎麼看我——事實上，當我喝醉時，媽評判我的聲音完全消失了。真希望今晚快點到來。

54

叩——叩——叩。

我猛然驚醒，被那噪音嚇到。哇噢，我的頭一陣一陣地抽痛。我揉著太陽穴，這想必就是宿醉的感覺。我以前只聽說過宿醉的感覺，卻從沒真正經歷過，儘管過去三週我幾乎每晚都喝得爛醉，這是從我和柯頓在舊金山第一次喝下田納西蜂蜜威士忌之後的情況。在這之前，每次我喝醉，我都能在第二天安然無恙地醒來，無論我喝了什麼，或喝了多少。但今天不同，不知道為什麼，是因為龍舌蘭嗎？威士忌？蘭姆酒？葡萄酒？還是四種混合？誰知道。

叩——叩——叩。

靠，幾點了？我查看我的手機，早上八點零五分。該死，我忘記設定鬧鐘。我應該在五分鐘前出門搭飛機，這一定是尼克兒童頻道派來的司機。

「來了！」我喊，試圖努力裝出「我——絕對——不是——剛起床——」的聲音，但失敗了。

我猛力拉開正門，穿西裝打領帶的司機不在門外，是比利——我熱情友善的承包商，嘴裡正含著喉糖——和他的三名工人。

「呵嘿！」比利沒等我邀請就興高采烈地走進來，他的工人緊跟在他身後。

我完全忘記今天比利要來了。我不該忘記的，因為他幾乎每天都來。

三個月前，我買了一間房子，每個人都告訴我這是個好投資。此外，這個想法也很讓我興奮：我的第一個家。這表示這裡不會再有潮濕的霉味、黴菌和囤積物；它也代表著我到目前為止的成就。

我買了一棟位在山坡上的美麗三層住宅，拿到鑰匙即可入住，完全不必擔心要做任何改造裝修。我甚至買下展示家具，這樣就不必費事去想該如何裝飾。我對這房子的規劃就是沒有任何規劃——讓別人替我設計布置好，我只需要享受就好。

但搬進來不到幾週，我得知整個基礎設施都必須挖掉重建。一條水管破裂，淋浴間的水漏到客廳，把展示家具都毀了。廚房水槽和其中一個馬桶堵塞了。露台破損，還有一級台階破裂。這房子根本不是拿到鑰匙即可入住，它金玉其外，但裡面早就分崩離析、破敗不堪。

比利和他的工人敏捷地衝上樓，我走到門廊，伸長脖子越過窗台，探頭看司機是否在樓下。他在，他當然該死的就在那裡。不僅如此，他還雙臂環胸，戴著手套，車子已經發動，後車廂也高高彈開。司機的準備能力和準時程度一向令我惱火。

「我幾分鐘就好！」我朝著下方對他喊。

「好的，女士！但我們真的應該盡快出——！」

他話還沒說完，我就甩上門。我變成一個很容易生氣的人，對任何人都不耐煩。我意識到這種轉變，但我不想改，甚至可以說我希望如此。這是盔甲。比起感受隱藏在憤怒情緒下的痛苦，生氣反倒容易些。

我快步衝上樓，從衣櫃裡拖出一個手提行李箱，擺在硬木地板上。那群傢伙開始在浴室裡乒乒乓乓地錘打，修理淋浴設備，我則蹲在地上，胡亂把襪子、內衣、睡衣、牛仔褲和襯衫塞進行李箱。

我拿起一件夾克，猶豫著這趟旅行是否用得上。紐約現在冷嗎？我把夾克扔到一旁，選擇長袖帽T。我把它塞進行李裡，關上行李箱，坐在上面，試圖把拉鍊拉上。靠，我忘了盥洗用品。

我慌張地跳起來，趕緊去拿我心中浮現的每樣東西。真是一團混亂。我在浴室的櫥櫃亂翻，抓起一些瓶瓶罐罐，一把旅行用牙刷，一把小梳子和漱口水。我把它們全扔進行李箱上蓋外的夾層，就在這時，我的手機開始震動。我滑開手機。

「喂，爸？」

敲——敲——敲。鑽——鑽——鑽。

「你應該過來一趟。」

「真的嗎？」

敲——敲——敲。鑽——鑽——鑽。

「嗯……」

我又一屁股坐在我的行李箱上，這東西怎麼關不上呢？我更用力地猛拽拉鍊，結果我拽的那段斷在我手裡，我隨手扔了。

「你確定嗎？因為我現在應該要出發去趕飛機了，車正在樓下等我。」

我聽見爸在電話另一頭深吸了一口氣，他聽起來很焦慮。

「你要去哪？」

「紐約，記得嗎？」

「做什麼？」

鑽——鑽——這是我他媽聽過最吵的鑽洞聲。

「尼克兒童頻道的全球——」我停下來，意識到這句話聽起來有多荒謬，「我不知道，就是有什麼東西要我主持。所以我真的不該去嗎？」

「他們說就是今天了。」

我僵住，愣了一下，但也只有一下，這一刻我先前已經歷過太多次。某個人說媽要死了，結果沒事。我繼續扯著那段拉鍊。

「嗯，可是……」我開個頭，知道爸會明白我的意思。

「可是什麼？」

算了，我總是忘記爸從來沒懂過我的意思。

「但他們以前說過這麼多次了，假如這只是另一次虛驚一場，我真的不應該過去。今天這種活動我不到場，尼克兒童頻道會生氣的。」

一陣沉默。前門再度響起了敲門聲，可能是司機來查看我好了沒。爸吞了口口水。

「你真的得過來一趟。」

「好吧。」

就在終於把拉鍊拉上時，我掛掉電話，此時的我已經汗流浹背。我站起來，走向房間另一頭的床，坐在床腳邊，試圖在動身去看我媽前，緩和心情。這可能會是我最後一次去看她了。我試圖處理這種緊張的現實場景，但我真的很難集中精神，因為

敲——敲——敲。鑽——鑽——鑽。叩——叩——叩。

55

我坐在沙發上，看著躺在病床上的媽，這張病床是為了她而在「垃圾林」堆滿破爛的老家客廳臨時設置的。長沙發得要挪開，才能有足夠的空間擺床。媽已經接受了三週的居家安寧療護，所以這不是什麼不尋常的景象，儘管她通常都是坐著而不像現在這樣躺著，而且她的呼吸聲比我以往聽過的都淺。

史考蒂和達斯汀坐在旁邊，我們全都沉默著，多年情感耗竭的結果。我很驚訝我們居然誰都沒哭，就好像我們已經沒有剩餘的眼淚。母親過世這個場景，我們已經經歷至少十二次的著裝彩排，我們還記得那捲VHS錄影帶。

我的手機響了，是尼克兒童頻道的訊息，說我完全不必擔心錯過全球隨便什麼日。我回訊謝謝對方。

又收到另一則訊息，這次是我目前吊著的那個男人傳來的。我在推特上「遇見」現任這位，約了碰面，我邀請幾個朋友一起去，以免我遭到謀殺。一等我確定他是可以安全相處的人，我們就開始到高檔餐廳吃晚餐、玩雷射對戰射擊、打迷你高爾夫。我們還一起同遊迪士尼樂園，去看煙火。（我甚至花大錢雇請VIP導遊，這樣我們就不會打斷任何遊行動線，惹怒高飛了。）

現任這位極為迷人、體貼和浪漫，但我不愛他。也許是因為在媽垂死的時刻，我心裡沒有任何空間可以愛人了，又或者是我試圖把缺乏與人建立真誠關係的能力歸咎於悲傷，悲傷是很好的代罪羔羊。無論如何，我正發現不愛一個人是一種多麼強大的工具。

愛一個人是脆弱的，是敏感、溫柔的，我會在其中迷失自己。假如我愛上一個人，我會開始消失。不如在幾個月內睜著呆萌的小狗眼睛，編織快樂美好的回憶，說些只有兩人懂的笑話，當事情一旦認真起來就逃跑，然後再找個新的人重複這個循環，這樣容易多了。

這就是我和現任這位的情況。這樣轉移注意力很好，但我已經準備好換一個人了。

我火速掏出手機，查看他傳來的訊息。

你再幹嘛？

我其實不是很在意錯字的人，但天啊，可以不要再在不分嗎？夠了，我準備結束這段關係。我開始輸入訊息。

嗨——真的很抱歉，但我現在沒辦法繼續下去了。我媽快死了，我真的需要一些時間獨處。希望你能理解。

寄出。搞定，就這麼簡單。我抬眼重新看著我垂死的母親，一則訊息傳來：

別那麼說，寶寶，你媽不會死。

他忽略我訊息的其他部分。我翻了個白眼。我已經告訴他十二次媽癌末快死了，但他的反應卻像她只是扭傷腳踝。他對失去摯愛毫無概念。我覺得這世上的人分成兩種：了解失去摯愛是怎麼回事的人，和不了解的人。每當我遇見不懂的人，我就會漠視他們。

我最近持續處於惱怒的狀態，我不想再和任何人打交道了。我把手機面朝下擺在沙發扶手上，我看著達斯汀，然後是史考蒂，然後是媽。她的呼吸顯得如此吃力，她在努力撐著。我討厭這一切。

媽突然急劇地深吸一口氣，然後吐出。安寧護理師與爸四目相對，輕輕點頭。爸看向我們，媽走了。

我們全都僵在原地。沒有人哭，我們只是靜靜坐著。最後，我拿起我的手機。上百則訊息湧入，每個人都聽說了。E!娛樂新聞網披露了這個消息。他媽的他們怎麼可能已經知道了，我毫無頭緒。

我打開訊息頁面，然後點開和現任那傢伙的對話紀錄。我瞪著他最後一則訊息：別那麼說，寶寶，你媽不會死。

我回傳：她剛死了。

往後

56

我們一一與媽道別，其實也不過只是木然地凝視著媽的屍體。護理師把媽的病床推出屋外，送上安寧療護車。

爸問我們該做些什麼，並提議我們離開家，出門去別的地方。我們無人回應。他提議去二十分鐘車程遠的南岸廣場（South Coast Plaza），一個高級購物中心，我們一窩蜂爬上車。

我要買一個iPhone手機殼，因此我們去了Apple專賣店。一名積極樂觀、笑得露出一口白牙、髮際線有些後退的矮小店員朝我們走來。

「嗨，歡迎，今天過得如何？」他臉上閃現一抹微笑，我們以空洞的眼神看著他。察覺到氛圍不對，店員收起微笑，轉移話題，他的這種機敏令我感激。

「今天有任何能為你們效勞的地方嗎？」

我買好手機殼，不到五分鐘就離開那裡。我們在同樓層的一家小咖啡館吃午餐，我點了份沙拉，醬料放旁邊的那種，好讓媽為我驕傲，結果我一口都沒碰。我覺得很幸運，甚至感激，因為創傷終於讓我失去胃口。沒錯，媽過世了，但至少我沒有進食，至少我感覺瘦了、感覺有價值，並且對自己的身體、自己的纖細嬌小感覺良好。我再度看起來像個小孩。我決心要保持下去，這是對媽的尊敬。

那天晚上，我回到我那又大又孤寂的房子。比利和他的工人把工具都留在現場，因為明天他們還會再來。客廳家具上都蓋著防水布，我坐在其中一塊布上，環顧周遭，我想我可能會討厭這棟房子。

我坐立不安，防水布隨著我的動作皺起，發出惱人的噪音。我不知道該做什麼好。我打開一瓶威士忌，直接對著瓶口猛灌幾口，然後發訊息給柯頓和其他幾個朋友，看他們是否能來陪我。

我們全都趕往小東京（Little Tokyo），坐在一家壽司店裡吃晚餐，我很快喝光一瓶清酒。菜單傳來傳去，我什麼都想點，我想要吃光所有的東西。

我很困惑。過去這一個月，我甚至不會想到吃這件事。每天，我只靠喝威士忌、零卡可樂，和兩袋烤肉口味的樂事香焙洋芋片（Baked Lay's）過活。他媽的現在到底是怎麼回事？我餓得要死，狼吞虎嚥。

十分鐘的閒聊，我一秒都沒參與，我確定大家都把我的沉默歸因於悲傷，但這不是悲傷，是我祕密的飲食癡迷。

直到服務生過來時，我仍無法決定要點哪些，但我喝得夠醉，於是隨便點了我第一眼見到的東西——照燒蓋飯。我跟自己說我只是要吃旁邊的蒸甘藍配菜，或許幾口白飯，但當熱騰騰的蓋飯擺到我面前時，我根本克制不住。我盡可能迅速地扒進每一口飯，然後又點了一瓶清酒，再加點一份白飯，一些玉子燒，還點了一碗冰淇淋當飯後甜點。我喝光了整瓶酒，吃完了每一口食物。

我們回到我家，酒精讓我的腦袋暈眩旋轉。我們玩了桌遊，聽了音樂，但我就只是走個過場跟著做而已。我心裡只關注一件事——我吃進去的食物分量，以及我該怎麼處理這件事。

我試圖盡快打發每個人離開，這實在很困難，因為你正是那個在母親過世當日邀請他們過來陪伴的人。每個人臨走前，都再三確認我是否需要任何人留下來陪我過夜。

等他們全走了，我火速衝上樓梯，進入我的主臥。比利的工具攤得滿地都是，我得踮起腳尖繞過那堆東西才能走到馬桶前。我掀起馬桶蓋，雙膝跪地，把手指推入我的喉嚨深處。

什麼都沒有吐出來，該死。我又試了一次，更用力點。噢喔，我戳到我的喉嚨，嘗到一些血腥味。我一定把它摳破皮了。不管，我一定要做到。我平穩地深吸一口氣，盡可能把我的手指推到喉嚨更深處，盡可能用力地按壓，終於嘔吐物湧上，從我口中噴出，落在馬桶裡。我低頭看著那些東西，看著呈小塊狀的米飯和雞肉和泡沫狀的冰淇淋，勝利感油然而生。

就算我吃了東西、搞砸一切又怎樣？就算我失敗了又怎樣？能他媽的怎樣？我只要把手指推到喉嚨深處，就能看見我的錯誤被消除。這是美好的開始。

57

我看著鏡中的自己梳整頭髮和化妝，準備去參加媽的葬禮。我按照她最喜歡的樣子打理一切，碰巧那也是我最不喜歡的——用電捲棒把頭髮燙捲，勾勒出明豔的紅唇，在我敏感的淚管上塗眼線。最後效果比我預期的還誇張，但我沒時間重弄，所以只能接受了。

我像機器人般穿上我的黑洋裝，拉好拉鍊，隨便套上一雙高跟鞋。馬庫斯負責開車，他這週住我這裡。他的妻子伊麗莎白坐副駕駛座，我坐後面。我利用一小時半的車程來下定決心，這是個重大決定，值得投注一段時間專心思考。

這段車程簡直可怕，車挨著車，堵得超凶，而莎拉．芭瑞黎絲（Sara Bareilles）的〈勇敢〉（Brave）是目前廣播電台最熱門的歌曲，每隔三首就會播放一次。在平常的日子聽莎拉還可以，但在我媽葬禮這天，我最不想聽見的就是莎拉．芭瑞黎絲告訴我，她有多希望看見我勇敢。我試著忽視那歌聲。我閉上雙眼，保持專注，努力地尋找答案。

我到底要不要在媽的葬禮上唱〈翼下之風〉？

在媽生命的最後幾個月裡，她的這個要求一直折磨著我。我不斷思考這件事，上個月我甚至每晚練習這首歌，直到鄰居在我的門上貼了張字條：「不要再唱貝蒂・米勒（Bette Midler）。」

基於某些殘留的摩門信念，我認為這表示媽今天會從上面，從她在高榮國度（Celestial Kingdom）——摩門信仰中最崇高的國度——的寶座上，失望地看著我。媽絕不可能淪落到中榮國度或低榮的垃圾國度，那太糟了。

當莎拉使出渾身解數唱出最後的副歌時，我的思緒突然被打斷。你知道嗎？也許她是對的，也許我應該勇敢一點，也許我應該要在媽的葬禮上唱〈翼下之風〉。看在上帝的分上，毫不誇張，我的來世可能全取決於這件事。

馬庫斯把車開進園林市第六區耶穌基督後期聖徒教會的停車場，那正是我們從小長大的教堂。我們走上前門台階，從後門進入。我已經好幾年沒來過這裡，但它的外觀和氣味仍和我記憶中一模一樣。地毯清潔劑和粗麻布，沒錯。入口處的白磁磚，走廊的藍色地毯，到處張貼著不同場景中的基督和門徒畫像。（長髮男子對我沒什麼吸引力，但這男人確實有著出色的下巴線條。）

馬庫斯和伊麗莎白去和大家打招呼，留下我獨自一人。我走進家屬等候室，在睡眼惺忪的達斯汀、史考蒂和外婆旁邊坐下。我打開手提包，取出昨晚印出來的〈翼下之風〉歌譜，以防萬一。我翻閱著，溫習歌詞，確保我已經背熟。我在心裡默唱這首歌，唱到副歌時，不禁感到畏縮。靠，我心裡清楚我根本唱不了這首歌，但我覺得我必須唱，我不能違背我在媽臨終前所做的承諾。

我看見鋼琴師經過，正想把歌譜遞給她，但就在那時，抬棺人出現了，要把媽的靈柩抬入房間。這是屬於他們的時刻，他們正陶醉其中，抬棺人喜愛成為眾人的焦點。哥哥們都哭了，外婆則哀嚎起來：「冷肉不夠！來的人太多，我們少算了！」

我是一系列致悼詞者之中的壓軸，所以我得捱到所有悼詞都說完，這期間我不斷在唱與不唱之間擺盪，思考我到底有沒有勇氣嘗試演唱這首歌。也許我可以把整首歌降一到兩個半音，但那樣的話，主歌的部分就會太低。也許我可以稍稍更改副歌的旋律，但說真的，沒有人會「微調」貝蒂．米勒的旋律，貝蒂知道自己在唱什麼。

輪到我了。

我走上講台，身體在發抖。因為我沒把歌譜交給鋼琴家，現在想在媽的葬禮上唱〈翼下之風〉只剩一個選擇，那就是直接清唱。我清清喉嚨，深吸一口氣，然後我就……開始哭。那是從喉嚨深處發出，能讓我的《好萊塢重案組》試鏡都相形見絀的低沉痛哭聲。我不停地哭，不停地哭。直到主教輕拍我的肩膀。

「禮拜堂使用時間只剩十五分鐘了，我們還要為約翰．特雷德的洗禮做準備。」

我走下台。沒有貝蒂．米勒。

58

「謝謝你慷慨的配合。」我們的副導用一種帶著憐憫和感激的眼神對我說。

「嗯哼。」我的聲音沒有任何起伏。兩個小孩在我身邊蹦跳，我們正準備這場戲的第七次排練，好讓這些小鬼正確記住他們的站位。主創人會為了極小的理由開除小孩，像是忘了一句台詞，或者沒站對位置，因此在今天這樣的彩排日，我們的導演們就會額外加強排練，確保孩子們知道他們在幹嘛，以免丟掉工作。

最近我經常聽見這句話，「謝謝你慷慨的配合。」我每天都會聽見，不只副導說，每次我和經紀人通電話時，他們也這麼說，每週至少一次會聽見編劇或製作人說，就連電視台高層寄來的五百元巴尼斯（Barneys）精品百貨禮券附著的紙條也都寫了這句話。

我知道為什麼我最近經常聽見這句話，因為我戲裡的搭檔亞莉安娜·格蘭德（Ariana Grande）是迅速竄紅的流行歌手，她經常因為去頒獎典禮上演唱、錄製新歌、替即將發行的唱片宣傳而不來演出，留我憤怒地堅守住節目。從表面上看，我可以理解她必須告假的原因，但同時，我又不能理解她怎麼可以被允許這麼做。在我拍攝《愛卡莉》期間，我曾獲得兩部電影的演出機會，但我都不得不推掉，因為《愛卡莉》團隊不可能讓我缺席幾集去拍其他的戲。

我試著透過理性思考整個狀況來讓自己冷靜。好。也許他們不讓我去拍電影是因為他們很難一連好幾集不寫我的戲分，但我的搭檔，他們讓她履行她的音樂合約，是因為她只在彩排日和部分的拍攝日缺席，而非一整週。

然後這週就發生了。這週我被告知亞莉安娜完全不會現身，而她不在的這一集，為了應變，他們會寫她所飾演的角色被鎖在一個箱子裡。

你在，開玩笑吧。

所以我就得拒絕兩部電影，而亞莉安娜卻可以去告示牌音樂獎（Billboard Music Awards）上飆她的海豚音？

去死吧。

曾經有段時間，我把「謝謝你慷慨的配合」當成真正的讚美，我為此自豪。媽總是教我要長成這樣的人，總希望我配合，這樣我才能獲得更多角色，建立良好的聲譽，幫助我的演藝生涯蒸蒸日上。因此當別人這樣稱讚我時，我知道我做對了。是的，我是個態度好、配合度高的人，我是個好人，不難搞的人，老師的寵兒。

但現在，我受夠了。我已經變成一個憤世嫉俗的人，而且我完全接受這樣的狀態。

我無法改變我的環境，那為什麼要試著去改變因此而成為的自己呢？我不想再當一個配合度高、好相處的人。我討厭成為一個配合度高的人，如果我一開始不這麼配合，我就不會陷入這種困境。我就不會在這個爛節目，在這個爛場景裡，說這些爛台詞，還梳著這種爛髮型。也許現在我的人生會全然不同，我幻想著它會有多不同。

但它沒有不同，這就是現實，這就是我的人生。當亞莉安娜不來工作，跑去追求她的音樂生涯時，我卻在和一個箱子演戲。我對此感到火大，我對她火大。我嫉妒她，因為幾個理由：

首先，她的成長過程比我容易得多，我在「垃圾林」一個該死的囤積狂家裡長大，有個罹患癌症的媽媽，經常因為沒錢付房租、水電帳單而哭泣。亞莉安娜在佛羅里達州的博卡拉頓（Boca Raton）長大，那是個極其富裕、風光明媚的小鎮。她媽媽身體健康，還買得起她隨時想要的任何東西——Gucci包、豪華假期、Chanel套裝，我甚至不想要Chanel套裝——我不喜歡那種衣服面料的質感——但我還是嫉妒她擁有這些。

其次，當我幾年前剛開始與尼克兒童頻道簽下開發合約時，我以為這會是只屬於……我的節目。這本來應該是《只有帕吉特》，一個描述張揚跋扈的少年罪犯變成學校輔導員的心痛故事。現在卻變成兩個不成熟的主角——薩姆和卡特——一個講述跋扈少年罪犯和她「沒大腦的好朋友」聯手開設一家叫「薩姆和卡特超級搖滾歡樂時光褓母服務」

的公司，這一點也不令人心痛。

第三，亞莉安娜現在正處於事業發展的高峰階段，出現在所有三十位三十歲以下的菁英榜上。而我目前的生涯還在這種階段：我的團隊會因為我成為麗蓓佳．蹦蹦（Rebecca Bon-bon）的新代言人而興奮不已。那是一個以吐出舌頭的小貓為標誌的兒少服裝品牌，只在沃爾瑪（Walmart）販售。我經常犯下拿自己的事業生涯和亞莉安娜比較的錯誤，我就是忍不住。我總和她處在同一個環境中，而她絲毫不試圖掩藏她的鋒芒。

起初我還能把自己的嫉妒情緒處理好，當她跳進片場說她要在告示牌音樂獎上表演時，我並不在乎。那又怎樣？她正追求她的音樂事業——那是我因為討厭而放棄的事。而在她追求的過程中，她要在舞台上演唱一些庸俗的流行歌曲，聽在我耳朵裡，簡直是一件糟透了的工作。我毫不在意。

然後她又跑進來，炫耀自己登上《*Elle*》雜誌的封面。這刺傷了我，但這是出於我自己的自卑感。我難道不夠漂亮，所以無法登上雜誌封面？如果這部戲不是雙主角，我會不會就是登上封面的人？她是不是搶走了本該屬於我的機會？我強忍嫉妒，如常生活。

真正讓我破功的是，亞莉安娜興奮地飆著海豚音走進來，說她前晚在湯姆．漢克斯（Tom Hanks）家裡玩比手劃腳。那一刻我徹底崩潰了，我再也無法忍受。音樂演出和雜誌封面……隨便，我能克服。但在國寶級人物、得過兩次奧斯卡和六次提名的湯姆．漢克斯家裡一起玩家庭遊戲？我受夠了。

從那刻起，我不再喜歡她。我無法喜歡她。流行歌手的成功我能忍受，但和胡迪警長（Sheriff Woody）還有他媽的阿甘（Forrest Gump）一起玩？這就太過分了。

所以現在，每次她缺席工作，感覺都像是對我進行人身攻擊；每次她發生什麼值得興奮的事，感覺就像她剝奪了我親身體驗的機會。每次有人說我好相處、配合度高時，我只感覺到自己有多不想配合。去他媽的好相處，我更想和湯姆．漢克斯玩比手劃腳。

59

柯頓和我坐在利亞姆的二〇〇九年豐田卡羅拉（Toyota Corolla）後座，狂飲龍舌蘭袋裝酒，利亞姆負責開車。這些袋裝酒真難喝，幾乎每口都嗆得想吐，但我們還是不斷狂飲，想在抵達前喝得爛醉如泥。

「你們怎麼樣了？」利亞姆以一種不經意的態度問。他在等紅燈時轉過頭來看我們，已經問了五、六次，每次都直盯著我，彷彿只有我的答案才是他關切的。

幾個月前，我在柯頓朋友辦的五月五日節（Cinco de Mayo）派對上遇見利亞姆。他當時正在自助餐台前替自己盛些法士達（fajitas），身高一八八公分，剪了一頭蓬亂的短髮，雙眼眼距頗寬，我徑直走向他。我們因幾杯瑪格麗特和對彼此的吸引力建立起關係，那種有實質意義的關係。

「好得不能再好了。」我口齒不清地說，同時和柯頓共享另一小瓶龍舌蘭。天啊，我真的很搞笑。

「好，太好了。」利亞姆眨了眨眼說，我總是對那些能讓眨眼不顯得猥瑣的男人心動。他繼續開車。

我還沒有性經驗，但感覺是時候了。我不再害怕。我不再害怕任何事情，因為自從媽走後，我已經不再在乎任何事情。

利亞姆似乎是個值得我失去童貞的可靠對象，我對他還算滿意，但不到深深愛上的地步，因此我不必害怕一旦發生關係後，會對他產生依戀——這是我真心恐懼的事，因為我曾聽說過無數次這種女性的弱點。我想盡辦法避免這種情況，不想變成一個軟弱、癡戀的女人，只因為一個男人進入自己體內，就對他無法自拔。我想要成為比較堅強的人。

利亞姆和我很快就會做那件事了，我知道。也許今晚我們會初次接吻，然後再過一、兩週，一旦關係間的張力積累到必須打破的階段，我們就會走到最後一步。我幻想著這一切，感到興奮。我又大口灌下一袋酒。

二十分鐘後，我們抵達舞廳，我們的朋友艾美正在那裡舉行她二十一歲的生日派對。柯頓和利亞姆攙扶著我，因為我已經喝得爛醉，還穿著高跟鞋，連直線都走不穩。我們進到舞廳，走向吧台，點了三杯酒，沒幾口就喝光了。

派對本身還不錯，就是有點無聊，即使喝醉了也是如此。我看見艾美用眼角餘光瞄著利亞姆。我討厭女人在喜歡一個人的時候，表現得毫不遮掩，假如你表現得這麼明顯，就會有其他的小賤人出現，趁機利用這份好感，對你不利、背叛你。我從媽的長篇大論中學會這一點，她常說女人比男人更不可信任。「男人，他們會在不了解你的情況下傷害你，」她常告訴我，「而女人……會在深刻地、親密地了解你之後傷害你。你說哪種更糟？」

因此我不信任女人，我只是觀察她們。我看著她們故意表現出極為絕望、脆弱又可憐的樣子，作為一名女性真是太尷尬了。我研究艾美這類的女人，這樣我就能和她們不同，比她們更好。

我看著艾美過度興奮地與利亞姆聊天，又灌下一杯酒。這整個過程太冗長，出現太多調情的眨眼、把頭髮撥到耳後，以及「不經意地」碰觸他的手臂。她全都做錯了，可憐的小東西。我則反其道而行，派對整晚我完全無視利亞姆，這簡直太容易了。

兩小時後，我們回到我家。利亞姆在回家中途送走柯頓，所以最後只剩我們兩個。利亞姆把我扔到床上，脫下我紅銅色的洋裝，我頭暈目眩，感覺整間屋子都在旋轉。我喝茫了，我很困惑。我他媽的人在哪裡？

「怎麼回事？」我終於問。

「我要和你做愛。」利亞姆用一種令我反胃的語氣說。那種半帶著娃娃音，像小孩說話的聲調，但又是低八度。

我有點想喊停，這完全不是我想要失去處女身分的方式，我沒料到會在今晚發生。

我以為今晚會是充滿魔力的初吻之夜，失去處女身分這件事可能還要再過一、兩週，我以為我還有時間在心理和情感上做好準備。

但我又有點想繼續，誰會在乎那些儀式和準備？真要說的話，我反而鬆了口氣，終於可以不再是處女了。

去他的，我什麼也沒說，只是瞇起眼睛，試圖讓自己不那麼飄，好看清眼前的景象。最後，我做到了。利亞姆正抓著我的屁股，反覆進出。一滴汗珠沿著他前額滑落，噁心。

利亞姆最後終於拔了出來。他到了。我沒有。

第二天早晨，我在一灘汗水中醒來。我感到窒息，像被困住、穿了件緊身衣那樣動彈不得。我雙眼猛然睜開，利亞姆正從背後緊摟住我。從我流汗的程度來看，想必他整晚都一直這樣貼著我。我試圖掙脫，但我做不到，一個該死的巨人正壓在我身上。這就是身為一個身材嬌小的女人的困擾，每個男人都像巨人。我扭動身體，也不管用。最後我開始用手指戳他，直到他醒來，然後我假裝自己沒有戳他，只是他自己感覺到了什麼。

他深情地看進我眼底，對我微笑，說昨晚真是美妙。我撒謊，對他說的話表示同意。心想晚點等我獨處時，再想個說詞甩掉他。

他試圖更親密地抱緊我，但我跟他說我真的很想尿尿。我跳下床，走去浴室，突然意識到自己的身體痠痛到不可思議，連走路都很痛，所以我只能搖搖晃晃地走。我進到浴室，脫下內褲上廁所，上面竟有些血跡。我知道這不是生理期來了——由於各種飲食失調，我已經好幾年沒來過生理期，一定是第一次做愛的關係。

尿尿時又刺痛又灼熱，所以我只能控制著流量，一點一點地排出，彷彿延長時間就能少痛一點，但並沒有。終於，我上完了。

我花了十分鐘洗手，擠滿泡沫，然後洗掉，再擠滿泡沫，再洗掉。我在拖延時間。我不想回到利亞姆那裡，他的存在令我感到不舒服。

叩——叩——叩。

「你沒事吧？」

我跟他說我身體不太舒服，他離開了。

我叫了外送早餐：蛋、培根、吐司、馬鈴薯，還有加了鮮奶油的拿鐵。我吃得很快，迫不及待，直到吞下一半的食物。我可以就此打住，我飽了，我不必繼續吃。我可以中斷這個循環。我把外送餐盒扔進垃圾桶，一股巨大的崩潰感瀰漫我的全身。我衝到浴室，掀起馬桶蓋，把我吃進去的早餐全吐了出來。我把自己清洗乾淨。

通常這時候我已經發洩完畢，但這次沒有，我仍然充滿壓抑的焦慮，我需要擺脫這些該死的感覺。

我跑回垃圾桶邊，掏出外送餐盒，塞了滿嘴的蛋，快速咀嚼著。我他媽的在做什麼，我得停下來，我得停下來。我把嚼了一半的蛋吐回垃圾桶，然後從浴室隨手抓來一瓶香水，朝剩餘的食物噴，確保我不會再吃了。但後來，我吃了更多。香水讓我作嘔，我吐了。

60

「你看起來好極了。」

「你真像是綻放的花朵。」

「你的狀態從沒看起來這麼好過，但這樣就夠了。再瘦下去，你會顯得過瘦，不好看。」

「你的身材看起來非常出色。」

這些全是製作人、經紀人和演出團隊成員過去幾週對我的評論。這幾週，我收到前所未有、比以往更多身材方面的正面——某些則有點變態——的評價。

直到目前為止，我已經擁有超過十年的飲食失調經驗，經歷過厭食症的階段、狂食症的階段，以及目前的暴食症階段。我經驗越豐富，就越能認識到身體幾乎無法可靠地反應內在的狀況。過去十年來，我的身體狀態經常劇烈地波動，無論它如何起伏，無論我的身體是童裝修身款的十號還是成人的六號，裡頭都有問題。

人們對此似乎不太了解，除非他們自己也曾經歷飲食失調。人們似乎把瘦歸為

「好」，把胖歸為「壞」，太瘦也是「壞」，所謂「好」的框框是如此窄小。目前的我剛好落入好的範疇內，即使我的習慣與「良好」距離遙遠，我每天都在虐待自己的身體。我不快樂，我精疲力竭，然而讚美還是不斷湧入。

「我必須說，排演那天，當你走出門準備拍攝一場戲時，我真的很難不去注意你的屁股。我希望這麼說不會讓你覺得變態，我的本意是想讚美你。」

61

今天是星期一，我最喜歡的工作日，理由有二個。第一，這天彩排的時間最短；第二，我們每個星期一到場讀本時，座位面前的桌上會擺著更新的日程表，上面列著接下來要拍的影集名稱、導演和拍攝日期。而每次那份日程表放在我面前時，我都有機會看見我的名字出現在其中一集的導演名單上。

我簽約演出這部衍生劇主要是為了安撫媽，但之所以這麼做，還因為主創人承諾給我這個機會——擔任其中一集的導演。當然，執導主創人節目中的一集，絕對不是展現創意實力的最佳途徑，因為拍攝期間主創人永遠在場，堅持他自己的想法，不太願意接受他人意見。但能夠執導一集電視劇，是一個終於能讓這產業看見我不僅僅是一個兒童頻道演員的機會。這是展現我除了目前的定位外，具有其他價值的方式。我真的很想要這個機會。

我的導演工作日期已經被推遲了好幾次，但他們一再向我保證，這只是因為和其他預定導演的排程撞期。他們也向我保證，最近告知我的日期——我們節目最後幾集之

——已經敲定。我摩拳擦掌，準備執導演筒。

我拿起我的咖啡，坐在我的椅子上，看著我們的製片助理把最新的日程表放到每個人面前。快點，布雷德利，動作快。

「你的。」他把那份鮭魚粉色的表格放在我面前。

我拿起來，看向頁面底部列出最後幾集內容的地方，在那些標註由誰執導的方框中，應該可以看見我的名字。

然而沒有，我只看見三個字：不適用。這一定是打錯了。我環顧周遭，想對上某個人的眼神，但這時候只有幾個工作人員在場，而我們那位總是在縫縫補補的服裝師對這件事一定一無所知。

我的呼吸開始變得不正常且急促。我四處尋找任何可能知道這件事的製片，但他們還沒進來。我無法相信。感覺像被人狠狠揍了一拳，痛得喘不上氣。

高層主管和製片開始陸續走進來，我與他們其中一人眼神交會，那個人是這群我不信任的人當中，我最信任的一位。

我們晚點再談，他蠕動嘴唇無聲地說。

不，我不想晚點談，我現在就要搞清楚，他媽的這到底是怎麼回事？在他們奪走這整個過程中，我唯一想要的東西後，他們怎麼還能指望我坐在這裡，表現專業，認分地朗讀劇本？

我把眼淚硬逼回去，意識到自己真是太愚蠢了。我竟然相信這些人會說話算話，遵守給我的承諾。我每天都準時出現，做一名專業的演員，吞下我的憤怒，扛起一齣將近四十集的戲，現在他們從我身上拿到了他們想要的——卻剝奪我一開始願意付出這一切的唯一理由，我感覺自己被背叛了。

讀本結束後，我打電話給我的經紀人和經理人，他們都建議我繼續合作，當個「配合度高」的人，一如以往。但我真他媽的厭倦當一個配合度高的人，我不知道我還能堅持多久。

／

當週的週五是拍攝日。我的化妝師，也是我在這劇組的好朋友派蒂花了一小時半替我化妝，因為我無法停止哭泣。我整個人一團糟，心煩意亂，感覺自己被欺騙，受傷又憤怒。我告訴派蒂發生了什麼事，所以她甚至陪我去了幾次各個製片的辦公室，試圖爭取與他們談談的機會，但每次都遭到拒絕。沒有人要和我談，每個人都閉口不提，顯然他們都「歡聚一堂」串通好了，但不是以《歌舞青春》（*High School Musical*）裡令人興奮的那種方式。*

我緩慢地穿上戲服，朝片場走去。我半句台詞也沒背，因為我已經不在乎了，我希望他們乾脆開除我，這地方有毒，對我原本就很糟糕的心理狀態很不好，我想離開。

我來到片場，為一場拳擊場景的戲做準備（我的一位演員同事飾演一個由十歲小孩管理的拳擊手）。我沉默地翻閱我的台詞。

我們開始拍攝，第一個鏡頭，我勉強通過。第二個鏡頭，我勉強通過。第三個鏡頭——我根本沒拍完，第二句台詞說到一半，我的呼吸開始失控，並且變得急促，就像每次恐慌症要發作的徵兆。靠，我眼冒金星，害怕自己會昏過去，然後我就倒在地板上了。我的胸口劇烈起伏，口水從我的嘴裡流出，同時發出我一生中最可怕、最激烈的哭聲，就在現場每一個人面前：演員、劇組工作人員、臨演。

最後，我的一個演員同事，就是演拳擊手那位，上前抱起我，把我帶離片場。他把我帶到我的更衣室，坐在我身旁。派蒂也來了。他們安慰我，跟我說他們能理解，他們會在我身邊陪著我、支持我。

這時，有人敲門，我立刻害怕地僵住。派蒂大喊著我們馬上就出去，門外傳來一個低沉的聲音，要求進來。我聽得出那是我們的一位製片。

---

* 譯註：〈我們歡聚一堂〉（We're All In This Together）是電影《歌舞青春》的主題曲。

「知道了，但現在不行。」派蒂不禮貌地對門外的製片說。我愛她，我欣賞她，她有膽站出來與這些人對抗。

「我可以和珍妮特聊一下嗎？我懂她的感受。」製片說。

某部分的我相信製片，或者想要相信他們，但另一部分的我存疑。最後我選擇了相信，我讓製片進來。製片問我是否可以私下談，於是其他人離開了。

他們在我對面的沙發上坐下。

「我喜歡你這地方的裝飾風格。」他們在開玩笑，因為這整間更衣室冷冰冰的，我根本什麼東西都沒加。

我沒有笑。他們清了清喉嚨。

「我猜，這是關於把你從導演名單上剔除的事。」

「這牽涉到很多其他事情。」沉默了一陣子，他們繼續說。

「我想讓你知道，我替你說過話，我想讓你擔任導演。但有某個人不希望你當導演，非常不希望。他們極力反對，甚至威脅說假如你執導，他們就會退出節目。我們無法承受這個後果，所以只好把你從名單上刪除。我只是想讓你知道，這不是你的錯。」

我目瞪口呆，無言以對。製片起身離開，輕輕關上了門。

有人不希望我當導演？還放話說假如我擔任導演就退出？我甚至無法理解這種事怎

麼可能發生。我開始一次一次又一次地催吐，不然我不知道還能怎麼處理發生在我身上的事，不然我不知道還能怎麼應付我失控的人生。我環顧四周的白牆，也許我該好好裝飾這個地方。道具師敲門，送來我下一場戲要用的奶油襪。

62

我在逛全食超市（Whole Foods），採買這週需要的雜貨。我不情不願地掏出一大筆錢購買蔬果和冷凍食品，心裡想著，假如我為了一袋食物支付了不合理的天價，我可能就不會那麼容易把它們再吐出來了。

這時候的我，已經開始意識到我不可能繼續長期暴飲暴食。我的喉嚨每天都在流血，我的牙齒變軟，我的臉頰顯得腫脹，我的胃消化不良，自從這一切開始之後，我已經出現了好幾顆蛀牙。我認為自己想要改變，但到目前為止，意志力仍未帶我走出困境。每天早晨，我都告訴自己我今天不會吐，但每天早上十點前我就吐了。既然意志力明顯沒用，這批在全食買的東西就是我嘗試採取的另一種策略。

我從貨架上拿了一包冷凍肉餅，檢查營養標示上的卡路里和脂肪含量：四百四十卡，十五克脂肪，不行。我又把這萬惡的東西放回去。

另一個全新的策略是降低我的卡路里攝取，就像我小時候做過的那樣。我想，假如我保持低卡路里攝取，也許促使我嘔吐的衝動就會消失，那樣我就能讓食物留在胃裡。

至少表面上，我是這麼告訴自己，但在內心深處，我清楚真相。

真相是我希望自己得厭食症，而非暴食症。我渴望得到厭食症。暴食症越來越令我感到難堪，我曾以為那是兩全其美的好方法——吃你想吃的，再全吐出來，保持苗條。但現在我不這麼認為，那感覺簡直糟透了。

每次吃完東西之後，我內心充滿了極大的羞恥感和焦慮，除了吐出來以外，我真的不知道該怎麼做，才能讓自己感覺好過一點。在我吐完之後，我的感受是矛盾的。有一半的我感覺耗弱不堪、精疲力盡，彷彿被掏空，什麼都不剩，這確實對我有些幫助。另一半的我則頭痛欲裂，喉嚨也痛，嘔吐物沿著我的手臂往下流，夾纏在我的頭髮裡，在最初的羞恥之上，加上更多羞恥，因為我不僅吃了東西，還吐了出來。暴食症不是解決辦法。

厭食症才是。

厭食症是高貴的、可全然掌控的、無比強大的，而暴食症則是失控的、混亂的、可悲的，是可憐人的厭食症。我有一些得厭食症的朋友，我看得出他們憐憫我。我知道他們知道，因為任何有飲食障礙的人，都辨識得出誰也有飲食失調問題。那就像是你無法忽視的祕密暗號。

現在我有了我的全食計畫和我的厭食症使命，我再次感受到自從媽過世後我就不曾感受過的動力。沒錯，大部分的事情我都無法控制，失去我愛的人，演出一部我引以為恥的影集，導演工作也被剝奪——但這個？這個我能掌控。

沿著走道，我把推車再往前推向走廊深處，拿起幾個黑豆漢堡排：每個漢堡排一百八十卡，含有五克脂肪。我滿懷敬意，把這精緻的食物界小天使放進推車中，因為它是站在我這邊的，幫助我實現我的目標。

我把推車往前推。手機這時突然響起，是外婆。

我向來不怎麼喜歡外婆，才剛學會走路、還是幼兒的時候，我就討厭她撫摸我的背，或是用手指梳我的頭髮。她好像不知道該如何用關愛、撫慰的方式觸碰我，只知道用引誘的方式，這令我反感。

在我成長的過程中，外婆最喜歡的嗜好就是在電話上聊八卦、燙頭髮和抱怨。她腳痛，襯衫太緊，她捲髮的顏色不對，路易絲從不回電，外公沒有早點下班回家，汽油太貴，湯園自助餐廳（Souplantation）把玉米麵包從菜單上拿掉了。

這不僅因為她是一個刻薄的老婦人——嘴裡叼根菸，一臉冷冰冰地四處發洩她的不滿，至少那還挺搞笑的——而是她總是淚眼汪汪，總是哭哭啼啼，總是把自己的問題歸咎於別人。

出於以上種種理由，我不喜歡她，也不尊敬她。我也不認為她喜歡我，但她永遠不會承認這點，因為她太忙著哭訴我不喜歡她。

自從媽過世後，我嘗試修復我們之間的關係。我會盡量在我能回覆時回傳訊息，每隔幾天就會打電話給她，一週還會寄一次電子郵件。維護這段關係所需要的心力比我願意付出的要多得多，即使如此，她還是遠遠覺得不夠，這點每次在我們交談時，她都會告訴我。

情感上我已經疲憊不堪，但我仍繼續對這段關係付出，因為我不想成為冷酷無情的人，與失去女兒的外婆斷絕關係。

我把手機塞回口袋，繼續沿著走廊往前走，找到一些冷凍蔬菜，扯出一袋，擺進我的推車。我的手機再次響了。

外婆。

我發訊息給她：我等下打給你。

我有點惱怒地把手機重新塞回口袋，然後走向農產品區。我抓了一袋粉紅佳人（pink lady）蘋果、一些胡蘿蔔棒，還有一顆我不太確定該怎麼處理的椰子，但它看起來這麼可愛，有什麼理由不買呢？

她又打來了。我想摔手機，但我沒有。我接起來，故意帶著一絲怒氣，讓外婆知道我不高興。

「外婆，我可以回家後再打給你嗎？我正在買東西。」

她在哭。她說了些什麼，但哭嚎聲使我聽不清楚。我很擔心，問她發生了什麼事？她繼續嚎啕大哭。所以我又問了一次。

「你……你……你從來不打給我——！」她終於說出來。

每次她這樣哭喊，我都以為外公死了，他的健康一日不如一日，衰老得很快。我知道她清楚我會往這方面想，因為我以前跟她說過。我曾請求她試著降低尖叫和哭嚎的激烈程度和次數，每次我跟她這麼說，她都會向我保證再也不會如此，但她每次都還是這麼做了。

我嚴厲地告訴她，等我回到家會打給她，然後掛斷了電話。但手機鈴聲又再次響起。這下可不只有我感到焦慮了，還有走在我前面採購的一個素顏、穿著亞麻上衣的瑜伽愛好者。我羨慕她光滑透亮的玻璃肌。她看著我，我感到有些尷尬。

外婆再次打來，我放棄了。我把裝了雜貨的推車留在原地，往超市外走去。玻璃肌似乎很滿意。我在想我是否該去做微針保養。

我穿過停車場，發現我還在超市內時，外面已經下起了大雷雨，洛杉磯每年難得一見的雷雨。我通常會避免在雨中開車，因為我本來就不喜歡開車，更別提下雨的時候。我鑽進我的 Mini Cooper，就在我剛發動引擎、打開我的雨刷時，她又打來了。手機連接到藍牙，她的聲音直接從車裡音響刺耳地傳出。她還在嚎哭。

「外婆，」我平靜地說，試圖讓她冷靜下來。她正歇斯底里，嗚咽地叨念我掛她電話。我駛出停車場，右轉，沿著通往我家的那條大街往前開。

「外婆，」我再次試著盡可能口氣平和地說話，雖然怒火已經逐漸使我滿臉漲紅，「我正在採買東西。我們現在不就在講電話嗎？你打來有什麼事？」

她的淚水立刻成了毒液。

「不必凶我，**婊子**。」

我外婆經常叫我「婊子」。她總是會刻意加重語氣強調這個詞，為了效果。

「外婆，就像我以前說過的，假如你每次講電話都要這樣罵我、讓我愧疚，我就封鎖你。」

「不要威脅我，**小女孩**。」

「我沒有在威脅你，我是告訴你事實。」

「**我是告訴你事實**，」外婆重複模仿我的語氣說。「我其他孫子、孫女打給我的次數都比你要多得多。」外婆抱怨。

「你最近過得好嗎？」

「你覺得我好嗎，嗯？你有聽見我剛才說的話嗎？你對我不好，你媽在九泉下也無法瞑目。」

聽見最後一句話，我真希望自己能翻個白眼，把她當個不重要的瘋狂老女人就好。但我不能。媽的事就是我的軟肋，一個不能被碰觸的地方。我不允許別人用媽來對付我，假如真有人這樣做，我會採取非常手段。

「很好，外婆，我要掛電話了，而且我要封鎖你。」

「你敢！你媽會在天上傷心流淚的。」

她總是他媽的那樣做。假如她知道某件事可以深深打擊我，假如她知道那會讓我痛苦，她會把刀子捅得更深，再轉一轉。怎麼會有外婆**想要**讓她的外孫女痛苦？我知道她生活艱辛，我知道她難過，渴求關注，我也知道我的冷漠態度傷到了她，但即使如此，我仍不認為這能替她的行為找任何藉口。

「再見！」我掛斷電話，她不停地打來。我停車，把手機滑開，按下封鎖。感覺真好，感覺很正確。不斷積累、大量湧現的壓力從我的身體消散，我又可以正常呼吸了。

我回到家，慢慢走上門前台階，雨仍在下。我走進屋裡，兩手空空，因為我氣沖沖地從全食超市離開後，什麼都沒買。原本今晚要開始執行我的低卡厭食症飲食計畫，但現在我精疲力盡，計畫勢必得延後了。我從附近一間喜歡的餐廳叫了外送——培根、球芽甘藍、炸薯條和烤牛肉串。我替自己倒了一杯滿到杯緣的龍舌蘭，想配著餐點喝。

結果外送還沒來，我就把龍舌蘭灌下肚。等餐點送到時，我已經餓壞了。我盡可能迅速地吞下所有東西，一吃完，又全部吐了出來。

去他的，這對我有效。暴食症能幫助我。我封鎖了外婆，我的身體是空的，這些都是我所需要的。

63

我已經對工作敷衍了事好幾週了。每天早上隨意瞥兩眼台詞，不會為了彩排費心思去記得。拍攝空檔和媒體採訪時都在放空——午休後半段通常塞滿一個接一個的採訪，都是青少年流行雜誌。自從導演事件後，我就在倒數，等著影集拍完的那天。

今天結束後還剩二十天，還有四集。即使如此，我還是不確定自己能不能撐到結束。

我開始期待自己會因為暴食症而心臟病發作。很難承認這點，但某部分的我真的希望事情發生，那麼我就不必再到這裡來了。最近幾週，我的想法變得更加陰暗且戲劇化。起初我覺察到這種轉變時還有點擔憂，但現在這種感覺卻不再像是一種轉變，更像是本來的我。

我生命中的失望不斷疊加，每一次失望都讓我變得更痛苦。光是媽的過世就已經把我整個人掏空，而從那之後，失望的雪球只是越滾越大。

我無法控制我的暴食症，是它在支配我。我已經放棄抵抗，這有什麼意義？它比任何時候的我都還要強大，不再抵抗反而容易些。接受它，甚至擁抱它，比較容易。

我逐漸接受我不喜歡表演的事實。雖然我可以為了當導演的承諾，設法挺過整季拍攝，但現在那個機會已經被剝奪。我感覺自己過去是、將來也只會是一名演員，一名過氣的演員，誰會想雇用在尼克兒童頻道演了將近十年戲的人？我該如何獲得一份「真正的」表演工作，逃離這種虛假、怪誕的圈子？我從未上過大學，也沒有任何現實生活中的技能，所以就算我想在娛樂產業外擁有一份職業，這在幾年內也不可能是個務實的選項。

男人也不再吸引我，他們只是分散注意力的工具。即使如此，我寧願每晚用一瓶葡萄酒，或者一整杯純威士忌——無論手邊有什麼都行——來轉移注意力。我甚至會喝伏特加，儘管我的身體開始對它過敏，每次喝完，皮膚都會冒出腫脹的疹子，但我覺得無所謂，酒精帶來的放鬆值得那些疹子。

我很絕望，這種絕望感在我身上如影隨形。我走路緩慢，肩膀耷拉，眼皮永遠半垂著。我記不起上次微笑是什麼時候了，除非是為了演戲。

如果我不夠了解狀況，我會說，我的負面能量影響了我身邊的每一個人，讓片場近日低迷的氣氛，盪到悲慘的低谷。但我知道那不是真的，我了解真正的原因。

主創人因為遭人投訴精神虐待而惹上了麻煩，引起電視公司不滿。我覺得這正義也來得太遲了，這件事早就該發生的。

我對他惹上這麼多件麻煩事感到欣慰，這不只是小小懲戒就可以打發的事，事情嚴重到他已經被禁止與任何演員在片場接觸，這使得每個鏡次間的拍攝溝通變得複雜。

主創人坐在攝影棚旁邊一個像洞穴的小房間裡，周圍堆滿了冷切肉盤，那是他最愛的零食，還有尼克兒童頻道兒童票選獎的充氣飛船獎杯，那是他最珍視的人生成就。他的巢穴裡分別架設了四個監控螢幕，每個螢幕連接一台攝影機，透過那些監視畫面觀看我們的拍攝狀況。每當他想給我們一些指示，他就告訴副導，然後副導會跑著穿過整間攝影棚，把指示傳達給我們。所以我們的拍攝日時程就從十三小時拉長到十七小時。委靡不振加上「老天啊，請讓這一切快點結束吧」是近日片場整體氛圍的最佳寫照。

我們正拍攝那天的最後一場戲，發生在我們主場景之一的一幕，那是一間機器人主題餐廳，裡面的服務生全是——你猜對了——機器人。我的角色應該要跳上餐桌，撲倒某人……或某個東西，我不知道，也不在乎。那場戲，那些動作，那些台詞——此刻突然都糊成一團。

這特技我反覆做了好幾次。在特技、漫長工時及暴食症的折磨下，我精疲力竭，滿心只想回家來點威士忌。

終於，凌晨一點剛過，我們拍完了。我回家，替自己倒了滿滿一杯的酒，在沖掉我的假睫毛、厚重的粉底和頭髮上的定型噴霧前，先喝下半杯。當我洗完澡出來時，威士忌已經起了作用，我雙眼惺忪地查看電子郵件，訊息湧入——其中一半我連看都不看，因為我處理收件匣的態度很隨意，一如最近我對待生活中其他所有事情。當我正準備點擊視窗上的X時，在一連串未讀信件的底部發現了一個不祥的信件主旨。那是我經紀公司寄來的，上面說我們明天一大早得談談。

我關掉郵件，把玻璃杯的酒倒滿，嘗試入睡。

64

第二天早上，我在電話會議中，同時與經紀人一到三號、經理人一號和二號，以及律師一號和二號通話。我不記得到底什麼時候這個團隊變得這麼龐大，我也不確定我為什麼需要這麼多人——這個團隊中有哪個人曾經提出令人興奮的點子嗎？我想不起來，多數時間他們只是重複別人在會議上說過的話，然後笑很久——但顯然，演藝界的成功人士都是這樣。

「等一下，他們要取消這個節目？」我說，無法掩藏我的興奮。

「沒錯，我們就知道你會很高興。」經紀人一號說。

「最棒的部分是⋯⋯」經紀人二號插嘴說，他故意稍做停頓，營造戲劇效果（我發誓這些經紀人都是最出色的演員），「⋯⋯他們要給你三十萬美元。」

我遲疑了一下，這聽起來不對勁，「為什麼？」

經理人二號也插話了，我可以看得出他在其他人面前有些膽怯，因此等他終於加入談話時，不管他打算說什麼，都連珠砲似地從口中冒出，彷彿他早就準備好了這段話，趁著其他人說話時，一直在積累足夠的自信。

「嗯……想成是個謝禮吧。」他把一句話黏在一塊脫口而出，迅速說完後鬆了口氣，彷彿已經盡到他的職責，會議剩下的時間都不必再發言。

「謝禮？」我有點懷疑。

「沒錯，是份謝禮，」經理人一號重複，「他們給你三十萬美元，唯一的要求是你永遠不能公開談論你在尼克兒童頻道的經歷。」尤其是關於主創人的部分。

「不要。」我立刻本能地回答。

一陣沉默。

「不、不要？」經紀人三號終於開口問。

「絕對不要。」

「這是可以白拿的錢。」經理人一號插話。

「不，不是。那不是可以白拿的錢，對我來說，這像是封口費。」

令人尷尬的一陣沉默。其中一人清了清喉嚨。

多年來，我慢慢學會演藝圈是一個不說真話的地方，嘴上說的和真正要說的是兩回事。這種運作方式不僅令我感到不舒服，甚至也不可能真正適應。其他人似乎都能謹慎找出事情的定位，精心鋪排措詞，輕巧地繞過真正的意圖，但最終的結果往往是我根本搞不懂他們在講什麼，不得不直截了當地問清楚。

然而，偶爾也有些時候，我完全清楚是怎麼回事，好比現在。在這種情況下，我不會詢問發生了什麼事，而會直接說出來，後果各不相同，有時候是笑聲，有時是尷尬。這次是尷尬。

「呃，我，我，如果我是你，不會這麼想。」經理人一號侷促地笑著說。

「但這就是事實，我不拿封口費。」

「這個，呃，好吧。如果你確定的話……」經紀人一號或二號說（他們兩個的聲音很難分辨）。

說完，他們全掛斷了電話。**咔**，**咔**，**咔**。直到我是電話會議線上唯一剩下的人。我也掛斷，坐在床邊。

什麼鬼？尼克兒童頻道要付我三十萬封口費，讓我不要公開談論我在節目中的經歷？我個人遭到主創人辱罵的經歷？這是一個專門製作兒童節目的電視台，難道他們不該有點道德感？難道他們不該至少試著遵守某種倫理規範嗎？

我靠回床頭板上，雙腿在身前交疊，雙臂伸到腦後枕著，一派自豪模樣。還有誰能有這種道德勇氣？我剛才拒絕了三十萬美元。

等等……

我剛拒絕了三十萬美元，那可是一大筆錢。這部《薩姆和卡特》衍生劇給我的酬勞還不錯，但絕對還沒多到讓三十萬美金可有可無的程度。該死，也許我該收下的。

65

節目已經結束三週半了，媒體報導說，節目會結束是因為我對搭檔的片酬比我高感到不滿，這令我很生氣，因為那不是真的。我的經紀人告訴我，節目被取消是因為我們其中一個製片被指控性騷擾。

不管怎樣，他們都需要有個人背鍋，所以他們選中了我，而我對此無計可施。除了說出真相。我考慮過好幾次，但最終還是沒能下定決心，因為公開談論這個節目和我在尼克兒童頻道的經歷，只會讓人們持續把我和這個節目及尼克兒童頻道綁在一起。更糟糕的是，那反而會強化我作為「尼克兒童頻道女孩」或「薩姆」的形象。

我討厭被稱為薩姆，極其討厭。我曾試圖與它和解，但沒成功。當人們說「你看起來像《愛卡莉》的那個女孩」時，我就會說：「不，不是我。」每天都會發生很多次，人們總對著我大喊「薩姆！」、「炸雞！」或「愛卡莉女孩！」之類的話，然後要求跟我合照，我都會拒絕並且走開。有時候，他們會在我身後喊我，說我沒禮貌。我繼續往前走。

但我會和那些知道我真實姓名的人合照，因為我真心感謝他們的尊重。但其他人——別想。

我知道我越來越憤世嫉俗，我知道我越來越不滿，但我他媽的一點也不在乎。我感覺那個節目奪走了我的青春，剝奪我應有的正常青春期，我原本會像一般青少年那樣體驗生活，不必擔心自己做每一件微不足道的小事都會被批評、討論或訕笑。

剛滿十六歲時，我開始徹底厭惡成名，現在我二十一歲了，對名氣更是充滿了鄙視。從孩童時期開始成名只會讓情況變得更糟。我在想，如果每個人都因為他們十三歲時所做的某件事出名，那會是什麼情景，像是他們參加的中學樂團、七年級做的科學實驗、八年級的戲劇表演。中學時期是磕磕碰碰、跌跌撞撞的時光，一經驗過就會把所有犯過的錯忘卻，因為到十五歲時，已經長大的你就能超越那段時間。

但對我來說不是那樣。人們在心底根深蒂固地認為，我就是我孩童時的那個人，那個我早已遠遠超越的人。世界不允許我超越，世界不讓我成為其他任何人，世界只希望我是薩姆．帕吉特。

我很清醒地知道，這有多他媽的惹人厭煩，這一切聽起來有多無病呻吟。數百萬人都夢想著出名，而我擁有了名氣，卻討厭它。某種程度上，我覺得自己有權憎恨這一切，因為我不是那種夢想成名的人，媽才是，媽把這一切強加在我身上。我有權討厭別人的夢想，即使那已成為我的現實。

66

我和柯頓坐在Uber的後座。我穿著一件很短的黑洋裝，和一雙過高的高跟鞋。我認為鞋跟越高，越有可能讓我的不安全感減輕一點。到目前為止，還沒有什麼效果。

剛開始的幾個月，暴食症確實讓我保持苗條，但在那之後，暴食症背叛了我。我的身體似乎盡可能地留住任何吃進去的食物，不但拒絕變得更瘦，反而還變胖了。

暴食症剛開始時，我達到了媽為我設定的理想體重數字，但幾個月過後，我已經胖了四點五公斤。這四點五公斤是我早上起床注意到的第一件事，也是我晚上腦袋躺在枕頭上注意到的最後一件事，更是我在一整天中最常注意到的事。這四點五公斤已經成為執念，我為它飽受煎熬。

我不懂，為什麼我的身體不照我想要的做？為什麼暴食症不再幫助我？我以為我們是朋友。我想要暴食症支持我，但它明顯沒有，顯然我曲解了這整段關係。然而我似乎無法擺脫它，我感覺自己被暴食症綑綁、奴役，與它相互依賴。

司機在酒吧前停下，讓我們下車。柯頓和我快步走入酒吧，裡面已經有些朋友正啜飲著手中的酒。

「生日快樂！」他們齊聲對著我喊。其中一人還遞給我一杯龍舌蘭，我一口乾掉，然後又是一杯，接著又一杯。

不出一小時，我就喝茫了。大約有五十位朋友陸續到場，我們共度了一段還算開心的時光。這時候，我看到我的朋友貝瑟妮朝我走來，她手裡正捧著一個插著蠟燭的蛋糕，我整個人驚呆。

靠，不要插著蠟燭的蛋糕，絕對不要插著蠟燭的蛋糕。

貝瑟妮把空著的一隻手伸過來，把我緊緊摟進她的臂彎裡。就算只用一隻手臂，這擁抱還是有點痛。貝瑟妮是個很強壯的女人。

「你，像是，不太會擁抱。」她用她招牌的谷地女孩語調說，尾音不斷上揚的那種。

「是啊，呃……」

「我買了一個蛋糕，香草口味的，你的最愛。而且上面有這個，就是，真的很酷的香草奶油糖霜，那應該，就是，超級美味。」

「太棒了。」我撒謊。

「我知道，對吧？現在要切蛋糕了嗎？讓我們現在切蛋糕吧。」她一邊彈指，一邊向人群喊「喂！」，大家開始唱歌。

我喝得太醉，無法認出站在我面前、以各種音高歡唱的模糊身影。為什麼生日快樂歌是**地球上**最難唱的歌，卻同時也是世界上最受歡迎的歌？這是什麼不好笑的惡作劇嗎？

至少「恰恰恰」已經不流行了。我不奢求，這樣就夠好了。歌聲結束後，每個人都盯著我看，等我吹熄那些小蠟燭上的小火苗。

就是這個。這就是我一開始不想要蛋糕和蠟燭的原因，我不想被迫面對我的生日願望。二十二歲，這是我第一個不知道該許什麼願的生日，因為我這輩子一直祈求的事已經不必再求，結束了。過去這些年，我暗自期望自己能掌控的事，現在我明白我根本不曾、也永遠無法掌控。

讓媽快樂地活著是我一生的目標，結果全都白費了。過去那些年，我把重心放在她身上，我的每一個想法、行動都與我認為最能取悅她的事物校準，結果毫無意義，因為現在她已經不在了。

我拚命試圖理解、認識我的母親——什麼會讓她難過、什麼會讓她開心，反覆不斷——卻因此從未真正了解自己。沒有媽在身邊，我不知道自己想要什麼，我不知道自己需要什麼。我不知道自己是誰，我當然也不知道該許什麼願。

我俯身，吹熄蠟燭，沒有許願。

「你一定要試試這蛋糕！這奶油糖霜！」貝瑟妮嚷著，已經把蛋糕切開要分給眾人。

她把第一塊遞給我。

我咬下一口，睜大雙眼，擺出「哇哦，好吃」的表情，希望這能讓貝瑟妮滿意。看起來是滿意了，她不斷拍手，跳上跳下。我走向洗手間，準備把剛吃下的東西吐出來。

67

我懷抱希望，多年來第一次，我感受到期盼。我被選為一部新的網飛影集的主角——**網飛**欸（提示：撒紙花）——而且這次不是雙主角，寶貝，這次完全只有我。嗯，其實這是一部群像劇，但我還是主角，考慮到影音平台的升級，我願意接受。

當然，「接受」並非最容易的選項。起初，我就對試播集的劇本表達了擔憂。在演藝圈，比較禮貌的說法可能是「我對這題材沒有共鳴」，即使更精確的措詞可能更接近「我非常害怕這可能是一部垃圾劇」。但我的經紀人極力敦促我接下來，因為片酬相當優渥，而我目前獲得的其他機會只有庸俗的情境劇和實境秀節目。他們說，能和網飛這樣受敬重、有前景的公司牽上關係，相當值得。聽起來似乎很合邏輯，於是我簽下合約。

十月一日，我抵達多倫多，這個更乾淨、更友善的「紐約市」，將成為我接下來三個月的家。我興奮地在飯店公寓裡安頓下來，甚至感到靈思泉湧。我堅信我的生活正在轉變，這份新工作正是我所需要的動力，能將我的生活推回正軌。

我在一部真正的影集中擔任主角，不再是兒童節目。兒童節目的明星可能會因為那些酗酒和暴食症的毛病把生活攪得一團亂，但真正的明星——網飛的明星——不會胡搞。真正的明星會把自己的生活籌劃得有條不紊、妥妥當當。

於是，我搬進多倫多約克維爾（Yorkville）的那天，決定展開我的真明星努力計畫，前往書店選購了一堆自我成長的書。我打算在一週內苦讀鑽研，擬出一份紮實的「自我肯定式」行動目標宣言，這份宣言能總結我一週內積累的所有自我成長知識要點。

我會專注在自己身上。我在我的日記上寫下這句話，然後觸摸它五次。（這是我的其中一個強迫症慣性動作，它始終沒消失。我每次進入浴室時，也會迅速轉個圈，但至少那還算有趣。）

我知道專注在自己身上不是一件容易的事，這需要持續投入努力、時間和注意力。這意味著要處理我的問題，直面它們，而不是任由它們成為干擾，或試圖假裝它們造成的影響比實際更輕微。這意味著我得採取**行動**。這需要深刻剖析靈魂的內省，去了解那些壞習慣、不安全感和自毀模式源自何處、理由為何，還要挑戰並改變那些壞習慣、不安全感和自毀模式的動力，即使它們會不斷被生命中的各種事件，一而再再而三地觸發。

如果必要，我已經準備好把我生命中的每件事和每個人清理掉。我已經準備好只專注在我自己身上。

直到我遇見史蒂芬。

／

今天是拍攝的第一天，我坐在我的拖車休息室裡，翻著第二到第六集的劇本。突然，一個可怕的念頭襲來。

我可能參與了網飛有史以來的第一部爛劇。我對這些劇本的反應比試播集時還要糟糕。預算比預期更低——這並不表示低預算就不好，只是這種預算絕對不適合一部描寫小鎮爆發病毒，所有超過二十一歲的人都將死亡的大規模末日題材影集。每一個迎接演員和工作人員的歡迎暖身派對，都不見半個網飛的代表出席，這根本沒道理。這類場合總會有一個頻道代表到場。

我拿起電話，撥給我的經紀人們。其中一人接了電話，我表達了我的擔憂，他向我解釋，網飛代表之所以沒出現在片場是因為網飛只是合作方，製作公司是一個叫做城市電視網（CityTV）的加拿大電視頻道，網飛只負責發行。

哦哦哦哦，哦，哦，哦哦哦哦。

所以，這不是網飛的影集（提示：撒紙花）。這是城市電視網製作的影集（提示……弄點別的東西）。

某部分的我希望我沒問這個問題，這樣我就能繼續天真地坐在這裡，以為我登上了一個網飛的節目；另一部分的我卻希望自己早點知道，這樣我就不必接下這個非網飛的節目。

我掛斷電話，坐在我的拖車裡，看著鏡中的自己。我感到如此羞愧，對我的生涯感到羞愧。我知道，還有比演出一部我不引以為豪的電視劇更糟的事，然而這樣的認知不會帶來任何改變。對我來說，這就是我的現實，我很羞愧。

我想要演出好的作品，我想要從事讓我感到驕傲的工作。這對我很重要，關乎深層的內在本質。我想要有所作為，或者至少感覺我能透過我的工作發揮一些影響。沒有那種感覺、那種與內在的聯繫，工作就會變得無意義且乏味，**我**感覺自己無意義且乏味。

我知道假如我現在讓自己嘔吐，我的臉頰會腫脹，雙眼會變得濕潤，在鏡頭前尤為明顯，但我忍不住，我需要這麼做。可恥的是我無法忍受內心的羞愧，我需要我的調適機制，我需要那種大吐一陣之後的虛脫空乏感。我從沙發上跳起來，但就在這時，敲門聲響起，是我們的製片助理，他準備接我去片場。靠。沒時間嘔吐了。我走下拖車階梯，跟著製片助理走向我們當天的第一個鏡頭拍攝地，在戶外取景，在暴風雪中拍攝。

就在紛飛雪花和刺骨寒風中，我看見了他：紅褐色的頭髮，深邃的綠眼睛，還有迷人的痞痞站姿，穿著斜紋棉褲、羽絨衣，戴著頂上有顆絨球的毛線帽。他斜靠在一輛 Star Wagon 越野拖車旁邊，一隻腳擱在輪胎上，抽著菸——**超**有個性。他手裡拿著 iPhone 正與人通話，一口爛義大利文夾雜著爛英文。

「哎伊伊伊，哎哎哎伊伊伊，好的。我愛你，媽，再見。」

他在休息的空檔打電話給媽媽？這男孩未免好得太不真實。他掛斷電話，把手機塞進大衣口袋裡，又掏出一根新的菸，點燃。

「史蒂芬！我們準備好了。」製片助理對我的新歡喊。所以史蒂芬是這部影集的副導。我的心跳漏了一拍。這表示接下來的三個月，我每個工作日都能見到他。

「好。」史蒂芬簡單回應，然後朝著片場走去。

我已經開始幻想我和史蒂芬會怎麼在一起了。那些自我成長的書說，設定目標時要有彈性，願意因應狀況隨時做改變與調整，天啊，我怎麼會不願意改變和調整呢。我都已經準備好放棄專注在自己身上的目標，我不想再處理我的羞愧、恥辱、悲傷、暴食症和酗酒問題了。

也許接下這部城市電視網的影集也沒那麼糟，也許它還是值得撒點紙花的。

68

經過兩週半漫長且精心策劃的數次「碰巧」相遇後，史蒂芬終於約我出去。

我們在一家叫沙薩弗瑞茲（Sassafraz）的酒吧喝酒，就在我住的旅館那條街上。史蒂芬點了一杯裸麥薑汁威士忌，我點了琴湯尼。

史蒂芬身上有種溫和氣質，與典型好好先生身上的那種溫和截然不同，後者通常——讓我們坦然面對吧——很無趣，但他的溫和不知道為什麼卻有點酷，也許是他的聲音讓這一切顯得不同。哦，**天哪**，他的聲音是我最愛的地方——低沉沙啞，可能拜他一天兩包菸所賜，但沒關係，我們可以之後再來處理肺癌的問題。

史蒂芬身上有種鋒芒，卻又與他低調的態度完美調和。我從未見過這麼有個性、同時又顯得如此謙遜的人，反之亦然。他是行走的矛盾體。我被他深深吸引。

第二次約會，我們去了傑克・艾斯塔（Jack Astor's）——加拿大一家受歡迎的連鎖餐廳，有點類似星期五美式餐廳（TGI Fridays）——共享一些起司玉米脆片和湯。我在洗手間裡全吐光了，用李施德霖（Listerine）口腔清潔片清新口氣，再回到用餐區，史蒂芬對我揮手。我簡直不敢相信就在幾週前，我甚至準備戒掉我的暴食症，那感覺就像是我身體的一部分，不可或缺的習慣，真慶幸我仍舊可以依賴它。

我們喝了幾杯酒，然後回到我住的地方，打開筆電，一起看著脫口秀特別節目，再喝幾杯。我們之間的互動有種自在和舒適。我們聊起各自對生活的期待和擔憂、二十歲出頭發生的荒誕事蹟、過去的感情關係、過去的傷痛、希望與夢想，那些美好的事！我們一直聊到凌晨一點，在我的沙發上親熱了一小時，然後繼續聊到凌晨四點。

第三次約會，我們去跳舞（史蒂芬的主意）。我醉到完全放開，不再有任何顧忌。史蒂芬和我共舞，原本應該覺得極為尷尬的事，卻變得無比美妙，全都是因為史蒂芬。我以前從未對任何一個男人有過這樣的感覺。就連我對喬的感情——在此之前，我都視他為我的初戀——與這不管是什麼樣的情感相比，都似乎顯得如此不成熟、如此幼稚。我感覺史蒂芬完全理解我，並且看見我，而且他似乎也有同樣的感受。

我們的第四次約會，在史蒂芬家看《美國好聲音》（*The Voice*），他對電視節目的品味……有點可疑，但如果能和史蒂芬在一起，我很樂意看克莉絲汀．阿奎萊拉（Christina Aguilera）對參賽選手發表一些制式的讚美。我們一起喝完一瓶龍舌蘭，當酒只剩下最後幾滴時，我們開始在他的沙發上接吻。他脫掉我的上衣，然後是他的褲子。他套上了保險套，他還很有責任感，對不對？！

這是我們第一次做愛，好得難以置信。整個過程中，那些總在我腦海中喧囂的評語消失無蹤。

過去，我總感覺做愛就像只是發生在我腦海背景中的一件事，我會故意發出一些呻吟聲，好讓對方無法覺察到。但這次不是，這次我完全沉浸在當下的瞬間。史蒂芬使我忘記了自己，我愛那種感覺。

我開始哭泣。史蒂芬問我還好嗎？我告訴他實話，我哭是因為我發現這才是性該有的感覺。他開始更熱烈地親吻我，我們又做了好幾次。他問我能不能留下來過夜，他說他希望永遠都能在我身邊入睡。這時，克莉絲汀誇獎了一名演唱惠妮．休斯頓（Whitney Houston）歌曲的年輕女子。一切都很好。

69

我坐在客廳那張過於舒適柔軟的沙發上，比利正在樓上用電鑽工作。我已經回到加州的家度過三個漫長的星期了，多倫多的神奇童話仙塵也飄完了。

我對史蒂芬的迷戀，暫時抑制了我對那部非網飛節目的品質和自己整體狀況的焦慮，但現在，史蒂芬遠在天邊，焦慮又回來了。

這部戲會終結我的職業生涯嗎？或者更糟，它會不會突然爆紅，演變成另一種令我難堪的現象，進一步腐蝕我的自我認同？

但是，我的自我認同是什麼？那到底是什麼鬼？我又怎麼會知道？我一輩子，我整個童年和青春期，都在假裝成為其他人。那些應該用來尋找自己的時光，我都用來偽裝成其他人；那些應該用來形塑人格的時光，我都忙著形塑角色。

我比以往任何時候都更堅信自己需要放棄表演，因為它不利於我的心理和情感健康，甚至具有破壞性。我在想，還有什麼事對我的心理和情緒健康造成破壞……當然，還有飲食失調和酒精成癮問題。

然後我意識到，雖然我堅信自己需要擺脫這些事——表演、暴食症、酒精——但我不認為自己做得到。雖然我對這些事心懷憤懣，但它們也在一種奇怪的脈絡下定義了我；它們就是我的自我認同。也許這就是我憎恨它們的原因。

這種領悟的壓力又把我帶到馬桶前，就像每次我感受到任何壓力時會做的同一件事，我嘔吐了。等我再回到沙發上時，我看見一通來自史蒂芬的未接來電。

離開多倫多那天，史蒂芬和我正式確定了關係，這真的讓我如釋重負。我非常害怕我們的關係只是玩玩，一個人生中的小插曲，一種用來打發片場無聊時間的方式，那會表示我誤判、誤解了一切，顯得愚蠢。我深信我們之間有著真實的情感，但我需要一個替我背書的名分，用來支持我的現實。

準備飛離多倫多的那個早晨，史蒂芬用一封情書叫醒我，請求我成為他的「女人」。離開他讓我感受到極大的痛苦和煎熬，鑽進計程車裡與他道別的那一刻，我所承受的情感衝擊堪稱此生之最——顫抖、恐懼、熱情激昂，卻又無力。我不知道未來會如何發展，尤其我們相距如此遙遠。過去幾個月很可能只是幻想，只是錯覺。也許史蒂芬會回歸他原本的生活，我也會回歸我的生活，我們就只是回到原本的習慣模式，然後漸漸忘記彼此，即使我們確立了名分。

這也就是為什麼，當我看見史蒂芬來電時，我會鬆了一口氣。我知道這通電話的意義。昨天夜裡，在我們每晚三小時的FaceTime視訊通話過程中，他提到他打算查看飛往洛杉磯的航班，如果能在最後一刻買到票，早上就會打電話給我，因為我們再也無法忍受分隔兩地。這通電話表示他訂到票了，這通電話表示史蒂芬要來看我了……今天。這通電話表示我們的關係不只是一段短暫的戀情。

／

史蒂芬的飛機降落了，他只帶了隨身行李，因為只能待兩天，所以他很快就搭上了Uber，整趟車程我們都不停地互發訊息。我等不及了，我把比利趕走，他把工具扔得到處都是。（這傢伙到底什麼時候才能做完他的翻修工程？都已經一年多了。）

敲門聲傳來，我讓史蒂芬進來。在過了三週只能從手機螢幕上看見他的日子後，能看到他本人真是棒透了。起初我們都有些羞怯，談話不怎麼熱絡，有一搭沒一搭地聊著。我嚇壞了，這是洛杉磯的我們嗎？多倫多的我們是那樣神奇，而洛杉磯的我們就只是這樣嗎？

終於，在度過我人生中最長的三分鐘之後，史蒂芬把我拉進懷裡，我們開始接吻。他脫掉我的衣服，我脫掉他的，然後他從口袋裡掏出一個保險套（他當然會這麼做），戴上後對著我揮舞他的「武器」，而我徹底臣服。我們在沙發上做了三次，之後我們開始暢聊，感覺一切又回到從前，自在，舒適。剛才的尷尬只不過是曖昧的情愫作祟，耶！

抱著聊了一小時後，史蒂芬去上廁所。他緩緩走回房間，一臉擔憂。他停在客廳的拱門口，與我保持一段距離，看起來似乎在戒備什麼，一句話也沒說。

「怎麼了？」終於，我開口問。

「珍妮……」史蒂芬憂慮地說。

「怎麼了？」我又問了一次，比先前更擔心，「你嚇到我了，到底怎麼了？」

「只是……」史蒂芬低頭，襪子在堅硬的櫻桃木地板上來回磨蹭。我完全不知道史蒂芬打算說些什麼，他的遲疑攪得我緊張不安，我只想讓他快點把話說出口。

「你是有什麼狀況嗎？」他終於開口。

「狀況？」我問。

「是啊，狀況。」

「我不太確定你的意思……」

「馬桶坐墊上有殘餘的嘔吐物。」

「哦哦哦，真的嗎？」我若無其事地問，試圖表現出那沒什麼，「嗯，我真的不認為那算是什麼狀況，那更像是……我做的某件事。」

他不買單。

「你知道的，就像你菸癮很大。」我試著向他坦白，「你抽菸，我催吐，不過只是我們的習慣罷了。」

「不是，那不一樣。」史蒂芬篤定地說，「暴食症會要你的命。」

「香菸也可以。」

「沒錯，但我要戒了。」

「好，我也是。」

史蒂芬嘆氣。

「我真的只是希望你好好的，身體健康，珍妮。」

「嗯，我大部分的時候是。」

「你不是。」

「但我大部分的時候是。」

他深沉且銳利地看著我。他從未那樣看過我，眼神中帶著憐憫和長輩般的關愛，我不喜歡。但那眼神裡有某種深意，讓我明白他不會讓步，我無法說服他。

「聽著，珍妮，你需要尋求幫助，否則我……我不能和你在一起，我無法看著你這樣對待自己。」我很震驚。來真的？

他的眼神給了我答案。真的。

呃，靠。

70

我坐在蘿拉位於世紀城（Century City）的辦公室裡。這是我第一次走進諮商心理師的等候室，與我想像的截然不同。這些地方不應該都是冷冰冰的嗎？這房間根本不是那回事，它溫馨又討人喜歡。當然，蘿拉是一位同時斜槓人生教練的諮商心理師，所以也許擁有多重身分的諮商心理師更注重裝飾。我對此抱持懷疑。

書架上擺滿自我成長的書，旁邊一個角落裡有個用鉤針織的土耳其藍坐墊。我坐在一張橙色的椅子上，椅背搭著一張奶油色針織薄毯。「波希米亞風」，假如我有讀那些Yelp網站上的評論文章，我就會知道這些，但當時我一看見那些五顆星評價，就立刻預約了，然後就再也沒有回頭仔細讀過。再說，誰會想看那些有時間寫評論的人寫的評論？不能信任這些人，他們太閒了。

我手裡撫摸著垂落在我身上的柔軟毯子，並盤算著開場白。我想用輕鬆的口吻開啟這次談話，我不想變成另一個坐在心理師椅子上大吐苦水的落魄鬼，讓可憐的諮商心理師懊悔自己當初幹嘛要念這個學位。就在這時候，蘿拉走出來迎接我。

「珍妮特？」她問，儘管我是現場唯一坐在這間等候室裡的人，也是這個時段唯一的預約者。

我迎合她，「蘿拉？」

她露出大大的微笑，閃現我所見過最美麗的微笑之一。蘿拉一定有用牙齒美白貼片。「嗨！」她以一種像在飄浮的方式朝我走來。「飄浮」是我能描述那動作的最好形容，我不確定是因為那條印花裙會隨著她朝我跨出的每一步拂過地板，還是因為她就是擁有這種氣質的人。她引起了我的興趣。

她伸手把我拉入她懷裡。我通常不習慣擁抱，但蘿拉身上有種溫暖、立即令人產生信賴感的特質，讓我乖順地任她擁抱。她聞起來像剛洗淨的衣服，我輕輕聞了聞，希望沒被發現。蘿拉，給我那種熊寶貝（Snuggle）烘衣紙的香味吧。

蘿拉鬆開我，雙手握住我的前臂，親密地直視我的眼睛。如果這些互動發生在別人身上，往往會引起我的戒心，但蘿拉就是蘿拉，常規在這裡似乎並不適用。

「那我們開始吧，好嗎？」她問，我發誓，她眼底閃爍著星芒。是啊，好的，蘿拉，我們開始吧。

我坐在蘿拉的小辦公室裡，這裡的風格品味和她的等候室裡類似。經過她一番卸除防心的操作，我準備好的開場白早已不知所蹤。

她問我怎麼會想來諮商，我告訴她史蒂芬的最後通牒，以及我有多愛他，希望我們之間發展順利，所以我同意過來這裡。

「好的，這樣很好。但治療必須是**我們**決定去做的事，**我們**必須想要改變，不是為了別人，是為了自己。」蘿拉緩緩喝了一口茶，「那麼，珍妮特，你想要改變嗎？」

「想啊。」我說，心知事情雖然沒那麼簡單，但我應該這麼回答。蘿拉幾乎就像選角導演，而我是兒童演員，試圖正確說出能讓我獲得複試機會的答案。是的，我會游泳，是的，我會踩彈跳桿。是的，我想要改變。

「好，很好。」蘿拉說。

蘿拉問我，目前我在生活中遇到了什麼樣的困難？史蒂芬到底為什麼要建議我來接受諮商？我單刀直入——媽的過世、暴食症、酗酒、工作問題。我試著給她一個簡潔的電梯簡報版本。我認為我們之後還會有更多次面談，可以逐一討論每個具體問題。

她用美妙的嗓音，向我概述我們將如何進行後續的相互配合。

「我採取一種全方位的康復方式，所以我們的療程會包括許多類型。今天我們將專注在生命之輪上，這樣我們就能判斷你該從哪裡開始，並且以此為基準，用來追蹤你未來的進步。」

我不停點頭，壓根不懂生命之輪是什麼，但蘿拉，讓我們開始轉動吧。

「在接下來的四個月裡，我們會一起去採購，一起煮飯，透過各種嘗試來找出你的嗜好和熱情，一起閱讀一大堆飲食失調的專業書籍，並記下你有共鳴和沒有共鳴的地方，還要一起探索平衡的、不偏執的身體活動選項。」（我的飲食失調也影響到我的運動模式。我一週跑兩次半馬，每隔一天再跑八到十六公里。）

這些事我聽起來都很好，尤其是蘿拉會全程陪在我身邊，而且如果我不這麼做，就會失去史蒂芬。寶貝，要在哪裡簽名？算我一份。我準備要改變了。

我聞到一股烤焦吐司和狗尿的味道——不會錯，我的助曬噴霧就是這味道。我想知道「巨石」強森（Dwayne "The Rock" Johnson）是不是也聞到了這股味道，但就算他聞到了，他也沒有表現出來，真是個好人，祝福他。

我站在某個青少年全美觀眾票選粉絲最愛獎——這些獎都差不多，分不清哪個是哪個——的頒獎典禮後台，等著廣告結束，就換我登場。我穿著價格昂貴的高跟鞋，鞋帶深深勒進我的腳踝，還穿著兩件式的土耳其藍花朵套裝，雖然我不喜歡這些花朵圖案，但這是電視台批准的服裝，所以我只能穿上。

網飛的節目還沒播出，因此在觀眾眼裡，我仍然是那個出現在尼克兒童頻道上的演員。他們還在播出《薩姆和卡特》的新集數，所以我仍舊出現在所有青少年雜誌的封面上：俏皮地把手插在腰上，一臉燦笑，展現出無憂無慮、把整個世界都抓在手裡的年輕新星形象。嘻嘻。

雖然我已經找蘿拉諮商一個月了，但我卻感覺自己比最初坐在她那張簇絨椅子上的時候更糟。首先，史蒂芬是我一開始坐上蘿拉那張椅子的原因，但他現在去外地工作了，有個節目要在亞特蘭大拍攝，所以我無法仰賴他的支持。其次，因為現在我意識到情況有多無望，我不能再否認我的酗酒問題有多嚴重（很大條），還有暴食症的問題（更大條）。我不能再否認自己對媽過世的悲痛有多深（難以承受）。

療程前三週，我和蘿拉把心力都擺在收集資料上，判定我的狀況到底有多糟。截至目前為止，我並不喜歡我們收集到的資訊。

我每天暴飲暴食並嘔吐五到十次，而且每晚至少喝八到九杯烈酒。和蘿拉在一起的前三週讓我看清我的狀況有多晦暗，以及我已經變得多麼失敗。

但現在我們已經進入每週五次療程的第四週，而第四週是蘿拉終於開始幫助我做出改變，不再只是評估我的日常生活有多悲慘的第一週。我們已經找出我暴飲暴食、嘔吐和酗酒的主要誘因，盛裝出席的**紅毯活動**幾乎在這份名單中以粗體大字位居榜首——這不僅是因為活動本身的特性和壓力，還因為紅毯活動不可避免地伴隨著大量……大量的……食物。大量的食物意味著許多暴飲暴食或嘔吐的機會。因為這點，蘿拉和我做出決定，接下來的幾個月，蘿拉會陪同我參加所有這些活動，這樣她就可以監督我的行為，並隨時給予情感和心理上的支持。

燈光昏暗，但我能看見觀眾。蘿拉就坐在前排，我和她眼神交會。蘿拉微笑，開始蠕動嘴巴，無聲地說：「你辦得到的。」但就在她正要說出「到」的時候，一名試圖管束她那一大群孩子、不讓他們亂跑的母親快步走過她面前。蘿拉先是擺出「你是怎樣啊」的臉，直到她意識到那母親是安潔莉娜・裘莉（Angelina Jolie），「你是怎樣啊」的臉就立刻變成「哦，光芒四射的天使，儘管通過，請自便」的臉。

在燈光亮起來之前，我試著再次與蘿拉眼神交流，哪怕只是匆匆一秒，我亟需她的支持。我確信我的迫切正穿透她的靈魂，但那已經不重要了，因為我輸給了安潔莉娜。這不是蘿拉的錯，我能理解。

攝影師奇普——其實我不知道他的名字，但攝影師有百分之九十的機率都叫奇普——對我伸出五根手指開始倒數，我按捺住緊張的情緒。

燈光亮起時，嚇了我一跳。無論我參加過多少次各式的少年／青少年／兒童頒獎典禮，我永遠無法適應這些刺眼的燈光。我很驚訝，台上台下這麼多忙著為了無關緊要的事頒發或接受獎項的人，他們在這種強光下竟然都不會瞇眼。

我開始說話，說出提詞機上顯示的所有內容，臉上露出燦爛的笑容，再配上我「搞笑」的聲音。我注意到我的雙手做出許多誇張的手勢，但我似乎無法控制它們，整件事就像一次靈魂出竅的經驗。

尼克・強納斯（Nick Jonas）大搖大擺地走出來領獎，燈光又黯淡下來。我像是在水底憋氣太久剛浮上水面的人，用力吸了幾口氣。我低頭看著我的雙手，我看不見它們，因為我的眼睛尚未適應黑暗，但我不用看也知道它們在顫抖。

一名安全人員走近我，他的舉止就像一個為了證明自己夠男人而點了特辣雞翅的人。當我被護送至後台時，感覺到細細的熱流順著我的雙頰滑落。靠，是眼淚。

終於，我們走到昏暗的後台通道，在日光燈照明下，我才得以好好看看我的雙手，它們正抖個不停，緊握成僵硬的小拳頭。我不需要更多的證據就可以判斷，我的恐慌症發作了，而我完全清楚自己為什麼會發作。

我今天一整天都沒吐，蘿拉同意陪同我參加活動，前提是我必須在活動前與她碰面，一起共進午餐。蘿拉知道我的本能是在頒獎典禮前讓自己挨餓，這隨後會導致暴飲暴食和嘔吐。

她替我們兩人點了健康的午餐，當我像個鬧脾氣的三歲小孩，對著我的食物挑挑揀揀時，她耐心地坐著。

「我知道你不想吃，但你必須得吃，你不能餓著肚子去參加這樣的活動。」

我們在那裡坐了將近一小時，當車子來接我們去典禮會場時，我的食物仍然原封不動。我拉開椅子站起來，但蘿拉給了我一個「門都沒有」的眼神。我知道，在我履行協議前，她不會坐進那輛凱迪拉克凱雷德（Cadillac Escalade）。我強迫自己吞下幾口食物，蘿拉鼓勵我再多吃幾口，然後我們才起身出發。

開車前往會場的路程簡直就像地獄。除了計算我吃下多少食物、那些食物有多少卡路里，以及感受自己因吃下這些食物所產生的羞愧感、無法將它們排出體外的煩惱之外，我無法專注在任何事情上。我唯一想要的就是一個馬桶，但我卻被困在洛杉磯走走停停的塞車路況中長達四十五分鐘，聽著廣播裡播放的某些成人當代音樂風格的慢節奏情歌。（蘿拉的音樂品味相當可疑。）

「呃，你還好嗎，女士？」

現在不要管我，辣雞翅先生，我正忙著悄悄崩潰中。我咕噥著含糊不清的話語，擦了擦眼淚，並推開通往後台區的門。我看見的第一樣東西，當然，就是自助餐桌。後台必備的自助餐桌。上面堆滿法式生菜沙拉、橄欖、小香腸、鮮蝦雞尾酒盅、迷你烤起司三明治、炸雞塊和迷你起司漢堡。

幹幹幹幹幹。該死的迷你起司漢堡，我想得要命，超想把那些夾著多汁肉排、香濃起司的迷你漢堡全塞進嘴裡，然後到浴室裡吐個乾淨。嘔吐的過程能讓我腎上腺素飆升，而且身體在吐完後會感到虛脫，讓我再無餘力去焦慮其他事情。我需要這種解脫。

但我知道我不該這樣做，這正是蘿拉出現在這裡的作用。蘿拉！這才是我需要的，我需要蘿拉，蘿拉在哪裡？

我瘋狂掃視著整個房間。《摩登家庭》（*Modern Family*）的曼尼（Manny）在和《宅男行不行》（*The Big Bang Theory*）的薛爾登（Sheldon）聊天。菲姬（Fergie）在和克莉絲汀・史都華（Kristen Stewart）說話，後者站在角落裡咬著指甲。我在房間的另一端看見了蘿拉，她正眉開眼笑地讚美亞當・山德勒（Adam Sandler）。顯然，她對他很有好感。誰會不喜歡他呢？亞當・山德勒在《阿呆闖學府》（*Billy Madison*）赤裸上身，說著「洗髮精比較好」（Shampoo is better.）的那場戲，在小時候的我眼中，簡直就是色情片。

我很糾結。我該打斷蘿拉和這個全美最受歡迎的搞笑天才兼偶爾的獨立電影偶像的愉快對話，告訴她我的恐慌症正在發作嗎？還是我該乾脆衝到自助餐桌前，把大量的點心塞進嘴裡，然後再跑去洗手間吐掉？我該不該去解決我的癮？

我直線衝向自助餐桌，連盤子都沒拿，雙手抓起幾個迷你起司漢堡往嘴裡猛塞。我轉過身去，背對大家，所以沒人能看到我在幹嘛。我一口接一口地吃。吃完第一個漢堡，第二個正嚼到一半時，我聽見一個聲音說……

「看見你吃東西，我覺得很棒。不過，我希望你能稍微放慢吞嚥的速度。而且我想確保我們之後能到一個私密的地方，讓你在不催吐的情況下處理你的情緒，你覺得怎麼樣？」

我的心沉了下去，我的迷你起司漢堡也跟著沉下去，我感覺它像顆石頭卡在我的胃裡。我知道蘿拉是好意，但這一刻我恨她，她打斷了我催吐的計畫。

「你知道嗎？我們乾脆現在就出去吧？」蘿拉提議。她八成注意到我臉頰上乾涸的淚痕，或者注意到我捏緊的雙手，又或者她可能已經對我瞭若指掌，知道我忍著不吐掉這些迷你漢堡有多麼痛苦。

我們立刻進到車裡，我開始啜泣。恐慌症徹底發作，感覺像是要死了。

「不不不——！不要那些迷你漢堡！我為什麼要吃那些該死的迷你漢堡！！！」我哭嚎著。

「我知道，親愛的，」蘿拉溫柔地說，她輕撫我的頭髮，「你做得很棒，你做得很棒。」

真的？我感覺不像做得「很棒」。我感覺自己在神經萬分緊繃的狀態下，念完提詞機上的三行字之後，就陷入徹底崩潰的狀態，還無法接受自己吞下兩份奢華版的白城堡迷你漢堡。＊蘿拉向我保證，不催吐之後出現這種反應是正常的，因為我的身體長久以來已經適應了這種行為，這種習慣對我來說，一直是我情緒壓抑的根源，但這並不正常。我的反應讓我感到羞恥，卻又無法停止。

＊編註：白城堡（White Castle）是美國的速食連鎖店，以販售價格低廉的迷你漢堡聞名。

我繼續嚎啕大哭。司機面無表情地看向前方，如果這傢伙對一個歇斯底里的暴食症女孩，正把她的橘色助曬噴霧蹭在他剛上油保養好的皮椅上都無動於衷，我真不敢想像他在他的凱迪拉克後座上還目睹過什麼。

「可以把廣播調到西岸廣播電台（KOST），一〇三點五嗎？」蘿拉禮貌地問。

司機調了頻道。葛洛麗雅・伊斯特芬（Gloria Estefan）開始演唱〈節奏會抓住你〉（Rhythm Is Gonna Get You）。

「媽以前很愛愛愛愛葛洛麗雅・伊斯特芬芬芬芬！」我抽抽噎噎，哭倒在蘿拉的腿上。我發現她的腳趾正隨著音樂在輕輕打拍子。那節奏還真的抓住了她。

「珍妮特……」蘿拉說著，停頓了一下，抿起嘴唇，每次她覺得自己要說些重要的話時，都會出現這個小動作，「這就是康復的過程。」

對我來說，最難忍受的情感疏離，就是當某個人說了他們自認為深刻感人的話，而我卻覺得那完全是一堆廢話。剛才那句話就是其中之一。更糟糕的是，蘿拉甚至**閉上雙眼**，重複了一次。

「這……」

不，蘿拉，拜託別為了強調而做出這種戲劇性的停頓。**不要**對我做這種戲劇性——

「……就是康復的過程。」

72

我坐上那張蘿拉對面的簇絨椅子，發出一聲嘆息。但不是沉重的那種，更像是你剛完成一件艱鉅任務的那種嘆息：你既為自己能完成任務感到高興，同時又迫不及待想炫耀自己做到了。

我終於成功做到了。我已經整整二十四小時沒有替自己催吐。這也許聽起來不怎麼了不起，但對我來說，這是一個巨大的成就。過去三年，我每天狂吃狂吐，每天循環許多次，感覺自己被飲食失調宰制。即使從我開始和蘿拉努力合作以來，我也都未能打破過完一整天而不催吐的紀錄。我會辛苦地熬過會談，然後一回到家，就開始嘔吐，直到我把從上一次累積到現在，所有壓抑的情緒騷動完全徹底釋放。隔天，我會帶著懊悔的心情去見蘿拉，告訴她我的失敗，然後我們重新開始，再度嘗試。最後證明這個模式讓人身心俱疲，我對自己的失望也變得難以承受。但現在，我終於做到了。

從昨天早上的會談到現在，我一次也沒有吐過。我的嘆息是一種他媽的勝利者的嘆息，蘿拉分辨得出來。她帶著一絲微笑，問我有沒有什麼想分享的。我把好消息告訴她，她為我鼓掌，然後問我是怎麼辦到的。

就在這時，我的自豪感開始消褪。這真的很難，我不確定我還能不能再次做到。為了保持二十四小時不嘔吐，我幾乎持續不斷在寫日記，把我的感受都記錄在紙上，這對我來說是很艱鉅的挑戰，因為我很難分辨自己的情緒。「所有讓人不舒服的情緒」算一種選項嗎？昨晚我痛哭了好幾次，還打了三通電話給蘿拉，因為她希望透過這種聯繫管道，幫助我取得一些實際的進展。

不用暴食症轉移注意力，而是去**感覺**這些令人困惑又難以承受的糾結情緒，這項任務讓我氣餒又畏懼。暴食症能幫助我驅散這些情緒，即使那只是暫時的解方，無法持久。但要我直面這些情緒幾乎是不可能的，假如我連清楚分辨它們都做不到，我又怎麼可能忍受它們？

我把我的恐懼告訴蘿拉，她向我保證這是個循序漸進的過程，需要時間，但我們會一起走過這段路。我感覺被安慰了。接著她又向我解釋，既然現在我已體驗過一天不吐的感覺，既然我已經明白我能做到，我們就需要更深入挖掘。儘管這次經驗的目的本就是為了激勵我，但我們不能只治療問題，而不處理原因。為了弄清楚暴食症背後隱藏的原因、驅使它的動機，我們需要更全面地剖析我的生活。

「好吧……」我有點遲疑。這會牽涉到哪些層面呢？我討厭這種不確定性。

「我想要多了解一下小時候的珍妮特，」蘿拉溫柔地說，「我知道你覺得壓力很大，你在很小的年紀就背負起很多責任。但我想要深入聊聊一些具體的細節。」

這些治療師**每次**都要扯到童年。我看了夠多的電影和電視劇，知道這是典型的代罪羔羊治療。你在童年時期發生過一些爛事，傷害到你的心理健康，所以你就成了後來的樣子。

但那不是我。我沒有一個酗酒的父親，我的哥哥們也沒趁我父母不在家時虐待我。當然，我們家很窮，住在一個像垃圾回收場的地方。沒錯，我媽在我很小的時候就得了癌症，那非常可怕，但除此之外，其他都很好。我把這些告訴了蘿拉，口氣裡淡淡暗示著我拒絕參與這種「嗚嗚，我的童年好慘好可憐」的遊戲。

「好吧。」蘿拉說，臉上閃現一抹她都明白的瞭然微笑。不知道為什麼，那深深激怒了我。這種惱怒讓我感到困惑，我平常明明很喜歡蘿拉。

「跟我談談你的媽媽吧，談你還是小孩時，你們之間的關係。」

我立刻變得防備起來。她為什麼要我談媽？媽怎麼了？媽完全沒問題，媽很完美。

我打從心底知道我並不相信這些話，事情比這還要複雜得多，但我到底為什麼要告訴蘿拉具體情況？我從來沒跟任何人說過這些細節，也永遠不會說。我甚至不完全理解那些細節，我也不想理解，我不需要理解。

「我媽很棒。老實說，她真的就像一個完美的媽媽。」

「哦，真的嗎？她有哪些地方這麼完美？」

我堆出我最完美的假笑，蘿拉很敏銳，我確信她能看穿她大多數的客戶，但不會是我。我可是演過十年的爛情境喜劇，早就學會如何讓人相信連我自己都不相信的台詞。

「說實話，各方面都很完美。她照顧我和哥哥們，我相信這對她來說真的很辛苦。」

「那是她的天職。」

我感覺自己像被審問，好像說什麼都不對。我加快語速，試圖替自己解釋。

「呃，但我的意思是，這和大多數的父母都不同。」可惡，我不該這樣說。

「怎麼說？」

我停下來整理情緒，讓自己鎮定。蘿拉不會干擾到我。我拿捏好分寸，用平穩冷靜的語氣繼續說。

「她為我犧牲了一切。她為了照顧我，經常放棄自己的需求。她把我擺在第一位，而不是她自己。」

「嗯，你覺得這樣健康嗎？」

這是什麼新的折磨？這是什麼不可能答對的測驗？我完全不知道該怎麼回答，才能讓媽顯得很好。

「嗯，我是說，我也把她放在第一位，所以這就能達到一種平衡。我們互相把彼此……擺在……第一位……來維持我們之間的……平衡。」

蘿拉一直用同一種神情凝視著我，一種我無法解讀的神情。她什麼也沒說，死寂般的沉默震耳欲聾。

「我們是最好的朋友。」我補充。

「哦？你媽媽也有年齡相仿的朋友嗎？還是她最親近的朋友就是你？」

蘿拉，你到底想要我怎樣？！我在座位上扭來扭去。

「你坐得舒不舒——」

「我非常舒服。」

「你媽媽有沒有她那個年紀的其他——」

「有，不必重複，我聽到你的問題了。」我用挖苦的聲音說。

蘿拉看起來有點吃驚，我感到抱歉。整個過程中，她的語氣一直是溫和而好奇的，即使我一直把這當成人身攻擊，但也許她的問題並沒有惡意。也許這一切都是無害的。

「抱歉。」

「完全沒關係。」

難道不能只說「沒關係」嗎，蘿拉？一定要加上「完全」？我心想，她為什麼要這樣不斷惹惱我。我勉強對她微笑，比我想的還要緊繃。她也對我微笑，比我想的還要溫和。

「所以……」她開口。

「她有一些熟人，對。她總是說自己真的沒什麼時間交朋友。」在蘿拉偷偷引渡別的問題時，我搶先說話，「這對我來說很合理，因為她要帶我去片場試鏡，還有其他各種事情，她真的很忙。」

「啊，對。」蘿拉感慨地點點頭，「那你是什麼時候開始想要演戲的？」

我一聽就知道這是一個陷阱題。

「事實上，一開始是媽想要我演戲的，因為她想要我過上比她好的生活。」

「哦，所以一開始你並不想要演戲？是你媽媽讓你演的？」

「**對**，」我回答的語氣比我想的更激動了一點，「因為她希望我能過得比她好，她真的很善良，很無私。」

「好。」

「真的是這樣。」

「我了解。」

停頓。

「你能告訴我，你第一次意識到自己的體重或身體……」蘿拉停下來，尋找合適的字眼，「……特別是在某種重要時刻，是什麼時候？」

這個問題我不想回答，但我覺得如果我避開它，接下來蘿拉會直接用後續其他問題攻擊我的要害。我試著謹慎作答。

「呃……那時我十一歲，擔心胸部長大的事，所以媽教我如何控制卡路里，幫我解決問題。」

「幫你解決問題？」

「對。」

「你的意思是，幫你什麼？」

「呃，我很擔心胸部長大。」

「對，但你媽媽為什麼用教你控制卡路里攝取量的方式來幫助你？」

「因為監看我的卡路里攝取量，表示我可以延遲長大的速度。」

蘿拉又用她無法解讀的招牌神情凝視著我，即使我無法讀懂其中的含義，但我能看出她心中有許多猜測。我覺得有必要再加以說明。

「還有為了演戲。我一直在演比我年紀小的角色，假如我想要繼續獲得演出機會，就必須看起來年紀小一點，這很重要。她教我限制卡路里的方法，是在幫我確保能拿到角色。」

我微微點了點頭，強調我的陳述。我希望這能改變蘿拉的判斷，但幾秒後，我就看出她沒有。

「珍妮特，你描述的這些……真的很不健康。你的媽媽基本上是在縱容、甚至鼓勵你的厭食症。她教會你……厭食症，這是虐待。」

我的思緒飄回了我第一次聽見「厭食症」這個名詞的時候，當時我正坐在譚醫生的五號診間，蓋著一層紙的診療台上。突然間，我感覺自己又變成那個十一歲的小女孩，充滿困惑、害怕和不確定。那個十一歲的小女孩懷疑自己是否了解事情的全部真相，她不確定自己的母親是否真像她展現的那樣，是一個英雄，但她強迫自己壓下這些疑慮。

我感覺淚水在眼眶中打轉。我感到尷尬。我受過訓練，知道怎麼說哭就哭、說不哭就不哭，所以我拿出我平常慣用的訣竅——咬緊牙關轉移對淚水的注意力，然後快速眨幾下眼睛，把眼淚逼回去。

「沒關係，就哭出來。」蘿拉探身向前。

閉上你他媽的嘴，蘿拉。我再也無法忍受了。我好不容易成功做到一天不吐，現在你卻試圖推翻我母親的形象，要摧毀我堅信了一輩子的故事？

「我得走了。」我迅速站起來準備往外走。

「等等，珍妮特，這是很好的進展，是很重要的過程。」

「我非走不可。」我重複了一次，同時轉身拉開門，往外衝了出去。

開車回家的路上，淚水沿著我的臉頰滑下，我拚命試圖消化這一切。蘿拉暗示媽在虐待我。我整個人生、整個存在都圍繞著這個敘事：媽想要的都是對我最好的，媽做的決定都是對我最好的，媽知道什麼對我最好。即使在過去，當我們之間逐漸產生怨恨，或者關係開始出現裂痕時，我也會壓下那些怨恨與隔閡，唯有抑制，我才能帶著這個完好、未受破壞的故事繼續前進，這個對我的生存至關重要的故事。

假如媽想要的並不真的對我好，她做的決定並不真的對我最好，或者她根本不知道什麼對我最好，那就表示我的整個人生、整個價值觀、整個自我認同，都建立在錯誤的基礎上。假如我的整個人生、價值觀、自我認同一直都建立在錯誤的基礎上，那面對這錯誤的基礎就表示要摧毀它，從頭開始重建一個新的基礎。但我完全不知道該怎麼做。我不知道要如何不受媽的影響，展開新生活。我不知道如何不讓我的一舉一動受她的欲望、她的需求、她的認可支配。我把車停在我寂寞的房子前，坐在車裡，沒讓引擎熄火。我拿出我的手機，擬了一封給蘿拉的電子郵件。

蘿拉，謝謝你過去一個月的所有幫助，但我不想再接受治療了。謝謝你。

——珍妮特

我的手指在送出鍵上盤旋了幾秒，然後突然按下去，並關掉手機。我衝上前門台階，一進屋就往浴室跑。我不斷讓自己嘔吐。我把手指硬擠到喉嚨深處，用力，更用力，再更用力，直到我咳嗽。一些血流出來了。我繼續這樣做。嘔吐物夾雜著血絲從我嘴裡湧出，噴入馬桶，並順著我的手臂滑下，一些碎塊纏在我的頭髮裡。我繼續，我需要這個。

我泡了澡，嘗試放鬆。等我走出浴室時，我渾身痠痛而且發熱，正是我每次吐完後出現的感覺。

我拖著疼痛、疲憊的身體爬上床，蜷縮成一顆球。我打開手機，看到三通蘿拉的未接來電和一條語音留言。我刪掉蘿拉的電話號碼。我想我下一場活動不用再攜伴了。

73

史蒂芬的計程車在我屋前停下時，我站在門邊，雙手焦慮地在褲子兩側來回摩挲。史蒂芬接了洛杉磯一個為期六個月的節目——這段期間他都會住在我家。我們要同居了，這可是件大事，同居這部分很棒，真的很棒。

然而還有不棒的部分，就是我得告訴史蒂芬，我不再接受治療了。我不知道他會有什麼反應，但我確定一定不會好，畢竟當初是他促成了一切。

他推開計程車門，穿著他的圓領套頭衫和斜紋棉布褲。計程車飛快駛離，史蒂芬背著他的帆布袋、拖著登機箱，步伐雀躍地蹦上台階。他比平常顯得更有活力。史蒂芬平時不是那種蹦蹦跳跳的人，史蒂芬平時是步伐悠閒的人，漫步的人，不招搖的人。我猜這多出來的活蹦亂跳一定是因為他見到我很興奮，這更加重我對於要告訴他這消息而萌生的愧疚感。他一進門，就把我抱住，緊緊擁在懷裡。

「珍妮，珍妮啵班尼芭娜娜芬娜佛芬妮菲菲摩曼妮，珍妮！」他一邊抱著我搖來晃去，一邊唱著。

我也開始跟著唱，但唱到一半又打住，因為……這真的有點太誇張了。史蒂芬把我放下來，我為接下來要做的事做好了心理準備。我要告訴他，我要說了。

「史蒂芬……」

話還沒說出口，史蒂芬開始連珠砲似地跟我講他有多興奮——但不是因為人在洛杉磯，不是因為他要拍攝的節目，也不是因為我們要住在一起，全都不是這些我預期他會感到興奮的事。史蒂芬說他很興奮，因為……他要帶我去教堂。

教堂？自從媽的葬禮後，我就再也沒去過任何一間教堂，近期內（甚至永遠）也沒打算再去。我知道史蒂芬是在天主教家庭長大的，但據說他的家人從未參加過禮拜。我不認為宗教在他的青少年時期具有任何重要意義，遑論現在。我感到不解。史蒂芬對我解釋。

「我不知道，我就是感覺生命不只這樣，應該更深刻，更有意義。」

我不明白其中的關聯，史蒂芬怎麼會期待藉由天主教來讓生命更深刻？我不想在他這麼興奮的時候潑他冷水，所以我匆忙搬出我最溫和的口氣，提醒他我們早期約會時的對話內容，當時他似乎同意我的觀點，認為宗教是妨礙成長、而非促進成長的東西。

「沒錯，」他點頭，「但現在我完全不同意那個說法。」好——吧，我要他詳細說明一下。

「嗯，我看了網飛的《上帝未死》（*God's Not Dead*），真的很觸動我。珍妮，我只是認為它裡面講的很多事都是真的，很多真理。我想我們應該試著去教堂，我希望我們能試著找到某種宗教信仰。」

「等等，你在網飛上看了一部基督教爛片，然後你就想放棄你的人生哲學去信耶穌？」我的語氣傷到了史蒂芬，我可以從他的眼神中看出來。我們沉默片刻。我開始擔心史蒂芬是否沒事，他看起來不像平常的他。但話說回來，我們才剛交往了幾個月，關係還不算深厚。也許這是關係蜜月期過後發生的自然轉變，也許這才是真正的他。

「史蒂芬，我……不去諮商了。」

我簡直無法相信這些話就這樣從我嘴裡脫口而出，十分鐘前的我還如此緊張，不知道該如何開口告訴他這些話。也許我只是想要打破這死寂的氣氛，也許我說出來只是為了轉移教堂這個話題。不管出於什麼原因，我都說了，現在話已經說開，我等候史蒂芬的反應。他停下在行李袋裡翻找的動作，抬頭看著我。

「沒關係啊。」

真的？沒關係？我無法置信。這實在太順利而不真實。他張嘴又說了更多。

「你不需要治療，如果你有耶穌，就不需要治療了。」

74

史蒂芬和我坐在格倫代爾（Glendale）美南浸信會的教堂後排長椅上，唱詩班正吟唱一首讚美詩。詩歌本身不怎麼樣，但這些女人中的某幾位真是徹頭徹尾的明星。

儘管唱詩班相當出色，我還是耷拉著眼皮半坐在這裡。這已經是史蒂芬和我這週內參加的第四場禮拜了，我甚至沒有反抗，只因為我感激他不再強迫我去做諮商治療。我想這個階段不會持續太久，不過是史蒂芬一時興起，我樂於遷就，感覺就像是用很小的代價，換取永遠不必再去見蘿拉，或任何其他一心只想撕碎我媽形象的治療師。

我們先是去參加了天主教的禮拜，史蒂芬說感覺不對。然後我們去了好萊塢的一場無宗派禮拜，史蒂芬覺得那裡太好萊塢了。接著我們去了山達基中心（Scientology center），史蒂芬從一開始就抱持謹慎提防的態度，但還是想試試，以防萬一。這就像是〈金髮女孩與三隻熊〉（the Goldilocks and the Three Bears）的教堂版，只是金髮史蒂芬還沒在前三間教會中找到「剛～剛好」的那個，所以現在我們才會坐在第四間教堂裡。

史蒂芬似乎真的很投入，他跟著講道不斷點頭，還打開iPhone的備忘錄，迅速記下經文中的金句。在唱詩歌時，他高舉雙手讚頌。終於，禮拜結束了，哈利路亞。這是一整天下來，我最相信神的時候。

等我們到家時，我早已準備好一杯摻了伏特加的葡萄酒，就像我過去幾個月所做的那樣。史蒂芬沒完沒了地聊著禮拜的種種，我沒怎麼注意聽，直到他說……

「還有，珍妮……我已經禱告過了，我覺得我們不應該再發生性關係了，我發了守貞誓。」

「我……抱歉？你說什麼？」

「對，我只是……覺得我們不應該再那樣犯罪了。」

我捏住酒杯的手指用力，使出死亡之握。史蒂芬繼續往下說。

「我禱告過了，我真的覺得我們不該再做那件事，那是一種罪，我希望你能接受。」

我……不能。我們的性生活是我經歷過最棒的體驗，就算我生活中其他方方面面都順風順水，我也不想放棄，偏偏還不是。我現在的生活很悲慘，性是我唯一的解脫，它可以讓我忘卻自我。我不想放棄生活中僅存的一絲慰藉。

「要是我不能呢？」我終於強忍情緒勉強說出口。

我吞下最後一口葡萄伏特加，盡可能魅惑地把酒杯放在桌上，手指刻意在杯緣輕輕滑過。我就像他媽的瑪莉詠・柯蒂亞（Marion Cotillard）上身，請當作沒看見。我俯身開始親吻史蒂芬，他回吻我，起初有點猶疑不決，然後變得熱情似火。上鉤了。

很快，我的手就摸到他那裡，它硬了，真的很硬。

「看看你為了我變得多硬。」我在他耳邊呢喃。

「珍妮，住手。」史蒂芬說，滿臉漲紅。

「你想讓我住手嗎？」我用我最挑逗的聲音說，那聲音介於好奇孩童和嬌嗔的小少女之間，但似乎還是有效。我很驚訝，一點點欲望竟能使人容忍這麼多事。我開始把手抽回。

「不……不，不要停。」史蒂芬拉起我的手又放回去。我拉開他褲頭的拉鍊，把褲子脫下，然後傾身開始為史蒂芬獻上他一生最棒的口交體驗。我使出渾身解數，我生龍活虎，我火力全開，我竭盡所能。口交有一般般的，也有絕妙如我這種，我吸吮，我輕觸，我低語，我舔舐，我愛撫，我百分之十五萬地投入。他在我嘴裡射了出來。

我自豪且滿懷期待地抬起頭，確信史蒂芬將會宣布他再也無法不和我做愛，那會是他每天、每一秒都想要且**需要**和我做的事。我正準備釋放出我最大的誘惑力，吞下他的精液，這時史蒂芬開始撫摸他的下巴。

「嗯，這感覺不對，珍妮。我們不可以再這樣做了，我們真的不可以再這樣做了。」

史蒂芬的眼神是那般堅定，我知道在可預見的未來，我再也沒機會接近那根屌了。精液從我嘴裡流出，沿著下巴流淌，滴落在我的大腿上。我雙眼呆滯地瞪著他。我都做了什麼？

75

「所以你和媽曾經感情好過嗎？還是一直都……像我記憶中那樣？」

我對媽這方的說法很熟悉，就是爸「可能出軌」或者「對家庭不夠盡心」，又或者是其他當天她心裡出現的亂七八糟抱怨，「你爸懶惰又無能，沒有其他詞彙可以描述他。他是個冷漠的人，他的感情只有一顆馬鈴薯大小。」

至於我的記憶，我仍記得一些美好的事。我記得我喜歡爸法蘭絨襯衫上散發的那種氣味——松木摻著點新鮮油漆味——有時候我會穿著他的襯衫睡覺，感到安慰。我記得他在山姆會員商店教我替我的粉紅色維尼小熊鞋繫上兔耳結，而媽在一旁抱怨衛生紙價格漲得多厲害。我還記得他邀請我去他工作的家得寶參加聖誕派對。當時的我不敢相信，他竟然選我跟他一起去參加派對，是我！但沒多久我就發現是媽希望我和他去的，好收集情報，找出他可能出軌的同事。「別排除唐，我一直懷疑你爸暗地裡可能是個同性戀。看看他的坐姿，他蹺腳的樣子。」儘管如此，我仍在派對上玩得很開心。牆上掛著紅綠相間的雪紡窗簾，賣剩的聖誕樹沿著房間四周排列，我還學會玩二十一點。那一天，我真的感受到爸對我的愛。

但除此之外，其他記憶就沒那麼美好。大多數的回憶爸都不在場，似乎漠不關心。我記得他曾經連續三到四週，試著每晚為我和史考蒂讀《賣熱狗的史丹》（*Stan the Hot Dog Man*），直到我們不再指望他為止，因為他每次讀到一半就睡著了。我記得他忘記我的舞蹈發表會，還在媽播放我演出節目的家庭聚會上睡著。我記得二〇〇三年的「色情影片事件」。媽抓到爸在看色情片——摩門教視為重罪——然後再次把他趕出家門，那次長達一個月。從那之後，她堅持要我叫他的名字——「馬克」，我照做直到她過世。

現在，我坐在爸和他新女友的面前。我之所以來，不是想尋找媽的版本，也不是想確認我的記憶。我來，是想聽聽爸的說法。

「你知道，那是好久以前的事了，我幾乎都記不清了。」爸在沉默了十秒後，終於回答。他看向他的女友，尋求認可。

爸的女友是凱倫，媽高中時最好的朋友，就是偷了她嬰兒名字的那位。當我從房間另一頭打量凱倫時，我發現媽曾經嘗試像凱倫那樣化妝，或者，也許是凱倫嘗試模仿媽的妝容，我無法分辨。但無論如何，這都讓我不太舒服。

我希望爸過得快樂，但他有點……**太**快樂了。媽過世已經一年，從她過世一週後，他就開始和凱倫交往了。在喪禮結束後的追悼餐會上（喪禮後舉行的聚會是叫追悼餐會嗎？就是每個人都在大嚼迷你三明治，告訴你他們能體會你的傷痛，因為他們幾年前才失去一隻貓的場合？），爸似乎更惦記著如何要到凱倫的電話號碼，而非悼念他結髮三十年的妻子。

爸的動作比哥哥們和我預期的都快，接受這件事對我們所有人來說都不容易。我們很掙扎，但仍然努力和他保持聯繫。我們已經失去媽，不想再失去爸。平心而論，爸也一直在努力，比媽在世時做得多很多。他偶爾會打電話報平安、關心我們，他還要我們把想要的聖誕禮物加到亞馬遜（Amazon）願望清單裡，這樣他才知道要買什麼給我們。

這也就是為什麼，當爸上週打給我，說想和我當面「談點事情」時，儘管我對這種表達略感驚訝，但還是以為今天安排的這場聚會，只是他的那些努力之一的原因。

但當我坐在這裡，坐在爸和凱倫的對面，處在這缺乏化學反應的氛圍裡，我迅速意識到這完全不是爸的另一次努力。他的肢體語言顯得比平常僵硬，我猜他一定是要宣布什麼事。

這讓我的身體也變得僵硬起來。靠，爸要和凱倫結婚了。哦，天啊，那我是不是該假裝表達我的支持，甚至表現得很興奮？我開始摳指甲，這樣就不必與他們有任何眼神接觸，同時趁機為我接下來要問的問題做好心理準備。

「所以……你為什麼想碰面？」

「哦，呃，嗯……」爸看向凱倫，她給了他一個「繼續啊」的眼神。哦天啊，不，要來了。

要來了……

「達斯汀、史考蒂和你……不是……我親生的孩子。」

……

……

……

蛤？

我很震驚。我可以感覺到自己的臉逐漸變得蒼白。我確定我就要昏過去了。

「什——？」我綿軟無力的嘴終於勉強吐出一個字。

爸只是點點頭。凱倫淚水盈眶。

「但他仍然是你們的父親，」她說，聲音因情感張力而變得嘶啞，「這個人是你們的父親。」

暈眩感開始消褪，但我還是無法思考。即使我渾身麻木，眼淚仍順著臉頰滑落。

「我只是認為你們應該知道。」爸說，低頭看著自己正摩挲著的雙手。媽向來討厭他這樣搓揉雙手。「馬克，去買點護手霜。」

我俯身擁抱他，他也回抱了我。凱倫在一旁看著我們。

「謝謝你告訴我。」我說。

我的腦袋埋在他的法蘭絨襯衫裡，聞著那股熟悉的松木和油漆味，眼前只見格紋的胸前口袋，我感覺到那裡的布料全被我的眼淚弄濕了。

凱倫探身靠向我拱起的身體，把她的右臂搭在我身上，半抱住我。為什麼，每當三人中有兩人在擁抱時，第三個人總覺得有必要加入？擁抱本來就是屬於兩人的活動，不是三人。我們不需要你，第三者。謝謝。

「他告訴了我，而我覺得他必須告訴你，」凱倫在我耳邊輕聲說，「我告訴他，他必須告訴你，你有權知道。」

我終於從這個三人擁抱中掙脫出來，望向窗外，這樣我就不必看著爸或凱倫。在這本身就很戲劇化的時刻，與其他人眼神接觸只會顯得更加沉重和戲劇化，完全是畫蛇添足。這裡已經有足夠的戲劇性了，我們不需要更多。

當我凝望著窗外時，突然想起要不要問爸我的親生父親是誰。我非常想問，迫切地想知道。他是誰？我和他有什麼地方相像？他和我會比馬克和我更處得來嗎？我們之間的互動會有一種天生的親切感嗎？話就要問出口，但我阻止了自己。我不想惹惱爸，或確切來說，應該是「爸」。今晚就先到此為止，以後有的是時間可以問所有想問的問題。

「那，我們要不要去看電影，還是……？」「爸」問。

果然是馬鈴薯。

76

我好緊張，遲遲不敢告訴史蒂芬這個消息，一直拖延到最後一刻才說，也就是現在。我再過一小時就要動身前往澳洲參加電影首映記者會。網飛即將進軍那裡，所以從派出一些節目中的演員前往海外宣傳，其中有我、黛瑞・漢娜（Daryl Hannah）、艾莉・坎波（Ellie Kemper）、阿茲・安薩里（Aziz Ansari），而且我甚至聽說女神羅蘋・萊特（Robin Wright）也會去。趕緊交叉手指祈求好運。

「我有一件大事要告訴你。」我對史蒂芬說，我們面對面坐在餐桌前。

自從馬克告訴我他不是我的親生父親後，已經過了一週，我卻仍無法消化這訊息。從那之後，我每天都過得迷迷糊糊，一直依賴催吐和酒精幫助我勉強熬過這段時間。

我找到機會向馬克提出我心中的許多問題。他在事情發生時就知道媽外遇嗎？（他說是。）哥哥們知道這件可恥的事嗎？（他說不知道。）他百分之一千確定這件事是真的嗎？（他說是。）他知道我的生父是誰嗎？（知道。）但除了這些基本、明確的答案外，我提出的其他每一個問題，他都以「我不知道」或其他類似的說法打發。

當他得知她和外遇對象生了三個小孩後，怎麼還能和媽在一起這麼多年？（「我不知道……」）我的生父知道我的存在嗎？（「我不確定……」）最後那段婚外情是怎麼結束的？（「嗯嗯嗯……不知。」）

但目前為止，我最渴望知道答案的問題是：媽為什麼沒告訴我們？媽在有機會說的時候，為什麼不告訴我們？媽怎麼能不告訴我們？

我試著替她的決定辯解，設法合理化她的做法。但越是反覆思考，越是替她的決定找藉口，或者甚至試圖去理解她的決定，我就變得越生氣。

無論她是為了什麼理由不告訴我們，她就是沒告訴我們。單單這點就傷到我了。

這個人對我來說，比世上其他任何人或任何事都重要。這個人是我存在的核心。她的夢想就是我的夢想，她的幸福就是我的幸福。這個我曾經為她而活、為她呼吸的人，怎能對我隱瞞我身分中這麼重要的根源？

我可以假裝她從來沒有機會告訴我們，假裝她非常渴望告訴我們，只是一直沒找到適當時機……但那不是真的。在她認為她就快不行的那些時機點，在意識到她將要逝去的時候，她有過機會。我認為人生在世，最後的那段日子就是把未完成的事了結，把個人事務安排妥當，告訴他們的孩子誰是他們親生父親的最佳機會。所以為什麼媽沒有這麼做？為什麼她繼續迴避真相？

這種沒有答案、缺乏任何結局的情況，讓我氣憤。得不到答案的問題越多，我就有越多疑問。我生出的疑問越多，得不到答案的問題也越多，為了嘗試找出答案，我快把自己逼瘋。我需要一個可以傾訴的人，一個能徵詢意見的對象，一個理智的聲音。

過去一週，我刻意不把這整件和生父相關的事告訴史蒂芬，因為我想等宗教的事平息。我覺得，一個人可以煩惱生父的問題，也可以煩惱宗教的問題，但不能同時處理兩件事。然而，現在我得搭飛機出門，我沒有選擇。如果等到我回來才把這件事告訴我生命中最重要的人，感覺會很怪。

「好吧……」史蒂芬聽見我的開場白後說，「事實上，我也有一件大事要告訴你……」

「那好吧……」我有點困惑地說，「那，你先說，因為我的事真的很大。」

「不，你先說吧，我的事**真的**很大，」史蒂芬自信地說。

「聽著，你直接說吧，拜託。」

「好吧，」史蒂芬重重嘆了口氣，「我……是耶穌基督轉世。」

……

……

……

蛤？

我第一反應是大笑出聲，那種由震驚、悲傷、憤怒、不可置信交織而成的尷尬笑聲。史蒂芬覺得自己是基督——我們的——救主轉生？少唬爛了，他一定是在逗我。但當我意識到他不是在開玩笑時，我的第二反應突然湧現。我想哭，我只想崩潰地縮成一團，盡情宣洩所有的情緒。

「你一定要相信我，珍妮，」史蒂芬嚴肅地說，「我知道這聽起來很瘋狂，但你一定要相信我。」

我甩甩頭讓自己清醒，然後跑去浴室吐，同時思考應對的策略。等我回來時，我試圖在出門前所剩不多的幾分鐘內弄清楚，有什麼方法可以處理我男朋友認為他是耶穌基督這件事。

史蒂芬明顯不太對勁，但我想不出我能告訴誰，也沒有任何能提供幫助的人。我不知道他家人或朋友的電話——我們的關係才剛開始，沒深厚到知道那些。我試圖謹慎地詢問他住附近的朋友的電話號碼，但史蒂芬突然大哭起來，求我不要把他告訴我的祕密告訴任何人。

「就只有你和我知道，珍妮，」他哭著說。

「我覺得你應該告訴你的家人。」我勸他，心想如果他這樣做，他們應該會發現不對勁，可能會飛過來照顧他。

「我不能，」他搖搖頭說，「我就是不能，他們不會相信的，只有你會相信我，珍妮。」

我沒吭聲。我已經無話可說，我無能為力，並且心煩意亂。史蒂芬是我第一次遇見的真愛，直到十分鐘之前，我從這段關係裡獲得的喜悅，是我最近生活中唯一正向的東西，我還沒準備好放手。我用袖子抹掉一滴眼淚，眼角瞥見牆上的時鐘，我要遲到了，我非離開不可。

我抱住史蒂芬，他也回抱住我。在去機場的路上，我收到經紀人的簡訊：羅蘋・萊特已經確定出席。

77

飛往雪梨的十四小時航程中，我在飛機廁所裡吐得天昏地暗，簡直就是嘔吐地獄。兩頓飛機餐我都掃盤吃個精光，然後又全吐掉，加上空服員時不時送上的零食——小熊軟糖、全麥薄脆餅乾、多力多滋（Doritos）。每一樣點心對我來說都是吃進肚子、吐出來，沒了。簡直一片混亂。航程中，我幾乎沒有一刻不是在吃或者在吐，或者——在吃與吐之間——忙著策劃該如何第十四次起身，能不惹來鄰座那個頭戴遮禿髮片的商務人士的詭異注視。

最後一次嘔吐時，我感覺自己快要昏倒了。我的嘴巴因為嘔吐物發酸，還因為嘔吐的動作發疼。我把手指塞進喉嚨裡，眼球因為這個動作而鼓起，當濃稠的棕色液體從我嘴裡湧出，像一道醜陋的瀑布傾瀉進灰色馬桶裡時，我看見一顆白色的厚實小硬塊。我用舌頭沿著齒列掃過一圈，發現一顆牙掉了。胃液的強酸已嚴重腐蝕我的琺瑯質，導致我左下的臼齒脫落。

我嘴巴裡有一股鐵鏽味，對著洗手槽吐了一口，全是血。我不情願地用手捧著飛機廁所洗手槽那可疑的水漱口，漱了四、五次，然後瞥見鏡中的自己。我試圖不去看，但我不能，因為這空間這麼小，鏡子卻這麼大，無法避開。我盯著自己看了很久。我不喜歡眼前見到的樣子。

飛機在雪梨降落。當我朝來接我的那輛日產軒逸（Nissan Sentra）走去時，我看見手機顯示一個不明號碼的語音留言。我滑開手機查看，是史蒂芬的父母。他們告訴我，史蒂芬打了電話給他們，情緒整個失控，他們太過擔心所以飛過來看他。他們現在正和史蒂芬一起在某間精神醫療機構做檢查，因為那裡的一位精神科醫師認為史蒂芬可能罹患精神分裂症。我聽完留言，坐進車子的後座。

「嗨，你好嗎？」歡快的Uber司機問。

我直視前方，沒有回答司機。我好嗎？根本他媽的糟糕透頂。我生父是誰這件事，媽一輩子都在騙我，我陷入暴食症的泥淖，我將在沒有左下臼齒的情況下參加首映記者會，而且我的男朋友得了精神分裂症。簡直糟到不能更糟了。

「哦，我愛這首歌，你介意我把音量調大一點嗎？」

沒等我回答，Uber司機就已經把音量轉大。那是亞莉安娜．格蘭德的熱門單曲〈聚焦於我〉（Focus on Me）。

「這首甚至比她上一首更棒，對吧？」司機問。他一面隨著節奏上下晃動他的腦袋一面哼唱，還興高采烈地拍打著儀表板。

我凝望窗外，看見遠方的雪梨歌劇院，舔著缺了臼齒的那個洞，陷入沉思。也許亞莉安娜是對的，也許該是時候聚焦在我自己身上了。

78

「哈囉，珍妮特。」

「嗨，傑夫。」

「過來呀，你為什麼不先站到體重計上？」

咳咳？不好意思喔？我在諮商資料上可沒看見有哪項條款指出，我和這位網路上找到的飲食失調專家初次見面還得先量體重。假如我有看見，我不確定自己還會不會預約。就算我最終還是勉強預約了，我也會穿上「在公共場合量體重」的那套衣服；無論天氣如何，每次我去看醫生都會穿那套——府綢材質的短裙和我最薄的圓領背心。（我希望我的衣服盡可能不增加絲毫體重。）我要是知道的話，絕對不會穿牛仔褲來，厚重得要死；也不會穿毛衣，厚得鼓起又笨重的粗麻花針織毛衣。

「我一定要嗎？」

「對，但你不必看數字，我不會告訴你，那只作為我的臨床參考。每次開始會談前，我都需要記錄你的體重數據。」

我焦慮地扭絞雙手。

「你看起來很苦惱。」

「我不想量體重。」

「這只是療程的一部分，我完全理解那可能會讓你不太舒服。老實說，與我見過的許多情況相比，你的反應還算溫和的。」

「你看過什麼樣的反應？」

「有人會開始啜泣，有時候他們會大聲吼叫，還有人曾經把她的皮包甩到房間另一邊。那很有趣。」

我笑了。

「面對你的情緒體驗將會是你康復過程中最能起重大作用的部分。這會從你面對自己對食物、飲食、身體，還有，沒錯，體重方面的情感體驗開始。我會在這裡陪著你走過所有過程，但如果你真的想變得更好，你就需要面對這一切。」

「聽起來似乎沒什麼選擇的空間，傑夫。」

他笑了笑，但笑聲很快就打住，然後他什麼也沒說。他只是看著我。

傑夫很高——大概一九〇——有雙善良的藍眼睛，和修剪得當的金色鬍子，與他造型完美、整齊梳向單側的金髮很搭。他穿著休閒褲、方格扣領襯衫並打上領帶，腰上繫著一條附有銀色扣環的黑色皮帶。他的手勢和他的措詞一樣精準——說話時沒有「呃」或「嗯」等猶豫不決的語氣詞。這是一個不會「嗯」的男人，我尊敬他，要成為不說「嗯」的男人需要付出很多心力。

我起身，走向體重計。我閉上雙眼，深吸口氣，然後站上去。我聽見他在手寫板上寫字的聲音。

「你可以下來了。」

我從體重計走下來，坐回沙發上。傑夫對我微笑——他的微笑中帶有些許溫暖，但更像是一個嚴肅做事的人的笑容。

「那我們開始吧。」

79

「我真不敢相信我居然會認為自己是耶穌。」史蒂芬笑著說，手裡拿著一根薯條。

我們在月桂酒館（Laurel Tavern）一張餐桌前相對而坐，那是位於影視城（Studio City）的一間酒吧。我啜飲著一杯梅茲卡爾騾子（mezcal mule），用我每次在媽和死神擦身而過、倖存下來後，細看她的態度去細看史蒂芬。這是一種很純粹的凝視方式，其中包含一種感激的驚愕——他們還在，他們還活著。

我以為史蒂芬進了精神科病房後，我再也不會聽到他的消息。但一等他拿回手機，他立刻就打電話給我了。我們都哭了。在某種程度上，他聽起來又像往日的他，但語調中多了些倦怠，一種麻木，那是從前不曾有的。他跟我說，那是因為服用鋰劑（lithium）的關係，假以時日，他會恢復到發病前的狀態。我迫切希望他說的是真的。

現在，兩個月後，我坐在他對面，開始覺得也許他真的恢復了。我們再次住在一起，他似乎狀況很好。他積極去看諮商心理師和精神科醫師，他按時服藥。他也不再發誓守貞，我們擁有很棒的性生活。他會拿自己精神分裂症的經歷來開玩笑，那是只有當你所取笑的事真正過去了的時候，才做得到的事。

「我也不敢相信。」我同意。

史蒂芬伸手探過桌面，然後握住我的手，他的手指剛拿過薯條而油膩膩的，但我不介意。

「那一定很嚇人吧。」他說。

「沒錯。」

「我很抱歉，當時我沒能在你身邊陪你。」

「沒關係。老實說，我也真的無法陪在你身邊，畢竟發生了那麼多事。」

「我知道，但現在我們都在努力處理自己的問題，我們會陪在彼此身邊，一切都會變得很棒。」

我點點頭。我相信他。

80

我瞪著我眼前的那盤義大利麵，已經瞪了至少十分鐘，因為在吃之前，我得先處理掉所有內在浮現的想法與情緒。

我拿起鉛筆，開始填我的表單。

想法：我想吃這盤義大利麵，但我又不想吃這盤義大利麵。我很怕它會讓我發胖。我不想感覺停滯不前。我不想感到沉重。我受夠這些沉重的感覺。我害怕進食。我不想把這些吐出來。

感受：擔憂——八分／總分十分。焦慮——八分。恐懼——七分。欲望——六分。

我深吸一口氣，然後咬了一口，冒出更多想法，更多感覺。永遠有更多念頭和感覺，沒完沒了的想法和感受讓人精疲力盡。我又拿起表單，開始填寫。

吃飯時的想法：媽總說鈉會讓我的臉水腫，我害怕明天我的臉會腫。假如媽看見我吃這個，她會氣瘋。媽會對我失望。我是個失敗者。

感受：悲傷——八分。失望——八分。

我開始哭。我把鉛筆放下，任淚水流下，就像傑夫指示的那樣。

到目前為止，我已經接受傑夫的治療三個月了，進步緩慢但穩定。我們完成的事項多到現在幾乎很難記清楚了。

一開始，傑夫要求我丟掉所有的減肥食品（Lean Cuisine出的冷凍瘦身餐、低卡蔓越莓汁、瘦身茶等），還有所有的健身衣物。在這段康復期間不能做任何鍛鍊，伸展和合理的散步可以，但我不能再跑半馬了。所有與節食有關的事都要停止。

然後，傑夫吩咐我追蹤兩週的暴食和嘔吐情況，以及每一樣我吃下的東西，和我吃的時間。追蹤我吐的時間我可以理解，蘿拉也曾經要我這麼做過，所以我能預料到，但追蹤我吃進去的食物卻讓我困惑。追蹤攝取的食物不就是飲食失調的人才會做的事？那難道不是一種強迫性、不健康的行為嗎？

「沒錯，追蹤你吃的東西會是我們最終要逐步消除的行為。事實上，最後我們會讓你記錄你追蹤食物的次數，這樣我們就能朝著讓這個數字歸零的目標前進。」

「所以，要追蹤……追蹤。」

他又笑了，笑聲隨後戛然停止，「沒錯。」

「好吧。既然如此，那為什麼現在我要追蹤我吃下去的食物，假如我最終的目標是不再追蹤它們？」

「我需要了解你對食物做出的相關行為，看你吃進了什麼、什麼時候吃，這些會幫助我了解你的情況。」

追蹤兩週後，傑夫邊摸著他的鬍子邊查看我的表單。

「嗯嗯嗯……對，很有意思。嗯，沒錯。」

什麼？什麼意思，傑夫？到底是怎樣？

「有意思……」

「什麼有意思？」我終於忍不住了，開口問他。

「所以，你幾乎每天都不吃早餐，然後很晚才吃午餐，大約在下午兩點半到三點之間。但那其實不算是真正的午餐，不是完整的一餐。我看見你週二吃了八口鮭魚——相當詳細具體——週三吃了一支蛋白棒，週四吃了兩顆蛋。你為什麼要把蛋吐掉？」

我聳聳肩。

「我們會慢慢弄清楚。好的，所以你很晚才吃這些分量不夠的午餐。然後晚上八點左右，你會吃晚餐，但也是分量不夠的一餐。然後，來啦，事情這下串起來了，大約晚上十一點左右，你會開始進行你描述的暴飲暴食。一整盤泰式炒河粉配炒飯，外加一份Del Taco的墨西哥捲餅。然後，差不多就在這時候，你會把所有吃進去的東西都吐掉，每晚都是這樣。」

是的，傑夫，我知道，這表單是我寫的。

「沒錯。」我說，裝出我現在才知道的樣子。

「所以，珍妮特，問題就在這裡。你在每天的前半段時間一直讓自己餓肚子。你不吃早餐，你吃很晚的午、晚餐，而且分量都不夠，然後到了晚上十一點，你餓得半死，就開始大吃特吃，因為你的身體哀求你這麼做。這也解釋了為什麼你會在這個時間選擇吃這些食物。因為你太餓了，你需要一些有飽足感、可以維持你身體機能的東西。當然，在那之後，由於你對那些食物的評價，以及你根深蒂固的破壞性思考模式，你會把它們全吐掉，然後隔天又重複整個循環。」

「老實說，我這週過得還不錯，」我解釋，「我想是因為我希望能在治療或類似的事情中『表現良好』。」

「這很合理，」傑夫向我保證，「你不需要過度分析，如實接受就好。就把它當成是一個進步。」他禮貌地點點頭，然後低下頭，用堅定的目光看著我，「但我認為我們可以做到更多。」

我相信他。他是如此確定。一個不說「嗯」的男人不會無緣無故確信一件事，一個不說「嗯」的男人只確信他有把握的事。

「我們要做的是讓你的飲食正常化。一天吃三次飽足的正餐，加上兩次點心，每次都照預定的時間進行，沒得商量。在展開飲食正常化的過程前，我們需要找出你的高風險食物。高風險食物就是你對它有許多負面評價的食物——那些會讓你更有衝動想吐掉的食物。」

不用他說第二遍，我開始不假思索地列出清單。

「蛋糕、派、冰淇淋、三明治、薯條、麵包、起司、奶油、洋芋片、餅乾、義大利麵……」

「很好，很好。」傑夫一絲不苟地迅速記下筆記，並沒有要我放慢速度。我能看出那是他內在追求卓越的驅動力。他的筆飛快記錄著，他全力以赴。寫完義大利麵的「麵」的最後一筆畫後，他抬頭看著我。

「所以我們治療的終極目標之一，就是減少對食物的評價，所有的評價。我們希望你能中性地看待食物，那只是你吃進去的東西，無關好壞。無論那是鳳梨，還是鬆餅。」

「我認為兩個都不好，因為它們的含糖量都太高了。」

傑夫眨了下眼睛。

「對，所以這就是我們要處理的部分。」

「好的。」

「而且珍妮特，我得警告你，讓你的飲食模式變得正常，還有在心理上以中性態度看待食物，這不是一件簡單的事，一點也不容易，這會是很艱鉅的情緒清理工作。因為長久以來，你的飲食一直是如此……媽的一團糟。」

傑夫，真沒想到我會聽見你爆粗口，但我感謝你投注的激情。

「過程會很激烈，但我會幫助你克服它。」

／

我坐在這裡，鹹鹹的淚水滴落在我的義大利麵上，稀釋了番茄醬汁。傑夫是對的，想讓我的飲食變得正常，並且中性地看待食物，是一件艱鉅的情緒清理工作。

我哭得越來越凶，胸口開始劇烈起伏。我對自己的哭泣感到生氣，這讓我覺得太戲劇化。失控。

淚水滴在表單上，模糊了墨水。幹。我試著吹乾淚漬，但鼻涕又滴下來，搞得更糟。我把表單揉成團，扔進房間另一頭的垃圾桶，結果準頭太差，根本連垃圾桶邊緣都沒挨近。天啊。

去死吧。我站起身，匆忙跑去浴室，開始催吐。

81

「失誤完全是正常的。當你失誤了，它就只是那樣，只是一次失誤。它無法定義你，也不會讓你變成一個失敗者。最重要的是，不要讓這個失誤讓你變得一敗塗地。」傑夫告訴我，然後遞給我一份標題為「別讓失誤變得一敗塗地」的文件夾。（我覺得他一定彩排過這個場景。「說完這句話，然後遞出文件夾，沒錯，這樣一定會呈現出震撼的效果。」）

傑夫每週都會給我這些文件夾。每一次會談結束時，他都會遞給我一份新的，內容通常包含一篇文章，也許再加上一、兩份測驗，還有一些表單。主題範圍廣泛，從「如何建立健康的人際關係（並評估現有的關係）」、「在沒有飲食失調的情況下建立自我認同」，到「真正的自我照顧是什麼？」。

我喜歡這些文件夾，我喜歡能在紙上表達自我。對我來說，這讓事情變得簡單多了。當事情全擠在我腦袋裡時，感覺既混沌又錯亂，但當我低頭看向一張表單，看見以文字、數據和圖表反映出的自己時，卻感覺一切變得清晰起來。

這些文件夾是我們當日會談內容的重述，所以我知道今天的會談將與失誤有關。

「珍妮特，這會是康復療程中最重要的部分之一。接受失誤，並且從跌倒的地方爬起來繼續前進。」

我點了點頭。

「有飲食失調傾向的人往往是那種很容易被錯誤絆倒，而無法從失敗中站起來的人。完美主義者。你有同感嗎？」

「有……」（這標籤有點討人厭，但我的確有同感。）

「這種狀況的問題就在於，如果我們犯錯後還責備自己，我們就會在已經因為犯錯而感受到的自責和挫敗之外，再加上羞恥感。自責和挫敗可能有助於鞭策我們前進，但羞恥感……羞恥感會讓我們卡住，陷在原地。它是一種會讓人癱瘓的情緒。當我們陷入羞恥感的漩渦中，我們就容易再次犯下最初引發我們羞恥感的錯誤。」

我點點頭，開始理解了。

「所以這就是為什麼失誤可能讓你變得一敗塗地。」

傑夫自豪地指指我。

「賓果。」

雖然我原可以不用說這句「賓果」，但這個觀點以深刻有力的方式觸動了我，我意識到羞恥感漩渦對我的問題影響有多大。我厭倦了一而再再而三地發誓「這次我真的受夠了」，也許這種接納失誤的態度才是我缺失的那塊拼圖。也許發生失誤時，我可以承認它讓我多失望和沮喪，卻不因此掉入羞恥感的漩渦，不讓羞恥感漩渦帶來更多的失誤，和更多的失誤，再更多的失誤，直到它們一發不可收拾。也許現在，可以就像傑夫所說，失誤就只是失誤，只是一次失誤。

82

靠，我開會要遲到了。我抓起包包匆忙下樓，卻看見他就坐在那裡，凝望著窗外，用食指捲繞著頭髮。他的表情是僵直的，最近經常這樣。每次我看見他這樣時都會嚇到。第一次發生時，我以為這是因為他服用的鋰劑劑量太高。但劑量已經調整十幾次了，僵直狀態卻沒有消失，那時我才意識到是因為其他原因。

「嘿，帥哥，」我說，盡量讓語氣聽起來只是隨口一問，「你好嗎？」

他似乎沒聽見。

「史蒂芬？」

沒有反應。我咬了咬嘴唇。

「嗯，我得去開個會，你要一起去嗎？我開會的時候，你可以在附近走走，應該不會超過一個小時。」

我開始邀請史蒂芬和我一起參加各種約會、工作或會議，不這樣的話，我怕他根本不會出門。

史蒂芬已經完全不工作了，似乎也很抗拒重返工作崗位。他聲稱「工作是在浪費生命」。他沒有什麼興趣愛好，也不願意和朋友聚會。最近，史蒂芬唯一會做的事就是抽大麻。他早上一醒來就開始抽，整天不間斷地抽。他清醒時的每一分鐘都很亢奮，比我見過的任何人都還要亢奮，僵直程度的那種亢奮。

起初我以為這沒什麼，可以讓他暫時忘記自己患有精神分裂症，也能從隨之而來的所有壓力和崩潰情緒中獲得解脫。我試著支持他，甚至幫他找到一個能供應他足夠藥量的藥頭，但那藥量似乎很大。

但後來情況就變成這樣。我不是不能理解，我確實能理解。我太懂那種想要麻痺生活中的一切的渴望，但我現在不再麻痺自己了。也許這就是我們之間的問題所在。我在治療暴食症上取得進步，我幾乎不再像過去那樣肆意虐待自己的身體。我每天都盡力面對自己，成效時好時壞，但我始終在嘗試。

我越是朝康復的目標前進，史蒂芬的藥癮就越重，我們兩人之間的距離也越來越遠。

於是幾週前，我突然萌生了一個絕妙的主意，無論付出什麼代價，我都要讓我們重新回到同一陣線。史蒂芬曾經試著幫助我處理暴食症，所以我何不也試著幫助他戒掉大麻。

我印出一大疊有關如何戒大麻癮的文章，我查找了互助小組，我建議他換一個專門戒斷成癮症的新治療師。我規劃了我們兩人都能參加的活動，這樣我們就能出門走走，他就不太可能有機會抽大麻了。我邀請他和我一起去所有地方，以便隨時監控。我說服他培養一些他可能會喜歡的興趣。我還把他的大麻丟掉。

但這些都沒有用。他不讀那些文章，他不去互助小組。他不願意嘗試新的治療師，甚至連現在的這位也不去看了。他不想發展其他興趣，他買了更多大麻。

我很無助，我對他無能為力。但我愛他，我想要我們在一起，所以我繼續努力。

「那你要和我去嗎？」我又問他。

「喔，嗯……不了，珍妮。我留在這裡就好，但還是謝謝你邀請我。」他邊說邊繼續繞著他的頭髮。

83

「鮑伯，你聽見了嗎？！她把所有的錢都花光了！」外婆哭嚎，然後把頭埋在外公肩上，沒掉半滴眼淚地哭泣著。外婆的淚腺向來不太發達。

「她沒有那樣說，親愛的。」外公以我超過我理解程度的耐性向她保證。

我在影視城的家中客廳裡，與外公、外婆坐在一起。外婆仍在我的封鎖名單中，但沒有她跟在一旁，她不會讓我見外公。我剛告知他們我要賣房子的消息，而這消息顯然不被接受。

「我要怎麼告訴琳達？還有瓊妮？還有路易絲？！」外婆一邊嚷嚷一邊茫然地揮舞雙臂。

「我覺得你就實話實說啊。」我提議。

「說我在這世界上最愛的外孫女，突然隨隨便便就決定搬出她美麗的房子，然後住進小得可憐的一房公寓？！」

「沒錯。」

「不行！」

「親愛的，不會有事的。」外公輕拍她的手安慰她。

與傑夫會談時，我們經常討論我生活中的哪些領域會造成我的壓力，我已經多次提到我的房子，於是傑夫問我為什麼不把它賣掉。

「嗯，我早就想賣掉它了，但我不能這麼做。」

「為什麼不行？」傑夫問。

「因為這……不聰明。」

「為什麼不聰明？」

「因為房子是個很好的投資。」

「嗯。跟我說說你的房子是如何讓你感到有壓力的。」

「呃，它經常壞掉，永遠都有東西要修——有個承包商幾乎天天來。我沒意識到擁有房產竟然會變成另一份工作，而我對這份工作沒興趣，也沒時間投入。」

「還有別的嗎？」

「它讓我感覺很寂寞，而且有點嚇人，它對我來說太大了。我也不喜歡這個社區。有人在網路上洩漏了我的地址，所以我有幾個跟蹤者偶爾會出現，留下令人毛骨聳然的字條。其中一次，某個人還留下一束滴著血的玫瑰花……」

「讓人有壓力的事還真多。」
「是啊。」
「但你還是不想賣掉房子，因為那是不錯的投資？」
「是啊。」
「它有哪些地方讓你覺得會是不錯的投資？」
「我也不是很清楚。就只是我聽來的某種說法。你懂吧？每個人都說房子是個不錯的投資。」
「對某個人可能是好投資，但對另一個人來說，也可能是不好的。」
「也是。」
「那你怎麼看待心理健康上的投資呢？安全感對心理健康很重要，而你提到，你並不感到安全。」
「確實，但……我不知道，我不認為我可以賣掉它。」
傑夫不眨眼地凝視著我。
「我可以買一些植物。」我聳聳肩。買些植物也許能讓我的生活變得不同的想法時常出現在我腦海，次數頻繁得驚人。
「還有別的想法嗎？」傑夫問。

「我可以更常去度假。」

「但那對你身處的主要環境——你的家——沒有直接影響。這個主要環境影響了你的心理健康，所以我們為什麼不專注在家這個問題上呢？」

「但不要買植物？」

「需要比添購植物更大的改變。」傑夫點點頭。

「我可以……請一位室內設計師？」

「好，這樣做會怎麼減輕你的壓力？」

「嗯，現在房子裡看起來有點空曠，感覺也是，它讓人感覺很寂寞。」

「那增加幾塊地毯就會改善情況嗎？」

「可能會吧，」我有點挑釁地說。我不喜歡這種帶有批評意味的問題，傑夫。

「好吧，」傑夫乾脆地說，「那我們就從這裡開始吧？」

我回家，打電話給我的房地產經紀人，問他是否認識什麼不錯的室內設計師。他說他剛好認識一個適合的人。

／

麗茲出現在我家時，穿著一件黑色飄逸上衣和豹紋緊身褲。我當時就該明白了──仙妮亞．唐恩（Shania Twain）才是地表上唯一獲准穿豹紋的人。

「所以你會如何描述你的家居風格？」麗茲在餐桌前坐下並提問。她咚地一聲，把她的大水桶包放在桌上，開始從裡面扯出一些樣品布、材料冊，和厚重的家居雜誌。

「嗯……」我環視這個空盪的房間，「我也不太清楚，我想就看你有什麼想法，我都配合。」

「哦，太棒了，」麗茲興奮地說，「我有很多點子，我覺得最適合的是……奢華魅力時尚風搭配動物圖紋點綴。」

我竭盡全力忍住不去看她的緊身褲。

「我不是很喜歡動物紋。」

「哦，」她有點不高興地說，「好吧，那只是一些不明顯的裝飾。我們可以用點豹紋，或者乳牛紋，或者斑馬紋，這些現在都很流行。」

為什麼要強迫我用斑馬紋，麗茲？！我不想在我的枕頭、毯子或窗簾上看見斑馬紋。我一直搞不懂，人們為什麼非得在枕頭、毛毯和窗簾上弄些花紋來讓這些東西顯得「有趣」。這些東西不是為了有趣而存在，它們有實際用途。給我一些簡單、素色、好搭配的家具，今天到此為止。

「不用了，」我盡可能委婉地說，「我只想要一些簡單的東西，我在這方面沒有什麼鑑賞眼光，但我知道我想要簡單。」
「但你這麼年輕！又這麼有趣！難道你不希望你的空間能反映出這些特質嗎？」
不希望。
「嗯……」
「我們為什麼不試試看呢？我們就先從這個發想開始吧，要是你有任何不喜歡的東西，我可以退掉，除了那些不能退的品項。」
當一個好說話的人實在不是什麼好事，但當一個有主見、卻又容易妥協的人又更糟。好說話的人多半隨和友善，不管他人的意見是什麼，他們都能配合。但有主見卻又容易妥協的人只是表面上表現得隨和友善、贊同他人意見，實際上內心卻悶悶不樂、怨憤不滿。我就是那種有主見卻容易妥協的人。
「好吧。」我禮貌地說，內心卻悶悶不樂。
三天後，薄荷綠和奶油色相間的豹紋窗簾出現在我家門口，還附上一張一萬四千七百四十二美元的收據。顯然麗茲過去經手的都是一些不介意砸個一萬五千美元來遮擋陽光的客戶，但我不是那種客戶。
撇開花紋和價格不談，我開始接受一個事實：不管我使用哪種毛毯、窗簾或枕頭，都無法彌補無止境的裝修、孤獨感，以及會送來滴血玫瑰的跟蹤者的存在。我沒辦法再待在這間屋子裡。

我打電話給麗茲，告訴她我不再需要她的服務了。

「嗯，我很失望，」她告訴我，「但我完全理解，祝你裝潢順利。」

「謝謝，但其實我打算賣掉它。」

「哦？」

「對。」

「喔，好吧……」

「是啊，總之，那……請告訴我你希望我把這些豹紋窗簾送到哪裡，這樣你也方便退貨。」

「啊，那些是不能退的。」

／

數日之後的現在，我試著和外婆講道理。

「我不明白為什麼我賣房子的事對你如此重要。」

「就是很重要！」外婆大喊。

我老是忘記，試圖和不講理的人講道理是……不講道理的。

「這樣做對我最好，如果你能支持這個決定，我會很感激。」

「可是我不支持，我就是不支持！」外婆把頭埋入外公的腋下。

「親愛的，沒關係啦。不會有事的。」外公對她說。

「小可愛，那你要搬去哪裡？」外婆吸著鼻子問。

「我要搬去阿美利卡娜廣場（The Americana）。」

「阿美利卡娜廣場？」外婆轉頭看向我，不吸鼻子了，「那個有噴泉、會播法蘭克・辛納屈（Francis Sinatra）歌曲的豪華購物中心？」

「就是那個。」

她猶豫了一下。

「我想那應該也沒那麼糟，他們裡面還有一家安・泰勒（Ann Taylor Loft）……」

84

「這樣是不是太刻意了？」我問柯頓和米蘭達，他們正幫我挑選要穿去那個重要場合的衣服。

「我會換掉裙子，這條有點……太過了。」柯頓告訴我。

我很感謝他的誠實，抓了一條牛仔褲在身上比劃。

「好多了。」他點點頭。

「要是他不喜歡我怎麼辦？」我對他們大喊，然後走進浴室換衣服。

「他會喜歡你的。」米蘭達也大喊著向我保證。

我是如此緊張不安，比我過去每一次的初次見面都還要緊張得多，也許是因為這次的風險更高。這不只是一般的初次見面，這是我和生父的第一次見面。

我們坐在米蘭達的保時捷裡，沿著四〇五號公路往新港灘（Newport Beach）的一家飯店前進，演奏會就在那裡舉行。

「所以你的生父是吹小號的？」當我們接近目的地時，柯頓問。

「長號。」我糾正他。

「差不多啦。」柯頓聳聳肩說。

我知道他只是試著找話瞎聊，因為越靠近飯店，氣氛就變得越凝重。這很合理。畢竟我招呼都沒打一聲，就決定擅自出現在我生父演出的爵士演奏會上，我甚至不確定他知不知道我的存在。

雖然我從馬克爸爸那裡沒辦法得知太多訊息，但我至少問到了生父的姓名和職業，這已足夠讓我在網路上搜尋到他的官方網站。他的作品列表中，列出了他曾參與錄製的電影原聲帶——包含各種《星際大戰》（*Star Wars*）系列電影、《侏羅紀世界》（*Jurassic World*）、《迷失》（*Lost*）等無數作品——以及近日展開的爵士樂團巡演日期，這是他正職以外的個人愛好。我選了洛杉磯地區的最後一場演出，因為我需要更多時間做好情緒上的準備。

現在我就站在這裡，距離演奏會開場只剩幾分鐘，從我一開始決定要來這裡，已經過了好幾個月的時間，但我仍然不覺得自己做好準備了。

安德魯知道他是我的父親嗎？他知道他是達斯汀和史考特的父親嗎？我還小的時候，他有出現在我身邊嗎？他和媽是什麼時候分開的？他還有和她保持聯絡嗎？他知道她過世了嗎？他現在有家庭了嗎？他們知道這個情況嗎？

我有好多問題想問，但這些答案的可能性過於寬廣，讓我不安。我想過他可能有家庭，他的孩子可能也會來聽表演，而他們也許完全不知情。我不想成為把這個消息帶入他們生活中的人，所以我決定表演結束後再去找他，等他離開舞台，獨自一個人的時候。

我也想過他可能會否認，也許他會說：「滾開。」也許他根本不知情。我完全不知道我將會遭遇什麼。

米蘭達把車停下，交給代客泊車的人，我們全都跳下車。柯頓抓著我的手臂安撫我——米蘭達沒有。很多女性的友誼似乎都從肢體接觸發展而來——緊握著手、頻繁地擁抱、撫摸對方的頭髮之類的。米蘭達和我雖然沒完全避免身體碰觸，但也幾乎沒有。我們很少擁抱，這點讓我感覺很舒適。

穿過飯店走廊，我在洗手間前停下來去上廁所。米蘭達和我一起進去，我想她是為了確認我沒有要嘔吐。她從來沒有直接對我說過，但我看得出來。她也不會每次都跟著我，她不是那種表現得很明顯的類型。

在這種情況下，我通常會感到焦躁，就像史蒂芬總試圖攔截我嘔吐時那樣，但這次沒有，因為這次我沒打算吐。我體內根本沒東西可以吐，我一整天都感到噁心，什麼也吃不下。我已經在心裡記下，明天要在療程中提起這件事，但今天，我只想順利撐過去。

我洗了好久的手，希望能擺脫手上那種濕黏黏的感覺。拿出睫毛膏，再刷幾次睫毛，然後補了一些腮紅。我為什麼會這麼在意自己在生父面前的樣貌？我一整天都意識到這點。我把睫毛膏塞回包裡，然後我們穿過飯店，走到舉行演奏會的中庭。我討厭「限定演出」（gig）的說法，但我很確定它是形容這場合的恰當詞彙。

表演開始前幾分鐘，柯頓、米蘭達和我在靠後方的一張桌子旁坐下。聽眾大都是四、五十歲的人，看起來都很富有，出現不少Gucci愛好者。

「你們年輕人怎麼會來這裡？」坐我隔壁的女人問我，她喝了不少紅酒，脖子上戴著珍珠項鍊。

我考慮要不要對她說：「呃，我從未謀面的生父在這個樂團裡吹長號，所以我打算在演出後，去和他打聲招呼，試著找出我一團混亂又失衡的童年到底是怎麼回事。」但我沒這麼說。

「我們純粹是喜歡爵士樂。」最後柯頓開口了，因為他發現我只是茫然地凝視對方，什麼也說不出來。

「哦，那很好。我們需要更多像你們這樣的年輕人，有文化。你們喜歡哪個爵士樂團？」

「都喜歡。所有的……全都喜歡。」柯頓點點頭。

「很好，很好，」珍珠女士微笑回應，似乎對這個說了等於沒說的答案很滿意，「哦哦，他們來了！」

珍珠女士興奮地鼓掌，我們三人轉頭看見樂團走上舞台。我專注地看著我爸，他正拿著他的長號。我說不出來有沒有看見任何相像之處，也許我坐得太後面了，或者也許媽的基因比較強大。

樂團開始演奏。柯頓好幾次握住我的手，米蘭達用眼角餘光看著我，我感覺整個演奏期間，我都處於恍惚狀態。

一小時後，吹薩克斯風的樂手宣布他們將演奏最後一首曲子。我的嘴巴乾得發澀，我的雙手濕透。我的心劇烈跳動。

「好啦，我們走吧。」柯頓說，牽起我的手。我們三人從桌前起身，朝舞台出口走去。

「你們要去哪裡？」

現在不是時候，珍珠女士。

最後一首曲子就要進入最後幾個小節，而我們尚未走到舞台出口。我們加快了腳步。

「你們不能來這裡。」一名安全人員對我們說。

「抱歉，她有點急事要處理。」柯頓用一種不慌不忙的語氣說，彷彿在說一件正經事。

安全人員困惑地讓我們通過了，我抬起頭，看見他正走下舞台——我的生父。

「快點！」米蘭達說。

我跑了大約三十公尺，剛好趕上正走下舞台台階的他。他感覺到我的存在，我們的視線交會。他一臉不解，也許還有點驚慌。

「我想我們有些共同點。」這是從我嘴裡迸出的話。

他的眼睛蓄滿了淚水，我的也是。

接下來的十分鐘，我都在恍惚的狀態中交換訊息。我問他知不知道我的存在，他說知道，還有哥哥們。他說他一直在等我們和他聯絡，他不想先聯絡我們，因為他不確定我們知不知道。他問我怎麼發現的，我告訴了他。他說他和媽在很糟的狀況下結束關係，而且在我們還小的時候，曾發生一場很激烈的監護權爭奪戰——媽說他有肢體暴力行為（他向我保證他沒有），最後她贏了。我問他知不知道媽過世了，他說知道，他在E!新聞上看見的。我心想，這真是一句奇怪的句子。

技術人員開始告訴我們必須離開。生父給了我他的電話號碼，要我傳訊息給他。我們互相擁抱，然後道別。米蘭達和柯頓朝我走來。我百感交集，而且能辨識出那都是一些什麼樣的情緒。這感覺像是進步。

我很高興他知道我們的存在，這件事終於能安然落幕，我鬆了口氣。我對這次見面的短暫感到失望，我對他沒有先聯繫我感到困惑和難過。我永遠不會明確地知道他是否真的想見我，或只是因為這是該說的客套話。

就初次見面而言，這絕對是我經歷過最有趣的一次。我不確定是否還會有第二次。

85

它在我手裡又冷又沉。我拿著它慢慢走著，試圖拖延時間。我以前丟過它七、八次了，但是每次，到了隔天我就會反悔，立刻跑去買個新的。到目前為止，我還沒有一次能熬過二十四小時不去重買一個，但我希望這次會有所不同。也許這次，當我把這件事變得更有儀式感，把擺脫它當成送給自己的二十四歲生日禮物，我就能夠永遠捨棄它。

我的體重計定義了我很長一段時間。它顯示的數字告訴我，我是成功還是失敗，我是否足夠努力，我是好還是壞。我知道，讓任何事物擁有那麼大的權力來判定我的自我價值很不健康，但無論我多麼努力地試圖抗爭，我總感覺自己被簡化成體重計上的數字——也許是因為，在某種程度上，這樣比較簡單。定義自己很難，既複雜又混亂不堪。讓體重計上的數字來定義你比較容易，直接，簡單又明瞭。

我四十三公斤，或者四十七公斤，或者五十二公斤，或者五十六公斤。無論體重計上的數字是多少，我就是那個數字，僅只是那個數字，那就是我。

或者更準確地說，是過去的我。我不想再讓數字代表我的全部，不想再讓它定義我。我已經準備好去體驗體重計之外的生活。

聽起來很荒謬，「體重計之外的生活」。這情況過於戲劇化，但不巧卻是我的真實寫照。我對於我這樣的實際狀況感到尷尬。不過，也許這是一件好事，也許覺得尷尬就是一種成長。

我走進垃圾間，扯下門栓，打開垃圾集中槽的門，把體重計扔進去。我聽見體重計向下滑的聲音，沿著集中槽掉落時撞到兩側發出的乒乓聲。它落地後，我才離開。

第二天來了又走了，我沒有買新的體重計。

86

我們坐在回音公園湖畔（Echo Park Lake）的一艘天鵝船裡，一艘該死的醜陋天鵝船。在過去五分鐘裡，我們一句話都沒說，當你坐在這麼一艘該死的天鵝船裡時，那感覺遠不只五分鐘。

我凝視著史蒂芬，他沒感覺到我的凝視，他正眺望著遠方，有點傷感，有點憂鬱。最近他經常陷入沉思，但那樣的沉思無法讓人走出困境；它只會讓人思緒原地打轉，卻毫無前進的動力。

我曾經嘗試了很久，想幫助史蒂芬，或者說是控制他。我不確定這兩者的界線，因為它們是如此接近。但幾個月前，我放棄了。

一開始是傑夫給了我一些談論共依附（codependency）的相關文章，我讀到的所有內容都讓我深感共鳴，這迫使我接受史蒂芬和我之間就是一種深度的共依附關係。傑夫建議我把重心專注在解決自身的問題上。

「但我是啊，我**是**在嘗試解決我的問題。」

「而且你做得很棒。」傑夫點點頭，肯定地說，「但我感覺，如果你能把所有嘗試管理史蒂芬生活的精力用來管理你自己，你可能會進步得更快。」

改變發生得很快。按照傑夫的建議，我把團體治療也加入我每週自我提升的計畫中。我讀了更多有關飲食失調康復的書。當我花越多的時間專注在我的問題上，我關心史蒂芬的時間就越少；我越少關心史蒂芬的生活，我們之間的距離就越來越遠。

意識到「修復」竟已成為支撐我們關係的核心，這讓我很難過。無論是史蒂芬試圖解決我的暴食症，還是我努力戒掉他的大麻癮，或是催逼他去找尋合適的雞尾酒藥物療法，這些一直都是維繫我們關係的黏著劑。如果拿掉「修復彼此」的這部分，我們幾乎沒什麼可以交流的。就像現在。

「史蒂芬。」我終於開口，把他從出神的狀態中召回到這裡。他看著我。

我不必說任何一個字，他知道接下來會發生什麼。他開始哭，我也是。我們哭著擁抱彼此，同時踩動那艘愚蠢的大鳥船。

87

「珍妮特，我把整個團隊都找來了。」我經紀人的一名助理在電話裡對我說。

每當「整個團隊」一起開電話會議時，往往代表著兩件事：不是非常好的消息，就是非常壞的消息。「整個團隊」只會在需要慶祝或提供安慰的時候上線，沒有介於中間的狀況。「整個團隊」一個接一個地加入電話會議，我等待著，想知道這次是哪種消息。

「都進來了嗎？」一個聲音問。

「嗯，我們都到了。」另一個聲音說。

「那麼，珍妮特……」

壞消息。停頓永遠意味著壞消息。

「……你的網飛節目被取消了。」

靜默。在我經紀人的心裡，這也許是壞消息，但聽在我耳裡卻不是。在我聽來……滿好的。

「好的。」

「好的？」一個聲音不解地問。

「好的，」我重複，「謝謝你們告訴我。」

「好的，」另一個人說，聽起來鬆了口氣，「嗯，好吧。呃，那麼，所以……好消息是，既然你不再被網飛綁住，我們現在可以開始為你應徵其他角色了。」

「其實……」

電話那頭的氣氛緊張了一瞬，所有人等著聽我接下來要說出的話。我幾乎能透過電話感覺到他們的擔憂。*她要哭了嗎？拜託別讓這位女演員哭。上帝請幫幫我。*

「其實，我考慮這件事已經一陣子了，因為我們一直在等這個節目會不會續訂第三季。我決定如果節目續訂了，我就繼續演，但如果沒有，我想暫時休息，不接任何戲了。」

靜默。

「哦，」終於有個聲音回應，「那好吧，嗯……啊。你確定嗎？」

「對，我確定。」

「真的確定的確定？」其中一人問。

「是的，百分之百確定。」

「好吧。呃……如果你改變心意了，請告訴我們，我們會很樂意繼續替你尋找演出機會。」

「我會通知你們的。」

互道了幾聲尷尬的再見，通話結束。事情就這麼簡單，十八年的職業生涯在一通兩分鐘的電話裡告終。

這決定讓我感到平靜，終於。不過，起初我並不是這麼打算，我花了一年多的時間深思，也和傑夫反覆討論了很多次，才走到這一步。我一直都知道我和表演之間的關係相當複雜難解，程度不亞於我和食物及身體的關係。

這兩者都讓我感到不斷的拉扯、渴盼、祈求、抗爭。我拚命想獲得它們的認可和喜愛，但我似乎永遠做不到。我永遠不夠好。

我怨恨這種鬥爭，同時感到疲憊不堪。

我終於開始能掌控我與食物的關係，而當這段關係變得越健康，我的演藝生涯對我而言就顯得越不健康。我了解任何工作都有許多從事者無法掌控的層面，但表演這行尤其如此。

作為一名演員，你無法控制代表你的經紀人是誰，經紀人會代你應徵哪些角色，你會得到哪些試鏡機會、得到哪些複試機會，最終會拿到什麼角色，你的角色會說出什麼樣的台詞，你的角色外型是什麼模樣，導演會如何指導你演出，剪輯師又會怎麼剪輯你的表演，節目會不會被電視台續訂，或者電影是否賣座，評論家是否喜歡你的表演，你會不會成名，媒體會怎麼報導你，諸如此類。願上帝保佑那些能忍受生活充滿這麼多不確定性的靈魂，但我再也無法忍受了。

長久以來，我的生活中有太多事不由我自己掌控，而我已經受夠了這樣的現實。

我想要我的生活掌握在自己手上，而不是由飲食失調、選角導演、經紀人或我媽控制。那是屬於我的。

88

「我很喜歡。」我說。這次我不像六歲生日時，打開我的《尿布一族》睡衣禮物時那樣說謊，我是真的喜歡。

我的後背包已經用了三年，外表都變得破破爛爛了。我抱怨了好幾個月，一直沒能找到像樣的替代品，但米蘭達找到了。她發現一款美麗的黑色Tumi背包，上頭還有金色的裝飾細節。完美極了。

唯一能打敗米蘭達禮物的，是她的卡片。我抽出來讀，她的字跡工整，措詞親切簡潔。她總會設法插入幾句恰到好處的笑話，而且她每次都會在我的卡片上署名亞歷·鮑德溫（Alec Baldwin），我甚至都不記得這個玩笑最早是怎麼來的了，但它仍然每次都能讓我發笑。

「我們是先去迪士尼樂園還是先去吃晚餐？」米蘭達問。

今天是我的二十六歲生日。雖然外公已經不在迪士尼工作，但由於他在那裡工作了十五年，所以擁有終身的榮譽入園通行證和員工折扣。他用他的六折折扣為我訂了這間迪士尼加州大飯店（Grand Californian Hotel）的中庭景觀房。謝謝你，外公。

「我們先去迪士尼樂園吧。」

我當然選迪士尼。不僅因為它是迪士尼，也因為如果要我在晚餐和其他選項之間擇一，我一定會選晚餐之外的另一個。

我的飲食失調已經治療好幾年，但路程仍舊崎嶇。我能維持好幾週不嘔吐，但有幾週卻又沒辦法控制。根據暴食症的診斷標準，患者三個月內每週至少會出現一次暴食和嘔吐的現象。儘管有時我每週的次數會超過標準，但由於嘔吐的次數——根據傑夫所說——並不穩定，所以我不再算是一個暴食症患者。我只是一個「有時會表現出暴食行為的人」。在我聽來，這仍然不是什麼好事。

我很慶幸，至少當我失誤時，那失誤沒有再逐漸惡化，直至墜入深淵的地步。這是很大的進步，我知道。但我不斷告訴傑夫，我不想當一個「有時會表現出暴食行為的人」。我想要更好，更堅強，對自己的康復更有信心。我想感覺自己已經完全擺脫飲食失調，讓它變成我的過去。但到目前為止，那一刻還沒有來臨。

食物——缺乏它、渴望它、迷戀它、恐懼它——仍然占用了我大量的精力。任何提到用餐的話題，任何關於食物的提醒，都會讓我全身迅速湧上一股焦慮感。

這也是為什麼在食物和其他東西之間，我永遠選擇其他東西的原因。我想要盡可能延後進食所帶來的混亂。

我從床頭櫃上拿起我那頂亂糟糟的紅褐色假髮和太陽眼鏡。為了避免被認出來，我開始在出門時使用這類的偽裝。米蘭達和我走到迪士尼樂園，先是跳上太空山（Space Mountain），然後是馬特洪峰雪橇飛車（Matterhorn），雖然我們兩人都不太喜歡這個，但它離我們很近。接著，我們走到隔壁的主題公園——加州冒險樂園。我們玩了星際異攻隊（Guardians of the Galaxy），然後參觀了動畫學院（Animation Academy），我們在那裡學會了怎麼畫辛巴（Simba）。當我們把畫捲起來時，不可避免的事發生了，我的肚子咕嚕咕嚕叫了起來。我們兩個都笑了，決定去吃晚餐。

米蘭達完全清楚我的飲食問題，她知道好一陣子了——治療初期，傑夫建議我告訴幾個信任的朋友。從那時起，米蘭達就一直很支持我。

我很感激她的支持，但有時也因此感到困難。在米蘭達知道之前，暴食症是我的祕密，我可以自行承受時好時壞的狀況，我是唯一一個我需要負責的人，也是唯一會感到失望的人。但現在她知道了這個祕密，我可以看出她對我的飲食傾向高度關注。她總在觀察我的一舉一動。當我犯錯時，不只有我會對自己的失誤感到失望，也會讓她失望。

「你想去哪裡？」米蘭達問。

「任何不用排隊的地方。」

我只想趕快吃完，這樣才能做好準備，迎接情緒的駭浪，然後靠著意志力挺過它們的強大衝擊，直到消褪，而我不會再嘔吐。希望如此。

我們走到迪士尼城中區特區，就是主題樂園附設的購物區，並前往喬的墨西哥薄餅（Tortilla Jo's），因為那家餐廳通常排隊的人最少。我們被安排坐在角落的一個卡座裡，立即點了菜——玉米片和酪梨醬一起吃，米蘭達點了些塔可餅，我點了鮭魚沙拉。我總是認為，如果我點了健康的食物，也許餐後嘔吐的可能性就會小一點。比起漢堡，吃鮭魚的羞恥感會少一點。或者，如果每次都奏效，也許我還真會這麼以為，但事情並非如此。

這時的我已經餓到不行，完全無法停止狂吃玉米片和酪梨醬。我告訴自己就一片，就兩片，就六片，但我沒辦法真的只吃一片、兩片，或四片、六片。我不斷地吃。儘管我的腦內正發生激烈的掙扎，我仍要盡力表現出雲淡風清的輕鬆模樣。

飲食失調的大腦就是這麼惱人。每當我和別人一起用餐閒聊時，腦海裡就會冒出其他對話——批判、指責和自我嫌惡，這些聲音毫不留情地壓迫我，它們是殘酷的干擾，使我從未與我身邊的人真正同在。我關注的焦點永遠在食物，而非對方身上。

我被告知，這種陳述、這種思考模式、這種「飲食失調」的大腦，會隨著時間的流逝而逐漸減弱。我想我們就拭目以待吧。

主菜來了。我從米蘭達注視我的神情看出她知道我很焦慮，我提醒自己要細嚼慢嘸，表現鎮定，舉止正常。然後，我找了藉口說我要尿尿，離開了座位。

我走到洗手間，從隔間下方檢查，確定每間都沒人。三年前我到迪士尼玩，那時我就開始這麼做了。那次，我剛從叢林巡航（Jungle Cruise）的設施下來，直奔冒險樂園的洗手間，把我的蛤蜊巧達濃湯吐出來。就在我吐到一半時，一隻小手從隔板下方伸過來，拿著米奇與好朋友們的簽名簿要我簽名。我沒辦法簽，因為我是右撇子，而我剛嘔吐過，逆流出的蛤蜊巧達湯還沿著我的手臂流淌，如果滴在她的簽名簿上，小貝莉可能會永遠留下陰影。

幸好這次每一間都是空的。我得動作快點，以免被人撞見。我匆匆跑進最大的一個隔間，把手指伸到喉嚨底，反覆催吐，直到再也沒有東西湧出來。我用衛生紙擦掉手臂上的嘔吐物。我討厭迪士尼園區的衛生紙，太薄了，每次擦到嘔吐物周圍時就會分解，我必須用更多的薄衛生紙，把手臂上混合了嘔吐物、像一顆顆小莓果的衛生紙粒清理掉，然後就會出現更多衛生紙粒，然後是更多的清理工作，沒完沒了。

我彎腰靠在馬桶前，想起傑夫告訴我的話。

「你不會想到了四十五歲，已經有三個小孩和房貸，還在公司的聖誕派對上，偷溜去洗手間把朝鮮薊沾醬嘔吐出來吧。」他說。

當然，我還沒四十五歲，我甚至不喜歡朝鮮薊沾醬。但今天是我的二十六歲生日。

我確實在變老。

我想起媽，我不想變成她那樣。我不想靠著耐嚼燕麥棒和蒸煮蔬菜過活。我不想把我的生命都浪費在控制熱量，或把《女性世界》的流行減肥飲食頁折出折角。媽沒有好轉，但我會。

89

我站在布倫特伍德（Brentwood）一個有錢到令人髮指的豪宅屋主家裡的斜坡草坪上。我的細跟高跟鞋深深嵌在草地裡，原本不該穿高跟鞋來參加草坪上舉行的派對，但我不知道該穿什麼衣服，因為再也沒有尼克兒童頻道的造型師替我打理各種場合的服裝了。

天已經黑了，四周全是閃爍的燈光和各種名流。我參加的是某個產業的節日聚會，這是我新的經紀人邀請我來的活動，他負責我寫作方面的事務。（當我的演藝經紀人意識到我暫停演出的時間不會短時，他們就與我解約了。）

我用力把鞋跟拔出草坪，走向自助餐桌。這時，出現在我急切雙眼前的竟然是迷你起司漢堡……但我現在不想吃肉和起司類的東西，我想來點甜的。最近，我開始留意自己的感受。我看到了一塊濃郁厚實、溫熱的巧克力脆片餅乾。完美。

當我咀嚼時，我意識到這是我在厭食症時期從不允許自己吃、在暴食症時期也絕不讓自己留在胃裡的食物，一塊我現在不再需要計算卡路里就能吃下、吃下後不再感到焦慮的巧克力脆片餅乾。我想起自己已經一年多沒有嘔吐過了，這幾個月來，竟然也能真正享受自己吃下的食物。

目前為止，康復療程在某些方面就和戒掉暴食和酗酒一樣困難，但它們的困難之處並不相同，因為這是我第一次直面自己的問題，而非躲到飲食失調和藥物、酒精中來逃避它們。我處理的不僅是媽過世的傷痛，還有童年、青春期和剛成年時期，從未真正為自己活過的傷痛。這很困難，但它是一種讓我引以為傲的困難。

聽見背後傳來一個耳熟的宏亮聲音，我轉過身，看見了德威恩・「巨石」・強森。他看起來好親切，臉上掛著德威恩・強森式的大大微笑。這男人渾身上下充滿了個人魅力。

我考慮著要不要上前自我介紹，提醒他幾年前我們曾在頒獎典禮上見過面。德威恩・強森當時看得出我有多悲慘嗎？他現在會察覺到我的不同嗎？他了解這塊餅乾代表的所有障礙和成就嗎？德威恩・強森是上帝嗎？

我試圖想出一些搞笑、機智或迷人的話，但完全想不出來。我的腦子在社交場合總會突然卡住，尤其是當「巨石」／上帝在場的時候。我錯失了機會，他又融入遠方的人群。我繼續吃我的餅乾，享受這塊屬於我的餅乾。

90

電話鈴響時，我正在公寓裡吃晚餐。是米蘭達。最近這陣子，我通常不會期待她的來電。我們漸行漸遠了，對我來說，這是我二十多歲後半的一個悲哀現實。二十出頭時，我感覺那些親近的朋友似乎會是一輩子的朋友，根本無法想像不再每天見面的生活。但生活會改變，愛情會發生，失去也無可避免。每個人改變與成長的步調不同，有時這些步調就是不再一致。這些事如果想得太多，我會被情緒淹沒，所以我通常不去想。

但我知道她今天為什麼打來。我一直在等這通電話，只是不知道它什麼時候到來。

「喂？」我說，從桌前起身，套上某雙球鞋。

「嗨。」

我們倆開始笑。我已經不記得上一次我們說話是什麼時候了，但每次一接通電話，聽見彼此的聲音，我們就開始大笑。

我走出大門，在我們閒聊時，我可以在附近轉轉。我們向彼此更新失衡的家庭狀況，以及生活中發生的重大事件，然後出現了停頓，在打這通電話的理由即將被說出口前的短暫靜默。

「米蘭達，我不會參加重啟計畫。你說什麼都不會讓我改變心意。」

「嗯，但我還是要試試！」她笑了。我也跟著笑了。

她告訴我，她認為這次重啟對我們所有演員來說，可能是一個「重返舞台」的機會，甚至還可能因此獲得其他演出機會。幾個月前，當我第一次得知《愛卡莉》要重啟時，就從一位電視台高層那裡聽過這套說詞了。

我知道那位高層和米蘭達這麼說都是出於好意，但我不同意。我不認為重啟節目能真正帶來其他機會，因為如果參與重啟的演員在這段時間裡未曾累積任何重要作品，這次重啟只會提醒人們這一點。它只會更加牢牢地把演員和十多年前讓他們出名的角色形象綁在一起，這樣的定型很可能會使他們的演藝生涯停滯，而非蓬勃發展。這個行業很艱難。在這個行業裡，重啟節目中的角色不會被視為職業生涯的復甦，反而會是生涯的終結。

「但收入真的很可觀，」米蘭達跟我說，「我問過他們能不能給你和我一樣的酬勞，他們說可以。」

米蘭達沒說錯——電視台開出的條件相當慷慨——而且她還主動促成那報價，真的很好心。

「我知道，」我對米蘭達說，「但有些事比錢更重要。我的心理健康和快樂就屬於這個範疇。」

片刻的靜默。這是極少數我覺得自己沒有說得太多，也沒有說得太少的時刻之一。我感覺我準確表達了自己，我對我說的話沒有任何想要修改的地方。我感到驕傲。我們結束了談話，承諾會保持聯繫，然後掛斷電話。我回家繼續吃我的晚餐。

91

「嗨，媽。」我差點大聲說出口，但我馬上阻止了自己，因為不想讓周圍的其他哀悼者覺得我瘋了。哀悼者其實只有一位，這裡只有一個人，而且每次來這裡看到的都是同一個傢伙。他坐在折疊椅上，頭上罩著遮陽傘，身旁的立體音響播著抒情搖滾，凝視著一塊墓碑，我猜是他已故的妻子。

我看著媽的墓碑，上面大約有二十個形容詞，因為家裡每個人都堅持放上自己提議的形容詞，沒有人願意放棄。

「我們一定要加上『活潑有趣』。」外公堅持。

「為什麼沒人喜歡『勇敢』？『勇敢』是個好詞！」外婆哭喊著。

所以我們只能把所有的詞彙都擠進去。就連媽的長眠之地也都塞得很滿。

這是去年七月媽生日後，我第一次來看她。隨著一年年過去，我到墓地的次數也逐漸減少，即使我曾答應媽每天都來。起初，我每週來一次，心裡還感到內疚，彷彿這樣還不夠。但隨著歲月流逝和現實的改變，我來的次數變得越來越少，愧疚感也是。

我盤腿坐在她的墓前，端詳她墓碑上的字。

勇敢、良善、忠誠、甜美、充滿愛、優雅、堅強、體貼、幽默、真誠、滿懷希望、活潑有趣、有見地，等等等等……

但她真的是這樣的人嗎？她真的擁有這些特質嗎？這些詞彙讓我生氣。我沒辦法再看下去。

為什麼我們總要美化死去的人？為什麼我們不能誠實地看待他們？尤其是母親，她們是最常被過度浪漫化的角色。

母親是聖人，她們的存在本身就被視為天使。**沒有人**能真正理解當母親的感受，男人永遠無法理解，沒有小孩的女人也無法理解，只有當過母親的人才知道母親的辛苦，而我們這些沒做過母親的人只能拚命歌頌她們，因為在這些我們稱之為母親的女神面前，不是母親的我們只是卑微可憐的凡人。

也許我之所以會有這樣的感覺，是因為我曾有很長一段時間這樣看待我媽。我一直把她當偶像崇拜，而我知道這樣的崇拜對我的幸福和人生造成了多大的傷害。這份崇拜讓我陷入困境，情感上發育不全，讓我活在恐懼中，依附他人，不斷承受情緒所帶來的痛苦，卻甚至連分辨那種痛苦和處理的能力都沒有。

我媽不配受到崇拜，她是個自戀的人，她拒絕承認自己有任何問題，儘管那些問題對我們全家造成了毀滅性的破壞。我媽在情感上、心理上和身體上虐待我，這些虐待對我產生了難以磨滅的影響。

一直到我十七歲，她還在檢查我的胸部和陰道，這些「檢查」讓我極度不適、渾身僵硬。我感到被侵犯，但我無法發出聲音，也沒有能力表達。我被馴養成相信劃出任何界線都是對她的背叛，所以我保持沉默，並且配合。

在我六歲時，她逼迫我從事一份我不想做的工作。我對這份職業帶來的經濟穩定心懷感激，但除此之外，並沒有太多好處。我沒有足夠的能力應對娛樂產業的競爭、拒絕、壓力、殘酷現實，以及名聲帶來的衝擊。我需要那段時間，以一個孩子的狀態發展我的自我認同，但我永遠無法挽回那些消逝的歲月。

她在我十一歲的時候，教會我飲食失調——這種飲食障礙剝奪了我的快樂，扼殺我曾擁有的無拘無束和自由天性。

她從未告訴我，我的父親其實不是我的親生父親。

她的死亡留給我的問題多過答案，痛苦多過治癒，以及許多層次的悲傷——起初是她離世所帶來的悲傷，然後是接受她對我的虐待和剝削的悲傷，以及最後，就是現在，當我想念她並為此哭泣時所湧現的悲傷——因為我的確還會想念她，這讓我想哭。

我想念她的精神喊話。媽很善於觸及人的內心，找出最適合鼓勵他們的話，然後讓他們重新燃起希望，相信自己。

我想念她孩子般的天真特質。有時，媽身上會出現一種親切的活力，甚至能讓人為她著迷。

我也想念她快樂的時候。雖然那種時刻不像我期望的那麼常見，也不像我刻意逗她時那麼頻繁，但當她快樂時，那種心情很有感染力。

偶爾，當我想念她時，我會開始幻想如果她還活著，生活會是什麼樣子。我想像她也許會向我道歉，然後我們會哭倒在彼此的懷抱裡，互相承諾重新開始。也許她會支持我擁有自己的自我認同、自己的希望和夢想、自己的追求。

但隨後我會意識到，我也只是在用我希望別人不要那樣做的方式，浪漫化她的死亡。媽很明確地表示過，她對改變沒興趣。假如她還活著，她仍然會竭盡所能地操控我，讓我變成她想要的樣子。我可能還陷在催吐、節食、暴食，或者這三者的組合裡，而她仍然會鼓勵這些行為。我可能還在勉強自己演戲，悲慘地在一場又一場光鮮亮麗的情境喜劇中表演。要在地毯上滑稽地摔倒多少次，或者說出多少句你自己也不信的台詞，你的靈魂才會死去？到那時，我很可能已經在公眾面前徹底地精神崩潰。我仍然會非常不快樂，心理狀態也嚴重不健康。

我再度看向墓碑上的那些詞彙。勇敢、良善、忠誠、甜美、充滿愛、優雅……

我甩甩頭，不哭了。那個悲傷男人的立體音響裡開始播放杜比兄弟（The Doobie Brothers）的〈只有傻子才信〉（What A Fool Believes）。我站起身，拍掉牛仔褲上的泥土，轉身離開。我知道我不會再回來了。

謝辭

感謝我的編輯西恩・曼寧（Sean Manning）對這本書的影響。不但理解我的文字，也讓它的傳達更具力道。

致我的經紀人，諾姆・阿雷真（Norm Aladjem），你初期的支持和鼓勵對我深具意義。感謝你的智慧、策略、深思熟慮，以及不可動搖的冷靜。

致彼德・麥克吉甘（Peter McGuigan）、馬迪・薩雷西（Mahdi Salehi）和德瑞克・凡・派爾特（Derek Van Pelt）——感謝你們貢獻的才華和幽默，也感謝了不起的史蒂芬・費特姆斯（Stephen Fertelmes），多虧你的幫助，才成就了這件事。

致姬兒・費里佐（Jill Fritzo）及姬兒・費里佐公關公司的每一個人，感謝你們的才華與專業。

致艾琳・梅森（Erin Mason）和傑米・C・法奎哈爾（Jamie C. Farquhar）——感謝你們提供讓我

徹底大改造的指導和工具。

最後，謝謝你，阿里（Ari），謝謝你無盡的愛、支持及鼓勵。我非常愛你，你是我最好的朋友。我很高興我們能成為團隊夥伴。（配上和聲）我們是為了彼此而存——在——。